普通高等教育"十二五"规划教材

大学生创业教程

杨向荣　沈文青　编著

北　京
冶　金　工　业　出　版　社
2016

内容提要

本书以新创企业管理流程为框架，以创业的准备、创业企业的成立、创业企业的发展及最后的成功上市为体系，重在理清每个基本流程环节的核心及其在整个流程中的地位和作用。本书共分10章，内容包括大学生创业激情的培育、大学生创业项目的选择、大学生创业计划的制定、大学生创业团队的组建、大学生创业资金的筹措、大学生申办企业的流程、大学生创业与企业管理、大学生创业与市场营销、大学生创业与持续发展、大学生创业与企业上市。本书适合高等学校的大学生及企业的管理人员阅读参考。

图书在版编目(CIP)数据

大学生创业教程/杨向荣，沈文青编著. —北京：冶金工业出版社，2011.3（2016.8重印）

普通高等教育“十二五”规划教材

ISBN 978-7-5024-5531-6

Ⅰ.①大… Ⅱ.①杨… ②沈… Ⅲ.①大学生—职业选择—高等学校—教材 Ⅳ.①G647.38

中国版本图书馆CIP数据核字(2011)第022510号

出 版 人　谭学余

地　　址　北京市东城区嵩祝院北巷39号　邮编　100009　电话　(010)64027926

网　　址　www.cnmip.com.cn　电子信箱　yjcbs@cnmip.com.cn

责任编辑　宋　良　王雪涛　美术编辑　李　新　版式设计　孙跃红

责任校对　卿文春　责任印制　牛晓波

ISBN 978-7-5024-5531-6

冶金工业出版社出版发行；各地新华书店经销；固安华明印业有限公司印刷

2011年3月第1版，2016年8月第3次印刷

169mm×239mm；14.5印张；281千字；214页

19.00元

冶金工业出版社　投稿电话　(010)64027932　投稿信箱　tougao@cnmip.com.cn

冶金工业出版社营销中心　电话　(010)64044283　传真　(010)64027893

冶金书店　地址　北京市东四西大街46号(100010)　电话　(010)65289081(兼传真)

冶金工业出版社天猫旗舰店　yjgycbs.tmall.com

（本书如有印装质量问题，本社营销中心负责退换）

《大学生创业教程》编委会

主　编　杨向荣　沈文青

副主编　徐明文　纪玉超

编　委（以姓氏笔画为序）

于　洋　王　媛　卢新明　宁利红　刘海英

吕　鹏　孙　锐　张忠臣　柳　超　董兰国

前　言

创新是一个民族进步的灵魂，是一个国家兴旺发达不竭的动力。胡锦涛在2006年全国科技大会上发出了“坚持走中国特色的自主创新道路，建设创新型国家”的伟大号召。当代中国，没有任何时候比今天更需要培养创新意识，更需要推崇创业精神。因为国家的综合实力与核心竞争力越来越表现为对人力资源及智慧成果的培育、配置和控制能力，越来越表现为对知识产权的拥有和运用能力。

纵览历史，我们历经了农业经济、工业经济、知识经济三个时代。长达两三千年的农业经济，大体而言是资源驱动的时代；长达三四百年的工业经济，大体而言是资本驱动的时代；而今天这个时代是知识经济时代，是学习驱动、知识驱动，其根本上是创新驱动的时代。世界上那些崛起的所谓大国，从最开始的“两牙”——葡萄牙和西班牙，到荷兰、英国、法国、德国、日本、苏联再到美国。这九个大国崛起的轨迹，无一例外都是靠源源不断的创新来牵引、来驱动的结果。

今天，中国的经济总量已跃居全球第二。从道理上讲，中国不仅是人口大国、经济大国，更应是一个创新大国。从资源上讲，中国发展的路径不可能是资源型的，更不可能是依附型的，而只能是创新驱动型的。在这样一个人均资源特别匮乏的情况下，如果不靠科技进步，如果不靠提高劳动素质，如果不靠创新的话，这个国家就没有明天，没有前途。

改革开放已经30多年，今天的中国可以说已经到了一个向世界发言的时候了，到了一个可以讲我们自己的管理思想、管理战略、科技成果、成功的思想理念的时候了，到了一个应该向世界贡献中国人智慧的时候了。站在21世纪这个创新的世纪——一个知识产权的世纪，一个靠创新来驱动的世纪，国家规划的未来发展方略是：用十几年的时间，也就是到2020年的时候要把中国建设成为一个创新型的国家，高校应当培养创新型的人才为明天做准备。

创新型人才的培育既是高校的人才培养目标也是大学生自身发展的诉求。创业教育具有鲜明的时代特征，是和高新技术的产生、发展和广泛应用结合在一起的，是随着知识经济时代的到来而产生的一种新的教育思想。建设中国特色的社会主义现代化的创新型国家，需要全社会的共同努力，更需要高等教育在人才培养过程中必须加强对当代大学生的创新意识、创业精神与创业能力的培养，使其在竞争日益激烈的就业市场中不仅能够自谋职业、灵活就业，而且能够积极自主创业，成为新的岗位的创造者。同时，还要勇于拼搏、奋发有为，承担起实现中华民族伟大复兴的历史重任。服务于创新型国家的建设，急需多样化、多层次的创新型创业人才，这就要求我国的高等教育必须全面创新，大力推动实施创新创业教育。因此，从某种意义上可以说中国大学的“创新创业教育时代”已经来临。

自从创业教育作为一种教育思想在20世纪80年代末的北京“面向21世纪教育国际研讨会”上被正式提出后，就引起了我国的高度重视。国家、政府、教育部门、高校做出了积极回应，创新创业教育的研究和实践活动逐渐活跃，在创业环境、创业教育体系、创业学科等方面进行了不断的实践探索和理论研究，积累总结了一定的经验，取得了显著的成效。创业的政策支持服务体系在不断完善，高等教育中的创业教育内涵在不断丰富，创业教育的学科及理论体系在不断完善发展。

时代在前进，历史在发展，大学生创业教育也应该与时俱进。

目前，西方国家的大学生毕业以后有20%～30%的人参与创业，而我国大学生毕业以后参与创业的人数还不到1%，这说明我国和西方发达国家在大学生创业教育方面还存在着非常大的差距。当西方国家的大学在为社会培养大量创业人才的时候，我们还在强调考研率、升研率。当西方国家大学在为社会培养大量企业家的时候，我们还在强调学生的就业率。教育意识的差距必然要影响到教育实践的差距，必然影响到大学教育在社会主义现代化建设中的地位和作用。我们必须从整个创新大学教育的角度来审视大学生创业教育，这样才能够给予大学生创业教育以应有的关注，才能够培养出更多的创业型人才。

大学生创业在我国还处于初级阶段，大学生创业在各个方面都需要学校的帮助，因此高等学校在大学生创业教育中，不仅仅要扮演好教育的角色，还应该继续延伸搭建一个大学生创业的平台。这个平台既是一个创业知识传授的平台，还应是创业实践的平台；既是大学生萌发创业意识的平台，还应是创业大学生筹资融资的平台；既是大学生创业演练的平台，还应是创业大学生走向市场走向社会的平台；既是大学生创业的孵化平台，还应是创业大学生展翅高飞的平台。要搭建这样一个大学生创业教育的平台，需要我们进行观念的创新、组织机构的创新、教学实践的创新、教育资源的创新和教育时空的创新等。大学生创业教育本来就是高校教育创新的产物，我们也只有在不断的创新和探索中，才能够找到大学生创业教育更好的方法和途径。

大学生创业是一个系统工程，大学生创业教育也是一个系统工程，我们要想搞好这个系统工程的建设，必须进行创业教育资源的整合。一是各个高校内部各个专业、各个部门之间创业教育资源的整合；二是各个高校之间创业教育资源的整合；三是高校和企业创业教育资源的整合；四是高校和政府部门创业教育资源的整合；五是高校和媒体创业教育资源的整合；六是高校和社会教育机构创业教育资源的整合；七是高校和国外创业教育资源的整合。大学生创业教育不仅仅是哪个部门、哪个学校的事情，同时也是全社会的事情，只有把大学生创业教育做成一个全社会都重视、全社会都参与的事情，才能够取得成效。

大学生创业教育的创新还应该处理好全面教育和重点教育之间的矛盾。如果没有全面的大学生创业教育，就不会有创业知识的普及。但是，如果我们仅仅进行泛泛的创业教育，那么就会使创业教育流于形式，停留在表面，而那些真正有创业需要的大学生得不到我们更好的指导。因此我们在普及大学生创业教育的同时，还应该对那些真正想创业和正在创业的大学生进行重点培养，在创业师资、创业政策等方面对他们予以倾斜，在他们创业的道路上给予更多的帮助和关心。这样，每个高校在不远的将来，都很有可能会培养出自己的比尔·盖茨，到那时就是我们的大学生创业教育繁花似锦、硕果累累的时候。

我们的大学生创业教育的创新，还应该和国外的大学生创业教育进行对接。我们的大学生创业教育刚刚起步，在教育理念、教育方法、教育过程、教材建设等方面还很不成熟。西方国家的大学生创业教育起步较早，已经形成了固定的大学生创业教育培养模式，并且取得了丰硕成果。他们大学生创业教育的今天，就是我们大学生创业教育的明天。为了更好地搞好我们的大学生创业教育，我们应该勇敢地和西方国家的大学生创业教育进行对接，这主要是教育理念的对接、教育内容的对接、教育方法的对接、教育过程的对接。只要我们虚心学习西方国家的先进经验，再配合适合我们国情的教育理论和方法，在大学生创业教育方面就一定可以形成我们自己的教育模式。

面临着高校创业教育由面及里的深化发展要求，高校在创业教育的学科及理论体系方面的发展研究已成为重中之重。创业流程管理、新创企业成长管理方面的研究需要深入。在多年的理论研究和教育实践的基础上，我们不断探索创新创业教育的新思路、新体系，并在创业教育的学科体系、创业流程管理等方面做了很多的研究，取得了一些理论成果。为了顺应高等教育发展规律及创业教育实践应用的需求，我们筹划编著了《大学生创业教程》一书。

本书以新创企业管理流程为框架，以创业的准备、创业企业的成立、创业企业的发展及最后的成功上市为体系，重在理清每个基本流程环节的核心及其在整个流程中的地位和作用。书中各章节以核心内容为主干，配以鲜活的实例来深入阐述其中心思想，帮助读者把握各章节的重点内容，并深入理解整个流程体系的构建实施。本书编著的目的是为高校大学生创业教育提供参考资源，并为创业者们或准备创业的大学生们提供行动的参考指南。

集知识与创新能力于一身的大学生，完全可以发挥自身的资源优势，以创新的思维、创造的能力去开创自己的事业，成为创业的主体；大学生也一定能发挥青春活力，学以致用，通过创业把就业主动权掌握在自己手里，把知识转化为国家的实力、社会的财富和人民的实惠，通过创业提高自己服务于国家、服务区域经济和社会发展的贡献能力，成为创业的主流群体，成为这个时代真正的创业者。

创业，是一种思考、推理和行为方式，它为机会所驱动，需要在方法上全盘考虑并拥有和谐的领导能力。它不仅是建立企业，也包括在已有的岗位上开创性地开展工作。创业是指创立事业。

创业必须要贡献出时间、付出努力，承担相应的财务的、精神的和社会的风险，并获得金钱的回报、个人自我实现的满足和独立自主。

对于一个真正的创业者来说，创业过程不但充满了激情、艰辛、挫折、忧虑、痛苦和徘徊，而且还需要付出坚持不懈的努力，同时，渐进的成功也将带来无穷的欢乐与分享不尽的幸福。

真正的创业者并不仅是追求个人的财富，而是追求自己的理想。

真正的创业者把创业当做自己实现人生价值的一种方式。

真正的创业者看重的是创业过程，在创业过程中实现个人价值的提升，而这种提升体现在对社会的贡献。

真正的创业者的激情来自于他的事业给社会带来的积极影响。

选择了创业就是选择了面对更多困难，迎接更多挑战……

杨向荣

于青岛，山东高校大学生创业教育研究基地

2010 年 11 月

目　录

绪言 中国大学生创业历程

当历史的车轮迈入了2011年的时候，我国的大学生创业也已经拥有了三十年的光阴。在这三十年的时间里，大学生创业已经从一颗颗小草成长为繁茂的草原。我们盼望着这片草原更加郁郁葱葱，所以我们认为有必要回顾一下它成长的历程，以便后来者更好地走向创业。在此需要说明的是，我们在总结中国大学生创业历程的时候，主要是指在校的大学生和刚刚毕业不久的大学生以及从海外归来的留学生的创业行为。

A 大学生创业开始的时代

我们把20世纪80年代看做是中国大学生创业开始的时代。因为20世纪80年代，是中国改革开放的时代，是中国大变革的时代，是中国人创业开始的时代，也是中国大学生创业开始的时代。

我们分析中国大学生创业的历程，必须把大学生创业放到我们国家那个特殊的时代背景下，才能够看清来龙去脉。

我国在1977年恢复高考，从此大学校园里又有了真正意义的大学生。但是，20世纪70年代的大学生们被视为天之骄子，他们在经历了那个不要文化的动乱十年之后倍感知识的重要，他们关心的是如饥似渴的知识汲取，所以很难找到大学生创业的影子。

然而，以经济建设为中心和改革开放国策的确立，拉开了全民创业的序幕。一批批个体户、万元户的迅速出现，也在不时地冲击着大学生们的心房。

特别是邓小平同志“让一部分人先富起来”的思想，成为当时中国人当然也包括一部分大学生创业的思想基础。

80年代是中国人民真正创业开始的年代。

1980年，在北京，一个叫刘桂仙的中年妇人意外地领走了全城的第一张个体餐馆执照。

1980年，中关村先驱陈春先建立了中国第一个民办科技机构。

1980年，郑秀康终于向单位正式提出了辞职，创办红象皮鞋作坊。“我决定做消费品，要么做沙发要么制鞋，最终选择制鞋，是因为家里的住房太小，连个沙发都放不下。”如今，他的康奈集团已成为中国的“鞋王”之一。

据统计，1980年中国从事个体经济的人数突然猛增到86万人。

1981年，年广九决定雇用几个人开始炒瓜子。

1981年，李东生与创业伙伴在还只有一条街道的深圳，创办了TTK磁带公司。

1983年，王文京辞掉国务院机关事务管理局财政司的工作，到中关村注册了个体形式的“用友财务软件服务社”。

邓小平第一次著名的南巡是1984年。中国的对外开放终于由点及面，形成沿海全境开放的格局。在邓小平第一次南巡精神的鼓舞下，全民经商热开始席卷全国，人们之间的问候语从“你吃了吗”变成“你下海了吗”。民营经济也因此波涛汹涌。

1984年，张瑞敏在青岛创立海尔、柳传志在北京创立联想、王石组建深圳现代科教仪器展销中心（万科企业股份有限公司前身）、李经纬在广州创立健力宝等企业。

1984年，潘宁顺德创立珠江冰箱厂生产“容声”冰箱，后来这家小厂更名为“科龙”。温州柳市的南存辉和朋友一起创立了“求精”开关厂，正是这个开关厂成为了后来“正泰”和“德力西”的摇篮。

1987年，宗庆后创立娃哈哈。

1987年，太阳神跃然而出。

1987年，郑坚江牛棚起步，创建奥克斯。

1988年，任正非创办深圳华为技术有限公司。

1988年，管金生创办万国证券。

1988年，牟其中创办南德集团。

1989年，黄宏生创办创维。

我们不厌其烦地列举80年代中国的创业者，目的是想说明在80年代中国的创业序幕拉开了。如果没有这个伟大的年代，就没有中国大学生创业的开始。

80年代的大学生们主要关心的是读书学习、校园歌曲、人性和政治问题，所以并没有多少人想到创业的问题。但是，也不能认为80年代是大学生创业的荒漠时期。在这个改革开放刚刚开始的年代，在这个全民“下海”的时代，已经有一些无所畏惧的大学生开始了创业的征途。

在80年代走向创业的大学生之中，应当首推刘永美（又名陈育新）。

1982年刘永美毕业于四川农学院，被分配到新津县农业局工作。1983年，刘永美毅然放弃了国家干部身份，再一次回到了农村——停薪留职回到古家村，创办育新良种场。之后都是大学毕业生的大哥刘永言、二哥刘永行、四弟刘永好，也先后辞职共同创业。兄弟四人共凑了人民币1000多元，办了一个实业

"育新良种场"，开始养鸡、养殖鹌鹑、生产饲料。到1987年前后，刘家兄弟已经悄悄聚起了上千万元的资本。

在80年代走向创业的大学生之中，还有一位华中科技大学毕业的和孙中山同名的孙文，他同样给我们塑造了大学生创业的传奇。与刘永美兄弟选择农业农村创业不同，孙文选择了高科技的激光创业。1977年，孙文考入华工光学系激光专业学习，后分到武汉某研究所从事激光研究。一直以来，如何将激光技术引入现实生活是他苦心研究的课题。"科研成果不能及时转化为生产力，就好像果子卖不出去只能烂在筐里一样。"1985年，他"下海"自创楚天光电子公司，专门从事与生活关联的"普及型激光"产品开发。经过多年的奋斗，楚天激光已经发展成为一家规模大、产品种类齐全、市场网络健全的专业激光产品制造商，下辖工业激光、医疗激光、激光加工三大产业，在北京、武汉、苏州、上海建有生产基地，向全球客户提供激光应用全套解决方案。

在80年代走向创业的大学生之中，还有一位为中国商界创造了众多惊奇的史玉柱。1989年1月，史玉柱于深圳大学软科学管理系研究生毕业，随即下海创业。1989年夏，史玉柱自认为自己开发的M-6401桌面文字处理系统作为产品已经成熟，便用4000元承包下深圳大学科技工贸公司电脑服务部进行经营。1989年，推出桌面中文电脑软件M-6401，4个月后营业收入即超过100万元。随后推出M-6402汉卡。1991年，巨人公司成立，推出M-6403，实现利润3500万元。1993年，巨人推出M-6405、中文笔记本电脑、中文手写电脑等多种产品，其中仅中文手写电脑和软件的当年销售额即达到3.6亿元。巨人成为位居四通之后的中国第二大民营高科技企业。史玉柱成为珠海第二批重奖的知识分子。1994年初，巨人大厦动土，计划3年完工。史玉柱当选中国十大改革风云人物。1995年，巨人推出12种保健品，投放广告1个亿。史玉柱被《福布斯》列为大陆富豪第8位。

在80年代还有一批像刘永美、孙文、史玉柱一样的大学生们在毕业以后走向了创业的道路，他们人数虽然不多，但是星星之火可以燎原，他们义无反顾的创业精神，感动着、鼓舞着一代又一代的大学生们走上了创业的征途。

B 勇于下海、激情创业的时代

我们把1990~1995年看做是中国大学生勇于下海、激情创业的时代。因为在这个时期，国家没有号召大学生创业，学校也没有教育大学生创业，那些创业的大学生们完全是凭着自己的激情和勇气跳入商海，搏击商海的。

在90年代人们用一个特殊的词汇表达创业，那就是"下海"，因为当时的人们把在单位上班视为安全的陆地，而创业则是危险的海洋。如果说在80年代还只是少数大学生跳进了商海，那么90年代就有一个庞大的大学生群体义无反顾地下海了。

张兰，女，1987年从北京工商大学（北京商学院）企业管理专业毕业，1989年到加拿大读MBA，1991年学成回国创业建立“阿蓝酒家”川菜馆。到2000年，“阿蓝酒家”发展为著名的“俏江南”餐饮企业。张兰也成为留学生归国创业的典范。

徐少春，1983年8月毕业于南京工学院计算机科学与工程系，1988年从财政部科研所财会电算化研究生毕业，1991年创办深圳爱普电脑技术有限公司，开发“爱普财务软体”。1993年成立金蝶软体科技（深圳）有限公司，经营著名的金蝶财务软件。

我国改革开放以后第二次创业高潮发生在1992年的邓小平第二次南巡之后。邓小平在这次南巡讲话中指出“改革开放胆子要大一些，敢于试验，不能像小脚女人一样。看准了的，就大胆地试，大胆地闯”。邓小平的第二次南巡讲话，开启了我国第二次激情澎湃的创业高潮。人们纷纷辞职下海，形成了蔚为壮观的创业大军。据统计，仅仅1992年，辞职下海的有12万人，不辞职同时涉足经商的有1000万人，另外还有数以百万计的教师、学生、科研人员经商。

在这次创业高潮中，我们看到了群星灿烂的大学生群体，他们光芒四射，共同演绎了一个中国大学生激情创业的90年代。

李莹，女，1992年毕业于北京大学东语系日本文学专业。1992年毕业时，三个美好的机会和前景降临到她头上：外交部门、研究单位和日资企业。但是她一一否定了。“我从小就知道，自己要的是跟别的女孩子不一样的生活。”她不想因外事纪律的限制而影响她对德籍华人男友的追随；她不要研究单位清贫的生活；她也不愿意在日资企业受寄人篱下的制约。她想的是：“真正渴望有那么一天，拥有一笔财富，无需看旁人眼色，买喜欢的衣服，去想去的地方，自主决定情感的施与受。精神世界任去留。”要如此的自由自在，最理想的职业便是经商，李莹下定决心，纵身一跃——“下海”了。凭借得天独厚的中德贸易环境，1993年，李莹为处境困难的扬子冰箱厂引进西门子冰箱的生产技术和2亿美元外资，成立博西扬合资公司，盘活了数10亿元的国有资产。帮助红塔集团引进德国先进的卷烟纸生产技术，几年后建立起一家目前国内最大的卷烟纸合资企业。1995年，德国歌德学院留学一年。其后，李莹以敏锐的眼光发现了进口二手车买卖的商机。后来，一直做到德国宝马和华晨宝马在中国北京地区的销售总代理。

吴鹰，1982年毕业于北京工业大学无线电通信专业，获电子工程学士学位。1985年进入美国新泽西州理工学院攻读硕士学位，研究数字通讯及数字信号处理。1992年回国创业，创立斯达康公司（Starcom）。1995年Starcom与Unitech公司合并成立UT斯达康公司。10月开始，吴鹰就任UT斯达康国际通信（中国）公司总裁兼首席执行官。吴鹰领导的斯达康开创了中国通讯历史上的小灵通时代。2000 年 3 月 3 日，UT 斯达康公司在纳斯达克上市。

王志东，1988 年毕业于北京大学无线电电子学系。1992 年 4 月，和同学创办新天地电子信息技术研究所，任副总经理兼总工程师，独立研制成功“中文之星”中文平台软件。以后，他在创业的道路上越走越远。1993 年 12 月，得到四通集团 500 万港币投资创办四通利方信息技术有限公司，任总经理。1997 年，为四通利方公司引入 650 万美元的国际风险投资，成为国内 IT 产业引进风险投资的首家企业。1998 年 12 月，四通在线完成了与美国华渊资讯的合并，创建新浪网。自此长期担任四通利方与新浪网的总裁兼 CEO，并领导新浪网成为全球最大中文门户网站。2000 年 4 月 14 日，新浪在美国纳斯达克股票市场上市。

李如江，1989 年末清华无线电系硕士毕业。1992 年下海，成就了后来的深圳市东进通讯技术股份有限公司。

张树新，女，1986 年毕业于中国科技大学应用化学系。1992 ~ 1996 年创办北京天树策划公司。1992 ~ 1998 年，创办瀛海威信息通信有限责任公司。1998 年，创办盛华元通国际投资管理公司。1999 年底，创办联和运通投资顾问有限公司，任董事长。2007 年，任新创基金会主席。作为中国互联网产业奠基人之一的张树新创业显得有些悲壮。1995 年初建瀛海威时，张树新那句著名的广告语：“中国人离信息高速公路还有多远？向前 1500 米！”在神州大地掀起了蓬蓬勃勃的上网热潮。她最早引入风险投资概念，借助资本运营手段在一年内实现了公司规模扩张和资产增值 10 倍，使瀛海威成为国内最大的网络信息服务商之一，瀛海威的口号“星星之火，可以燎原”，亦成为中国互联网行业的发展口号。瀛海威虽然已经不复存在了，但张树新当初所率领及亲手培养的中国第一代互联网络从业团队现已成为中国各个互联网商业公司的骨干力量，瀛海威亦被称为中国 Internet 的“黄埔军校”。

陈志列，1990 年西北工业大学计算机系硕士研究生毕业。1993 年在深圳成立了研祥工控公司。陈志列带领他的团队在十几年的时间里，创立了中国最大的特种计算机研究、开发、制造、销售和系统整合于一体的高科技企业，是国内同行业中唯一一家在香港联交所上市的企业。研祥集团打败了来自德国西门子、美国通用这样的对手，让自己的企业成为中国第一，世界第五。研祥集团参与制定了中国工业计算机的国家行业标准，引领了中国核心计算机的潮流。

冯军，1992 年毕业于清华大学，放弃了一家国企提供的外派出国工作的机会，砸了自己的铁饭碗，开始了他在中关村的创业梦。1993 创立的华旗资讯数码科技公司。1997 年，创建品牌——爱国者。在冯军的带领下，华旗资讯营业额连续十年每年保持 60% 的稳定增长。目前，爱国者移动存储产品、MP3、显示器稳居国内市场前三位。

池宇峰，1993年，毕业于清华大学化学系。1994年，自闯深圳开创洪恩实业公司。1996年，创办北京金洪恩科技发展公司，从事开发、生产多媒体教育软件。2000年3月，开通“12亿中国人的网上大学”———洪恩在线。2004年创办完美时空网络技术有限公司，进入网络游戏行业。

王中军，1989年至1994年在美留学，并获得美国纽约州立大学大众传媒专业硕士学位。1994年回国和弟弟一起创立华谊兄弟广告公司，为中国银行等单位进行广告策划。2000年12月，成立华谊兄弟太合影视投资公司。2005年成立华谊兄弟传媒集团。2009年10月30日在中国首批创业板上市。

秦亚良，1994年北京理工大学坦克发动机专业硕士研究生毕业。秦亚良没有找工作，而是直接创办了北京中恒讯视科技发展中心（为中恒兴业的前身），销售和开发计算机多媒体应用技术，尤其是图形、图像软件的开发。现在已经发展成为在中关村无人不知、无人不晓的数码帝国。

江南春，1994年时是华东师范大学汉语言文学大三学生，他成立了永怡广告公司，自任总经理，以代理IT广告而挖到第一桶金。1998年，他的企业年收入超过5000万元，占领了上海95%的IT广告代理市场。2002年，江南春开始投资当时的市场空白点——楼宇广告，并在2003年创办了分众传媒。分众传媒2004年销售收入2.4亿元，拥有中国楼宇广告77%的市场份额，其后2年间分众总共获得了近5000万美元的风险投资，并于2005年7月成功登陆纳斯达克。

段永平，1982年浙江大学无线电系毕业。1989年，中国人民大学经济系计量经济学硕士研究生毕业。1989年3月，到中山市怡华集团下属的一间亏损200万元的小霸王当厂长，段永平决定做电子游戏机。三年之后，使小霸王产值达10亿元。1995年9月18日，他到东莞成立了步步高电子有限公司。现在步步高已经成为著名的品牌。

陈朝晖，1991年毕业于中国青年政治学院。1995年，创立成都白家食品有限公司，经营四川粉丝，营业额已经达到数亿元。

C 海归领先、信息创业的时代

我们把1996年以后大约五六年的时间看做是海归领先、信息创业的时代，因为在这个时间段，我们原来培养的，然后又出国留学归来的大学生们成为创业的主角。他们带着西方创业的新观念、新方法，为中国的大学生创业开辟了新领域、带来了新思维、创造了新奇迹。

当我们的视野走进中国大学生1996年以后大约五六年的创业时间段时，我们发现了两个鲜明的特征，这就是大量的海外留学人员归国创业和创业大学生主要集中在信息领域创业。现在让我们回顾一下他们走过的脚步。

张朝阳，1986 年毕业于清华大学物理系，同年以全国第 39 名成绩，考取 CUSPEA 项目奖学金赴美留学，就读于美国麻省理工学院。1993 年底在美国麻省理工学院（MIT）获得博士学位，并继续在 MIT 从事博士后研究。1994 年任 MIT 亚太地区（中国）联络负责人。1995 年底回国任美国 ISI 公司驻中国首席代表。1996 年在 MIT 媒体实验室主任尼葛洛庞帝教授和 MIT 斯隆商学院爱德华·罗伯特教授的风险投资支持下创建了爱特信公司，成为中国第一家以风险投资资金建立的互联网公司。1998 年 2 月 25 日，爱特信正式推出“搜狐”产品，并更名为搜狐公司。在张朝阳的领导下搜狐历经四次融资，于 2000 年 7 月 12 日，在美国纳斯达克成功挂牌上市。

俞渝，女，1986 年毕业于北京外国语学院英语专业，获学士学位。1987～1988 年在俄勒冈大学国际研究硕士班肄业。1992 年获得纽约大学工商管理学院金融及国际商务 MBA 学位。1996 年，与李国庆结婚并共同创办当当网上书店并任联合总裁。经过多年打拼，当当网现在成为中国最大的网上书城。2010 年 12 月 8 日，当当网在纽约证交所上市。

汪延，1996 年毕业于法国巴黎大学。1996 年 4 月加盟四通利方公司，担任国际网络部部长。同年 6 月，参与创办利方在线网站。汪延在网站策划、管理运营与市场拓展等方面积累了成熟的经验，经过他与四通利方其他同事的共同努力，利方在线在 1998 年成为中国地区最受欢迎、访问量最高的中文网站之一，并于 1999 年成功地完成了与华渊资讯网的融合，成为中国新浪网，同年出任新浪网中国地区总经理。2003 年 5 月任新浪首席执行长、董事兼总裁。

刘德建，1971 年生于福建。1995 年美国堪萨斯州大学化学、生物化学专业毕业，同年创立网龙（中国）公司。2001 年并购国内数家游戏网站，成立“17173. com”。2002 年独立开发出《幻灵游侠》。2003 年推出《征服》。同年以 2050 万美元价格将 17173. com 出让给搜狐。2004 年推出《信仰》。2008 年 6 月 24 日由香港创业板上市。

严望佳，女，1990 年复旦大学毕业后赴美留学，1996 年获宾夕法尼亚大学博士学位，同年回国创立启明星辰公司并担任 CEO 至今。经过多年的奋斗，启明星辰已经成长为我国网络安全行业的市场领导者，是“国家规划布局内重点软件企业”和“国家火炬计划优秀软件企业”。启明星辰拥有多条全国市场占有第一的产品线以及 200 余项软件专利和自主知识产权，是国内自主创新重要的民族品牌。

丁磊，1993 年毕业于电子科技大学（原成都电讯工程学院）。1997 年 5 月创办网易公司。经过多年努力，将网易从一个十几个人的私企发展到今天拥有 3000 多员工的企业。2000 年，网易在美国纳斯达克公开上市。2000 年 3 月，丁磊辞去首席执行官，出任网易公司联合首席技术执行官，2001 年 3 月，担任首席架构设计师，专注于公司远景战略的设计与规划。

马化腾，1993年毕业于深圳大学计算机专业。1998年，创办腾讯计算机系统有限公司。其后自主开发了基于Internet的网上中文ICQ服务——OICQ，并成为全国在线人数最多的中文ICQ服务商；1999年10月得到美国数据集团（IDG）和李嘉诚旗下的香港盈科数码各110万美元的风险投资。目前QQ在国内外（以国内为主）拥有注册用户9.349亿，且以几何速度每日递增。可谓国内网民使用最多的即时通讯工具。而QQ本身也从广告、移动QQ、QQ会员费等多种领域实现了赢利，马化腾作为公司创始人自然是最大的贡献者和受益者。2004年6月16日腾讯在香港联交所主板上市。

鲍岳桥，1989年毕业于杭州大学数学系计算数学专业。1998年初，与简晶等人组建了北京联众电脑技术有限公司，现为北京联众总裁。

傅章强，1993~2000年上海海运学院计算机系学习，毕业后获得硕士学位。1998年，还在读研究生的傅章强决定创业。他开始写商业计划书，他的目的是融资。傅章强把公司定位为专业的档案管理软件开发者。起先，他接触了五家风险投资公司，都以失败告终。一个偶然的机会，傅章强得知一位老板有投资意向，立刻找到他，满怀激情地向他讲述自己的创业计划。在见过第5次面后，那位老板爽快地拿出了100万元，与傅章强签订了协议。1998年底，创立必特软件公司。2000年，入驻浦东软件园。他创办的上海必特软件有限公司如今已是浦东软件园的五家骨干企业之一，被信息产业部认定为国内第一批“软件企业”，并荣获国家高科技企业称号。

周鸿祎，湖北黄冈蕲春县青石人。1992年本科毕业于西安交通大学电信学院计算机系，获学士学位，1995年研究生毕业于西安交通大学管理学院系统工程系，获硕士学位。1998年10月，为了实现“让中国人能用自己的母语上网”的理想，周鸿祎创建3721公司，并在同年推出了3721“网络实名”的前身——中文网址。2003年3721被yahoo收购。2004年1月雅虎出资1.2亿美金购买了香港3721公司。2004年3月周鸿祎出任雅虎中国区总裁。2005年8月任职期满，周鸿祎离开雅虎中国。2006年3月，周鸿祎创建奇虎公司，出任奇虎董事长，奇虎公司旗下最主要产品之一就是360安全卫士。

李彦宏，1991年毕业于北京大学信息管理专业，随后赴美国布法罗纽约州立大学完成计算机科学硕士学位。在搜索引擎发展初期，李彦宏作为全球最早研究者之一，最先创建了ESP技术，并将它成功地应用于INFOSEEK的搜索引擎中的图像搜索引擎，这是他的另一项极具应用价值的技术创新。1998年，根据在硅谷工作以及生活的经验，在中国出版了《硅谷商战》一书。1999年底，怀抱“科技改变人们的生活”的梦想，李彦宏回国创办百度。经过多年努力，百度已经成为中国人最常使用的中文网站，全球最大的中文搜索引擎，同时也是全球最大的中文网站。2005年8月，百度在美国纳斯达克成功上市，成为全球资本市场最受关注的上市公司之一。

沈南鹏，1969年出生，浙江省海宁市人。1989获得上海交通大学的学士学位。本科毕业以后，到美国进行深造，先后在哥伦比亚大学、耶鲁大学学习，并在耶鲁取得硕士学位。1999年沈南鹏创立携程网，担任携程旅行网的创始人及董事，并曾长期担任公司总裁及首席财务官职位。携程旅行网（Nasdaq：CTRP）是中国最大的旅行服务公司，2003年底在纳斯达克上市。他也是如家连锁酒店（Nasdaq：HMIN）的创始人及联席董事长，如家连锁酒店是中国经济型连锁酒店的龙头企业，2006年成功登陆纳斯达克。

陈天桥，1973年出生，浙江绍兴新昌人。1994年毕业于复旦大学经济学专业。1999年，陈天桥以50万元启动资金和20名员工为基础，创立了盛大网络有限责任公司，2001年，涉足网络游戏业，以30万美元取得韩国Actoz公司旗下网络游戏《传奇》在中国的独家代理权。其后，盛大以优质的服务、严格的密码保护等核心竞争力一举成为中国网络游戏业的领头羊。2004年，盛大在美国纳斯达克上市，遂跻身中国首富行列。目前，盛大已经向领先的互动娱乐媒体企业方向发展。

邓中翰，1968年出生，江苏南京人。1987年考入中国科技大学。1992年邓中翰赴美国加州大学伯克利分校（UCBerkeley）读书。在五年时间内取得电子工程学博士、经济管理学硕士、物理学硕士三个学位，是该校建校130年来第一位横跨理、工、商3学科的学者。1999年10月，邓中翰在中关村注册成立了“中星微电子有限公司”，信息产业部为主要股东之一。2005年11月15日，中星微电子首次成功将“星光中国芯”全面打入国际市场，在美国纳斯达克成功上市，全球的电脑摄像头中，每10个中就至少有6个是采用中星微电子公司的“星光”数字多媒体芯片。2005年，邓中翰领导开发设计出的“星光”数字多媒体芯片，成功占领了计算机图像输入芯片全球市场份额的60%以上，位居世界第一，被三星、飞利浦、惠普、索尼、罗技、创新科技、富士通、联想、波导、TCL、长城等国内外知名企业大批量采用，这是具有我国自主知识产权的集成电路芯片第一次在一个重要应用领域达到全球市场领先地位！

蒲忠杰，1979～1982年就读于西安交通大学金属材料专业，毕业后在北京钢铁研究总院从事特种金属材料的研究，并获得博士学位。1993年，已经获得博士学位的蒲忠杰作为访问学者进入美国佛罗里达国际大学，并得以接触心脏支架的研发工作。之后，蒲忠杰在美国一直从事生物材料和介入医疗器械的研制开发工作，其间共申请了15项国家专利。1999年6月，蒲忠杰带着这项技术回国创业，成立了北京乐普医疗器械有限公司。2009年10月31日，乐普医疗在中国创业板上市。

朱骏，上海人。1993 年，朱骏赴美国工作、进修。1999 年，放弃国外的工作，回到上海，同年组建了虚拟社区 GameNow。2000 年，创立第九城市计算机技术咨询（上海）有限公司，出任董事长。2002 年，第九城市在朱骏的带领下，开始进军网络游戏行业。2004 年，以优异的成绩创造了“奇迹”并带领第九城市研发人员根据中国古典名著《西游记》的故事背景自主开发了《快乐西游》。同年，第九城市获得世界顶级游戏制作公司“暴雪”的作品《魔兽世界》。2004 年，第九城市在美国纳斯达克成功上市募集资金超过 1 亿美元（NASDAQ：NCTY）。2005 年，300 万美元豪赌《魔兽世界》再次得手。2006 年，个人出资 3000 万人民币买下上海中邦俱乐部 90% 的资产。2006 年，投资中超球队上海联城，同年 5 月以 3500 万美元拿下《地狱之门》。2007 年，收购国资背景的上海申花足球俱乐部，促成申花、联城合并，组建新申花。朱骏已经成功将九城打造为目前国内最大的网络游戏运营商和开发商之一。

施尚荣，留学澳洲，并获得太阳能薄膜电池专业博士学位。之后，继续留在澳洲，从事太阳能光伏的研究，最终将多项专利发明，以及创新对行业发展的重要性的理念带回中国。2001 年 1 月建立无锡尚德太阳能电力有限公司，是一家集研发、生产、销售为一体的外商独资高新技术光伏企业，主要从事晶体硅太阳电池、组件、光伏系统工程、光伏应用产品的研究、制造、销售和售后服务。尚德全球分支机构遍及北京、上海、旧金山、东京、慕尼黑、罗马、马德里、沙夫豪森、首尔、悉尼等重要城市，目前拥有 5 个生产基地，分别位于无锡、洛阳、上海、青海及日本长野，我们在全球拥有约 11000 名员工。无锡尚德太阳能电力有限公司于 2005 年 12 月首次在纽约股票交易市场公开上市。

当然，当我们说这是一个海归领先、信息创业时代的时候，我们并不否认在这个时期仍然有其他的大学生走在他们独特的创业道路上。

燕君芳，女，1974 年 9 月出生，陕西周至人。1998 年，24 岁的燕君芳从西北农业大学畜牧兽医学院毕业，兽医专业本来就是一个不受女孩子欢迎的专业，但她却放弃留校当老师的机会，投身到创业的大潮中，当年，靠着筹借到的 3 万多元，她创办了自己的企业——君达预混料厂，经过几年不懈的努力，企业已发展到以生产安全猪肉为目标，从“饲料生产——种猪繁育——商品猪养殖——猪肉深加工——产品连锁专卖”为一体的完整的产业链，随后，她又相继创办了饲料有限公司、光明猪畜牧有限公司、食品有限公司及本香食品营销有限公司，并以这四个公司为基础逐步发展壮大。现在已经组建了杨凌本香农业产业集团有限公司。

D 创业大赛、万马奔腾的创业年代

我们把 1998 ~2010 年看做是创业大赛、万马奔腾的创业年代。因为各种创业大赛如同吹响的向创业进军的号角，创业的意识已经深深地植根在大学生们的大脑中，创业的激情时刻都在大学生们心中沸腾，创业的行为天天都在大学生们身上发生。从此，大学生创业已经不再是孤独的英雄之舞，而是变成了群雄逐鹿。我国的大学生创业告别了少部分人创业的时期，而进入了群心思创、万马奔腾的年代。

正如我们的市场经济深受美国影响一样，我国的大学生创业也深深地打上了美国的烙印。特别是大学生创业计划大赛，几乎是美国的翻版。

美国大学生的创业热情起源于美国大学生的创业计划大赛。自 1983 年美国得克萨斯州大学奥斯汀分校的两位 MBA 大学生举办第一届商业计划大赛以来，美国许多高校都开始举办自己的创业计划大赛。据统计，美国表现最优秀的 50 家高新技术公司有 46% 出于 MIT 的创业计划大赛。从某种意义上讲，高校的创业计划大赛已成为美国经济的直接驱动力之一。

美国大学生创业计划大赛的成功，深深地激发了我国的高校和有关单位，他们决心在中国移植这个成功的大学生创业教育模式。在距离美国第一届大学生创业计划大赛之后的第 15 个年头，中国的大学生创业竞赛终于拉开了序幕。

我国大学生的创业大赛源自清华校园。1998 年 5 月首届清华创业计划大赛由清华的一个学生社团——清华大学学生科技创业者协会发起并举办。在历时 5 个多月的首届竞赛中，共有 320 名学生组成 98 个创业团队或竞赛小组报名参赛，提交创业计划书 114 份。由于比赛本身的性质和它在中国的首创性，它受到众多媒体、专家、企业家和风险投资家的密切关注。一花引得万花开，1999 年，北京大学、南京大学、西安交通大学和上海交通大学等国内著名高校也开始举办创业计划大赛。第二届清华创业计划大赛于 1999 年 3 月 1 日正式启动，参赛人数达 250 名，经过预赛、复赛，于 10 月 30 日进行决赛，视美乐、易得方舟（英文 FanSo）、乐都和博创在此次大赛中脱颖而出。

1999 年，由共青团中央、中国科协、全国学联主办，清华大学承办的首届“挑战杯”中国大学生创业计划竞赛成功举行。2000 年，第二届“挑战杯”中国大学生创业计划竞赛在上海交通大学成功举办。2002 年，第三届“挑战杯”中国大学生创业计划竞赛在浙江大学举办。2004 年，第四届“挑战杯”中国大学生创业计划竞赛在厦门大学举办。2006 年，第五届“挑战杯”中国大学生创业计划竞赛在山东大学举办。2008 年，第六届“挑战杯”中国大学生创业计划竞赛在四川大学成功举办，把大学生创业浪潮推向了新的高峰。2010 年，第七届“挑战杯”中国大学生创业计划大赛决赛在吉林大学举办。

2006 年、2007 年、2008 年 CCTV 连续三年举办的《赢在中国》创业大赛，将中国创业大赛推向了新高潮。

以上各种类型的创业大赛给我国大学生创业产生了不可估量的影响，综合起来有如下两点：

（1）创业大赛传播了大学生创业意识。

“挑战杯”以“崇尚科学、追求真知、勤奋学习、锐意创新、迎接挑战”为宗旨，向全国的大学生们传播自主创业意识。CCTV《赢在中国》以“励志照亮人生，创业改变命运”为活动宗旨，向包括大学生在内的全国青年创业者传播勇于创业的意识。如果说在此之前创业还是少数人的想法，那么经过一次次创业大赛的宣传，大学生创业已经成为了广大青年学子的共识。如果说在此之前创业意识还是大学生们心中朦胧的梦想，经过一次次创业大赛的宣传，大学生创业的意识已经内化成广大青年学子们心中坚定的思想。他们这种坚定的创业思想正在转化成内心强大的力量，鼓舞他们在创业的路上奔向远方。正如2008年大学生创业周的主题曲《全世界看到》唱到的那样：

当未知在眼前，睁开好奇的双眼。
看世界在改变，期待的梦在眼前。
坚持最终的信念，追逐着时间。
为今天，为明天！
当未知在改变，失去的不必留恋。
看世界在改变，挑战未知的艰险。
超越曾经的一切，追逐梦实现。
在今天，在明天！
把希望点燃，照亮那蔚蓝色的天。
把生命点燃，拥抱那美丽新世界。
我要放声地欢笑，我要秀出我的骄傲。
我要全世界，全世界看到！
创业大赛传播了大学生创业知识。

80年代的大学生创业还是摸着石头过河，因为当时的学校根本没有创业教育课程，社会上也没有创业大赛，所以他们只能在创业实践中探索创业的知识。

90年代那些刚从国外学成归来的留学生是带着西方的新观念、新方法创业的，所以他们在创业中如鱼得水。可是，国内的大学生们如何创业，还是一个迫切需要解决的问题。而创业大赛无疑就是解决这个问题的最好途径。

90年代末期开始的各种创业大赛，向同学们宣传了创业项目的选择、创业资金的筹措、风险资金的获得、创业团队的组建、企业管理、市场营销等有关创业的各种知识。

如果说知识改变命运，那么创业知识将会改变创业者的命运。

（2）创业大赛催生了一批大学生企业。

大学生创业不仅仅需要良好的创意，更需要创业启动资金。各种类型的创业大赛，大胆引入风险投资商，这就比较好地完成了大学生创业项目和创业资金的对接。据统计第三届挑战杯部分参赛作品开赛前就吸引了部分风险投资，金额达10400万元，其中签订合同的项目6件，签约金额4640万元。决赛期间，正式签约项目4件，金额达5760万元。其中，南京大学的“格霖新一代绿色环保空气净化器”商业计划获得了高达2595万元的风险投资。第五届“挑战杯”据统计，赛前共有13个参赛项目与25家企业达成投资意向，获得了5921.35万元的风险投资。在终审决赛期间的投资意向洽谈会上，共有3个项目与4家企业正式签约，风险投资达2225万元。CCTV《赢在中国》创业大赛获奖者将获得由IDG、软银赛富、今日资本等三家国际著名投资机构提供的创业资金。冠军：将获得一家注册资本不低于人民币1000万元的新设企业经营权；亚军：将获得一家注册资本不低于人民币700万元的新设企业经营权；第3、4、5名：将各获得一家注册资本不低于人民币500万元的新设企业经营权。对各家公司获奖者本人将拥有该企业20%的股份，出任该企业的CEO。

正是因为有了这些有关资金的介入，使大学生创业才从理想走向现实。

其中在创业大赛中诞生的著名大学生企业有：

1998年8月，清华大学精密仪器系的研究生姜晓丹创办的北京慧点科技开发公司。

1999年7月，华中科技大学新闻系96级学生李玲玲创办的武汉天行健科技有限公司。

1999年9月，鲁军、童之磊、陈曦和刘颖四个清华学生创立的易得方舟信息技术有限公司。

1999年5月，邱虹云、王科和徐中三个在校生在清华园里创办的视美乐公司。

多年的大学创业创新教育终于结出了丰硕的成果，中国大学生创办的企业在90年代末期——2010年，进入一个爆发期。其中著名的大学生企业有：

1999年11月，中国科技大学博士生刘庆峰等6个同学创办的中科大天音公司。

谢琦，江西南昌人，毕业于江西蓝天学院财会专业。1999年5月，巨元公司的前身汇日保健品有限公司成立。经过7年的打拼，巨元从一个小公司发展成一个集科研、生产、销售为一体，以生物制药为龙头的现代化企业，年产值3000万，营销网络覆盖全国。在国内知名网站中国校友会网和《21世纪人才报》近日联合发布的“2010中国大学创业富豪榜”上，以1亿元的身家荣登第13名。

田宁，1977年9月出生浙江长兴县和平镇。1999年，田宁和他的两位同学创建了浙江省内、浙江大学首家大学生创业企业——浙江大学盘石计算机网络技术有限公司。9年过去了，“盘石”已发展成为分别从事计算机硬件的盘石计算机网络技术有限公司和从事互联网网络营销的盘石信息技术有限公司，2008 年实现营销收入 9000 多万元，预计 2009 年将达到 1.5 个亿。跃居国内网络营销领域前三名。

陈志强，男，1975 年 9 月 22 日出生。1998 年毕业于青岛建筑工程学院（青岛理工大学前身）国际贸易专业。毕业不久就自主创业，现在已经拥有青岛海奇投资有限公司、青岛海奇信息技术有限公司、青岛海奇玻璃制品有限公司、半岛都市网等多家颇有影响的公司。

陈曦，1981 年出生于天津，父母都是大学老师，教育非常严格。从小家长鼓励的是一种兴趣教育，因此陈曦偏科很厉害。初一时，因为在计算机奥赛中拿了个全国第二名，陈曦 14 岁便进入天津大学少年班就读。他先后曾经三入大学学习，四次创业。经过多年打拼，成就了今天的畅网信息公司。

屈景春，1997 年进入重庆工业职业技术学院计算机系计算机控制专业学习。求学期间，他一直对由计算机技术支撑的安防系统很感兴趣，并长期在与从事安防系统相关设计的科技公司实习。2000 年，屈景春大学毕业后，果敢杀入安防系统软件设计行业，自筹 7000 元资金创业，创办重庆市行安电子科技有限公司，仅用 8 年时间就变身为一名企业资产上亿的老板。

2001 年 7 月，从美国硅谷怀志归来的清华学子武平等四人在上海创立了展讯；2002 年，展讯成功研制出亚洲第一款具有自主知识产权的 GSM（全球移动通信系统）/GPRS（通用无线分组业务）手机核心芯片；2003 年 4 月，展讯又成功研制出世界首颗 GSM/GPRS 多媒体基带一体化单芯片；2004 年 4 月，全球首颗 TD-SCDMA 双模基带单芯片在展讯诞生；2007 年 2 月，展讯又率先研发成功支持 HSDPA（高速下行分组接入技术）功能的多模多媒体基带芯片——SC8800H，同年 6 月展讯成功登录美国纳斯达克市场。

张锐，山东曲阜人。毕业于天津体育学院，曾在北京大学心理学系进修。张锐 2001 年创办 A-CX 网络社区，是中国第一代网游集合社区的雏形。2004 年进军旅游餐饮行业，创办九仙山风景区的泉峰山庄集团，集餐饮、旅游、休闲、娱乐为一体。2006 年创办九创（山东），跻身于互联网行业，同年携手 yi-cool 衣酷商务从事服装电子商务，取得服装电子商务领域巨大成功。

戴志康，1981 年生，黑龙江大庆人。2000 年考入哈尔滨工程大学，2001 年创业，康盛世纪 CEO，他是中国最早，也是最有影响力的 PHP 开发者之一。戴志康开发设计的自动生成社区的软件 Discuz!，开始是免费给人使用。2003 年 10 月推出新版本，加入新的功能和技术，容纳能力是对手产品的好几倍，那些模版体系和数据结构到今天都成了别人学习这种语言的必修技术。结果从此以后，Discuz! 进入高速轨道，销售平均每个月增加 30%。2003 年收入几万，2004 年几十万，2005 年几百万。2005 年，Discuz! 成为社区软件领域的老大。12 月，软件实施免费，向服务转型。2006 年，Discuz！Board 已成为全球用户数最多的 PHP 社区论坛软件之一。

彭海涛，2001 年6 月在四川大学计算机专业就读，开始设计休闲小游戏，获得业界不少好评；2002 年，18 岁的彭海涛告诉父亲，陈天桥运营《传奇》创造了财富神话，他可以做出更好的网络游戏；2002 年9 月，彭海涛退学离开大学校园，在父亲100 万元的支持下，招募了三名国内顶级技术精英，专心做游戏开发，并成功制作出了 Highway 高速全3D 实时网络游戏引擎；2003 年 9 月，锦天科技发展有限公司成立；2005 年5 月，经过两年的研发，中国第一款自主研发的3D 网游《传说 online》诞生；2005 年7 月，以2000 万元的价格将《传说 online》的全国总经销权，出售给北京晶合时代软件技术有限公司；2005 年 11 月，《传说 online》成为获得文化部批准的“国家动漫游戏产业振兴基地”首推的第一款本土游戏；2006 年初，在《传说》正式运营收费之后，彭海涛携锦天全体研发人员开始了第二款免费游戏《风云》的开发，2006 年 12 月，《风云》正式推出，短短半年时间，注册用户达 600 万，活跃用户 150 万，迅速进入国内最好的 3D 角色扮演类游戏行列；2007 年 7 月，锦天科技被盛大收购，据悉收购金额上亿，彭海涛自此成为中国最年轻的亿万富翁之一。

陈博，毕业于浙江大学计算机系。2004 年成功创建了中国领先地无线娱乐公司博求科技并担任 CEO。2008 年创立杭州乐港科技有限公司，带领着乐港人将《热血三国》推向巅峰。在国内知名网站中国校友会网和《21 世纪人才报》近日联合发布的“2010 中国大学创业富豪榜”上，以 1.2 亿元的身家荣登第 11 名。

金津，浙江理工大学信息管理专业学生。2005 年，在大学里默默无闻的金津休学成立杭州渡口网络科技有限公司。渡口网络公司不仅在杭州、上海等地设立总部和分部，而且在全国 11 个城市建立了办事处。来自全国各地的 300 多名年轻大学生和这位年轻的总裁一起，共同实现着他们的创业梦。金津给公司起了个“渡口”的名字。从此岸到彼岸，从传统产业到 IT 业，“渡口”似乎更多了一层双重含义。金津自己也说，“更想把它看做一个新的起点。”渡口目前在运营的游戏有《魔神争霸》、《天羽传奇》、《神将》、《石器世界》、《KO 堂》等。此外渡口自主研发的网络游戏《天机 online》、《魔神争霸》已在中国台湾、中国香港、中国澳门、泰国、马来西亚、印尼等地区和国家进行商业化运营。渡口网络目前拥有 200 多名员工。在上海、杭州等地设立了办公地点和研发中心，在成都、广州等十个城市设有办事机构。渡口网络主要经营游戏业务，现在渡口网络已经在中国创业板上市。

张锐，2006 年7 月，刚刚从人民大学管理学博士毕业的张锐，毅然决定以考研为突破口切入成人高端教育市场。8 月，张锐正式注册万学教育，走上了自主创业之路。他很快拿到300万美元的天使投资，并将当时行业内初具规模的一个品牌收入旗下，成为万学第一个全资子品牌。而这一过程仅仅用了不到四个月，此时，国内大大小小的培训机构已逾千家。为在教育行业快速扩张，万学选择裂变式并购。2007年，万学教育销售额近亿元，占据行业第一。优良的经营业绩让很多同行主动寻求收购。两年内，万学并购的同类企业超过百家。

宋海波，1978年生，海南人，2001年毕业于华中科技大学同济医学院。2000年3月创办动网的第一个网站动网先锋（Aspsky. Net），是一个以网站建设技术资源聚合为主的网站。同年6月份发布动网论坛的第一个版本《动网论坛2000》。2002年末发布了《动网论坛6.0》并在中国论坛市场占据部分市场份额。2003年6月，国内论坛使用环境逐步成熟，将动网论坛软件转入商业化运作，在保持免费的同时进行商业版本的发售。2003年11月正式成立海口动网先锋网络科技有限公司，并进行正式的商业化运作。2009年初，动网和多家国内知名网站联合上线运营自己第一款网页游戏《商业大亨》，很快盈利。宋海波备受鼓舞，先前的困难也因转型成功而得到解决。公司渐渐步入正轨，成长为国内领先的网页游戏公司。在国内知名网站中国校友会网和《21世纪人才报》近日联合发布的“2010中国大学创业富豪榜”上，以1.3亿元的身家荣登第9名。

徐毅征，东南大学在读学生。2003年，还在东南大学读大三的徐毅征，认识了一个南京大学研究生毕业的朋友，“我跟他的私人关系还不错，于是到他开的一个服务外包公司学习用C++语言做开发，也算是勤工俭学吧。”2003年9月18日，经过5个多月的酝酿，用到处筹措来的几万块钱，徐毅征成立了南京创网科技有限公司，踏上了IDC的长征。公司成立一年后的2004年9月，南京创网科技有限公司每月的收入已经稳定在40万元左右。2004年9月，徐毅征来到了上海，建立了上海分公司。2006年，徐毅征开始这种模式的试验。北京分公司（网联中国 www.99to.com）、福州分公司（国网数据 www.7data.com）、一个专门针对低端IDC市场的公司（互易中国 www.53dns.com）陆续成立。目前江苏邦宁科技有限公司已经在南京、上海、北京、福建、镇江、深圳、宁波、杭州、广州等地设立了分公司，员工总数达到了400多人，旗下的“中国数据”在国内同行业排名第4位。在国内知名网站中国校友会网和《21世纪人才报》近日联合发布的“2010中国大学创业富豪榜”上，以1.2亿元的身家荣登第11名。

龚海燕，网名“小龙女”、“潇湘燕子”、“辣椒”，毕业于北京大学中文系，取得了复旦大学新闻学院硕士学位。2003年10月8日，在复旦大学读研二时，她用1000元起家创办了世纪佳缘交友网站。因为这个网站，新东方创始人钱永强、徐小平、王强等先后送来4000多万风险投资，2007年6月，她又获得美国启明创投1000万美金投资。世纪佳缘成立以来尽管没有打广告也没有投入任何宣传费用，“严肃婚恋”的定位和严格的身份鉴定制度还是很快为世纪佳缘赢得了市场。目前世纪佳缘网站浏览量仅次于全球最大的交友网站 Match。在 MSN 首页上，世纪佳缘也已经占到总流量的 58%，超过了 MSN 其他合作伙伴的流量之和。在国内知名网站中国校友会网和《21 世纪人才报》近日联合发布的“2010 中国大学创业富豪榜”上，以 1 亿元的身家荣登第 13 名。

张同伟，江苏常州人。2001 年，他从南京大学毕业。2005 年 5 月，张同伟投资兴办的江苏贝德莱特太阳能科技有限公司开工建设。依托此前做外贸的 20 余人团队加上新招的 40 余人，到了是年 8 月，生产企业正式运转起来。之后，张同伟率领他的团队将一张张打入国际市场的“护照”拿到了手中：ISO9001 质量体系认证、ISO14000 认证，建设部康居认证、欧盟 EN12975 产品质量认证、欧盟 SolarKeymark 认证。这样，2006 年，5000 万元；2007 年，7000 余万元；2008 年，1.2 亿元。今年预计产值将达到 1.8 亿元。凭借专业的品质优势和服务优势，到 2007 年产品出口 78 个国家和地区，特别是在欧洲和南美洲地区取得了较大的市场份额，国际市场的销售收入居全国同行之首。到 2010 年，产品出口至 82 个国家个地区。在国内知名网站中国校友会网和《21 世纪人才报》近日联合发布的“2010 中国大学创业富豪榜”上，以 1 亿元的身家荣登第 13 名。

姚欣，1980 年 12 月出生，河南省郑州人。1999 年被保送华中理工大学（现华中科技大学）计算机本科专业。2004 年，读到研究生一年级时，因发现网络视频的商机，休学创业。2004 年底，PPLive1.0 正式在华中科技大学韵苑 26 栋诞生。2005 年 2 月，PPlive 软件正式上线，在校内范围测试后，在武汉地区教育网传开。2005 年 5 月，注册成立上海聚力传媒技术有限公司。2005 年，给包括上海文广、光线传媒、凤凰卫视在内的 10 多家电视台提供视频上网技术支持。2006 年初，姚欣成功从 BlueRun 及软银中国投资拿到 500 万美金的融资。2007 年 10 月，PPLIVE 使用用户达到 8500 万人。iResearch 报告显示，PPLive 目前占据了中国互联网视频直播市场超过 60% 的市场份额。2008 年初，拿到来自 DFJDragon、软银中国和 BlueRun 的 2100 万美金风险投资。用这笔钱，PPLive 也已经实现 700 多个电视频道的在线直播。在国内知名网站中国校友会网和《21 世纪人才报》近日联合发布的“2010 中国大学创业富豪榜”上，以 0.9 亿元的身家荣登第 17 名。

汤雪梅，女，中欧 2002 级 EMBA，1993 年获得中国人民大学人口统计学硕士学位。2004 年创办数字 100 市场咨询公司，2006 年创办凯摩 100 信息技术有限公司，开创国内第一个自助网上调查门户网站一百调查网，让中国调查行业实现“e”时代的升级。被中央电视台经济频道、中国中小企业协会、天津市人民政府联合主办的 2008 新财富年会评为“中国十大成长之星”。

高燃，1981 年生，湖南人，清华大学新闻系本科，2004 年创业。2005 年 2

月，高燃遇到了当年的清华同学邓迪，两个人合并了公司，创立 MySee. com。创业初期，高燃曾得到远东集团董事长蒋锡培 100 万元的投资。2005 年，Mysee 获得了北极光和赛伯乐等机构一共 200 万美元的投资。2006 年创立中国娱乐网。在国内知名网站中国校友会网和《21 世纪人才报》近日联合发布的“2010 中国大学创业富豪榜”上，以 0.8 亿元的身家荣登第 19 名。

刘琦开，上海人。2001 年 9 月考入重庆工学院，就读于工商管理学院市场营销专业。大学阶段开始在网上寻觅商机，自 2003 年 7 月为上海市浦东管材做成第一笔外贸生意后，到 2005 年底，已在网上累计销售管材 300 万美元。刘琦开在读大四的同时，与人合作，融资 1000 万元，创立了泰科股份有限公司，并任董事长兼总裁。公司主要从事钢管国际贸易。2005 年 5 月，取“网纳百川”之意，刘琦开成立了重庆网纳科技有限公司，开通“大学人”门户网。2005 年 9 月，刘琦开的第一家直营饰品店——“汉城奇缘”又在重庆开业，主营韩国饰品。

聂名勇，2008 年毕业于青岛理工大学机械专业。2007 年 1 月，成立了青岛新领域信息服务有限公司。通过推销消费通会员卡，2008 年公司营业额超过 100 万元，纯利润超过 30 万元。现在又在临沂、天津、大连、威海、乌鲁木齐、呼和浩特开出六家分公司，并准备在全国复制这种商业模式。

……

以上我们列举的创业大学生仅仅是中国创业大学生的一个缩影，因为篇幅的关系，难免挂一漏万。

当我们满怀敬意回顾中国大学生这三十年的创业历程时，发现中国的大学生创业如同我们的长江、黄河，她们发源于中国的大地，她们汇聚无数的江河溪流，最后形成蓬勃的巨流以不可阻挡的气势奔向大海。

中国的大学生创业从无到有、从小到大，现在已经成为中国经济不可或缺的生力军。

中国的大学生创业已经创造了奇迹，现在正在创造奇迹，将来还会创造奇迹！

1 大学生创业激情的培育

在当代中国教育持续改革、发展、创新的新态势下，大学生创业教育以学生的能力培养与成长成才为核心，成为高等教育改革与发展的重要内容和关键路径。在党中央国务院、地方政府及社会各界的高度重视和大力支持下，各高校也积极行动起来创新思路、深化教育，越来越多的青年大学生加入青年创业大军行列，关注、思考、探索、实践着创业，他们目标明确、激情洋溢、不甘平淡、锐意进取，在创业路上以自己的实际行动彰显着青年人的创业激情与创新思路，通过不懈努力一步步将专业的能力、智慧的灵光转换成现实的社会生产力，实现了自我价值与社会价值的相互融合和促进，大学生创业教育逐步呈现出全面、深入、持续发展的良好局面。

创业激情作为一种催生创业动力、促进创业发展、完成创业梦想的强大精神力量，是创业成功的首要条件，是创业者必须具备的素质，具有不可替代的基础性和关键性。现实创业过程中的各个环节、每件事情很大程度上都需要依靠激情来开展和进行，其中不管表现出来的是勤奋、辛劳或是强硬、坚忍，背后内涵的其实都是一种对理想的内在激情，一种动力支撑。对于为实现梦想而满怀激情并富有创新、创造能力的人，不会有任何困难会最终阻挡他们所坚持的目标和梦想。

新的经济形势和市场环境下的大学生创业教育中，创业激情培育必须作为一项系统工程来进行，因为它与创业梦想、创业目标、创业行动、创业意志存在着内在的关联、依存和互动关系（如图 1-1 所示）。在大学生创业激情的培育过程中，要以创业激情为中心，统筹分析和把握创业梦想、创业目标、创业行动、创业意志之间的逻辑关系，并以此为基础在创业教育实践中指导广大青年学生树立创业梦想，明确创业目标，实施创业行动，坚定创业意志，不断完善大学生创业激情培育的思路、方法、路径，引导和指导青年大学生在创业过程中不断学习总结，累积提升，创新发展。在一定阶段，大学生群体在创业资金、创业经验等方面可能不具优势，但这不应该成为影响创业成败的决定性因素——只要拥有创业的梦想与激情、明确目标和行动、坚定信念和意志，就能够在创业发展的路上有所收获和成就。

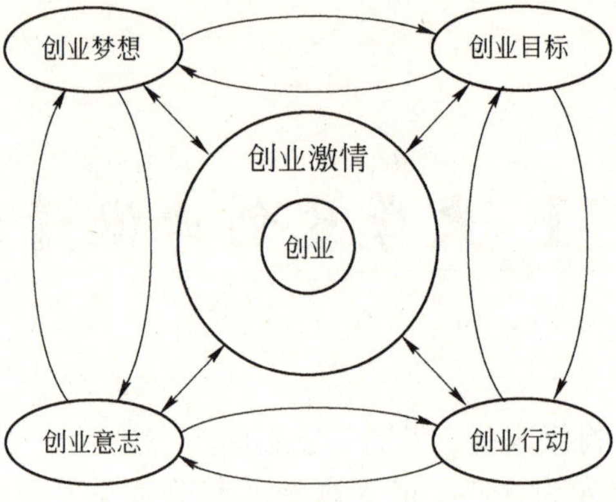

图 1-1 创业激情培育的因素关系示意图

1.1 创业梦想与创业激情培育

1.1.1 创业梦想

如哈耶克所言："一个伟大的社会必须是鼓励所有人在所有可能的方向上充分创新的社会。"而这正是当前大学生在创业、创新、发展方面所相对拥有的社会机遇和时代条件，为创业梦想、理想的现实孵化提供了相对优化的环境和平台。在此，所讨论的创业梦想，并非随感而发或异想天开的空想，而是一方面源于自我兴趣爱好，基于自我价值追求；另一方面适应经济发展形势，适合社会发展要求，在激情因素和理性因素共同作用基础上所产生的相对稳定和持久的想法和观念。创业梦想是催生创业激情的基本前提，是维持创业激情的思想根基。

创业梦想之于创业，如同绘画与建筑。创业者承担着双重身份，首先作为绘画师，你可以在洁白的纸上描绘你的图画，设计你心中的梦想，这是一种梦想的自由性幸福；同时做建筑师，你必须能够根据实际情况把这个图纸、设计成功地转变成现实，这一过程非常艰辛，但这是一种梦想的现实性幸福，是梦想的真正归属。

1.1.2 燃烧创业激情，成就创业梦想

正所谓，激情成就梦想。享誉国际的创业研究专家、美国西北大学谢洛德教授，在中国巡回演讲时指出，对中国企业家来说，从来没有一个比现在更好的时机，中国也比历史上任何时候都更需要企业家，强调所有中国的创业者和意图高远的企业家：一定要跟着自己的梦想去取得成功。梦想胜黄金，没有人应该做他不喜欢的事情。如果你不喜欢自己的工作，就应该在工作之余做自己喜欢的事，

也许会由此抓住某种热情，发现并实现梦想。

构筑创业梦想是一个条件性过程，需要不同层面的台阶作为架构：首先，要在浓厚的创业氛围中初步产生创业意愿，形成“共振——辐射”效应；其次，要练好内功，做好分内“家庭作业”和相关准备工作；第三，综合各种主客观条件，选择自己关心的创业领域或项目；第四，有所选择就要有所侧重，集中关注关心所选择的创业领域或项目；创业梦想不是主观臆想，要有扎实的根基，不能眼高手低，要早点开始并且要有耐心、有坚持，不能半途而废。

四川师范大学外事学院学生王博豪，发明耗能仅为普通灯泡的几十分之一LED节能环保灯并获得国家“实用新型专利证书”。北京一家研究所出3000万元买他的专利，王博豪拒绝诱惑坚持自主创业的梦想，创办了成都市登峰节能环保灯厂，刚上大三的他已经卖出了上百万只灯泡，并抓住了“低碳”的商机逐步做大，将LED灯泡卖进了上海世博会，甚至有望点亮伦敦奥运会。诱惑总是伴随成功而来，一个年轻学生如何面对3000万元不动心？王博豪说，不动心肯定是吹的，只要一想一点头就能到手的巨资都是一种煎熬。在创业梦想“初级阶段”的高中，王博豪就自己做生意，每个周末到成都进货，然后回家乡广汉卖给同学。“也没什么项目，什么赚钱干什么。卖耳环戒指，卖台式电脑，冰箱电视我也卖，赚取差价。”这一段艰辛的经历让他向往创业，很显然他的志向并不是小摊小贩，因此当自己手上有了专利，并有出价3000万元的商业价值时，他经过慎重考虑毫不犹豫地选择了自己创业，通过自己的努力一步步实现梦想，“哪怕最终只能挣回来几百万也值”——创业的梦想最终支撑他扛住了诱惑。

每个年轻人心中可能都怀抱坚定而深藏的创业梦想，创业成为越来越多的大学生都在思考和实践着的毕业归宿。创业的果实吸引着大学生跃跃欲试的心，富有梦想和拼劲的大学生们迫不及待地想去实现自己的创业梦。但创业梦想放飞之后将是一个实实在在地在疲惫乃至伤痛中学习与成长的过程。创业梦想会不会愈行愈远？青年学子能否真正把握住创业梦想？其实梦想飞向何方取决于自己，我们可以把握也最能依靠的就是自己，无论创业与否，无论对于事业还是人生，只有坚守梦想、不畏艰难才会有属于自己的收获与幸福。

1.1.3 抓住时代机遇，实现创业梦想

我们生活在一个崇尚变革与创新的时代，一个经济迅速崛起并持续发展的社会。时代和社会的现实态势与需求证明，创业作为一种新兴产业，已成为时代发展的鲜明主题之一，成为更高层面上的发展选择，同时在日益复杂的市场环境和就业竞争形势下，为青年大学生提供了一条开放性和创新性的发展道路。

对于社会整体层面的创业发展，2008年9月国务院办公厅转发人力资源社会保障部、教育部、财政部等《关于促进以创业带动就业工作的指导意见》，针对

如何进一步贯彻落实党的十七大提出的“实施扩大就业的发展战略，促进以创业带动就业”的总体部署提出系统性的指导意见。有关创业法律法规及政府扶持政策日趋完善，如《个人独资企业法》的实施，取消了个人创办企业所需注册资金的限制，困扰普通人创业的注册资金问题也随之不复存在。尤其是对于大学生群体的创业发展，国家相关优惠政策和扶持措施纷纷出台，不断传递着大学生创业发展的利好信息，切实推动了大学生创业环境和条件逐步优化。2009 年 2 月，国务院办公厅下发《关于加强普通高等学校毕业生就业工作的通知》规定，鼓励高校积极开展创业教育和实践活动，建设完善一批大学生创业园和创业孵化基地，为高校毕业生创业提供“一条龙”服务。在此基础上鼓励和支持高校毕业生自主创业，对高校毕业生从事个体经营符合相关条件的免收行政事业性收费，同时落实税收优惠、小额担保贷款及贴息等扶持政策：在当地公共就业服务机构登记失业的自主创业高校毕业生，自筹资金不足的可申请不超过 5 万元的小额担保贷款；对合伙经营和组织起来就业的，可按规定适当扩大贷款规模；从事当地政府规定微利项目的，可按规定享受贴息扶持；有创业意愿的高校毕业生参加创业培训的，按规定给予职业培训补贴。从中央、地方政府到高校、社会组织对于大学生自主创业的鼓励、支持、服务及保障，逐步优化了大学生创业环境，为大学生创业提供了机遇和平台，吸引着一批批大学生踊跃加入创业大军，进而使创业成为高校就业的重要增长点，成为大学生锻炼和培养自身综合能力、追求和实现自我价值的重要途径。

诸多高校在政府促进、社会支持、市场导向、自主创业的整体环境下，已逐步形成基于创业意识、创业能力、创业实践三大环节，以创业带动就业的创业教育工作格局。通过系统强化创业教育、创业指导、创业实践、创业培训、创业服务，不断激发大学生的创业激情，增强创业意识，提升创业能力，使越来越多的大学生萌生创业梦想，走上自主创业发展之路。总之，面对创业发展的时代机遇和日益优化的创业宏观、微观环境，无论是在校还是刚刚步入社会的青年大学生，只要怀揣着梦想就应该认真思考创业创新问题，在主客观条件成熟的情况下积极把握发展机遇，将创业梦想转化为创业现实。

当然，值得强调的是，一方面从主观条件上，不一定每个大学生都适合创业，必须切实根据个人兴趣爱好、能力取向等各方面因素做出理性的创业选择，例如性格上要乐观向上、胸怀宽广等；另一方面从客观条件和现实发展上，梦想对于人来说非常重要，但生活中实现起来往往很困难，必须具备持久的激情和动力，必须做好创业前期准备、中期运行和后期规划等各个环节以及应对各种问题的科学预案。实践证明，不少“创业者”以艰苦创业为理由，忽视了家人，牺牲了朋友，丧失了兴趣，甚至疏忽了人存在的基本要素——食物、卫生、睡眠、娱乐等等，似乎某种程度上他们在创业中找到了一种热情，可以取代生活中其他任何热情，实际上这是一种心理和行为上的“癔疾”，如果不加抑制也会走向极端。人需要对自己的梦想和追求抱有热情，同时也必须留出一些时间和空间进行多样化的生活和发展追求。因此，正在创业和准备创业的大学生，必须对自己的梦想充满热情，因为只有激情才能成就创业梦想；但同时不能片面地脱离生活，因为创业需要激情，激情源自梦想，而梦想最终根植于生活。

创业梦想如何实现？飞向何方？创业者是主动寻求变化、对变化作出反应，并将变化视为机会的人，因此青年大学生需要做的就是，勇敢地放飞梦想，执着地追逐梦想，向着梦想不断进取，在激情与理性中把握现在，展现属于新时代青年的风格与精彩。

1.2 创业目标与创业激情

1.2.1 目标与激情的基本关系

创业激情是创业目标实现的主观促动力，创业目标是创业激情持久的导向力。没有创业目标的创业激情，反而往往成为导致创业失败的主要问题之一。大学生创业主体必须切实根据自身兴趣、创业环境及条件，科学确定创业目标，充分挥发创业激情。

1.2.2 明确创业目标，渗透创业激情

遵循创业兴趣导向。兴趣，能够促生创业激情，进而坚定创业目标。正所谓，兴趣是最好的老师，更是最好的导师，它最能激发起对某项事业的激情与热爱，进而有效导向科学的目标定位，进一步导出持续的发展热情。兴趣是创业发展永不枯竭的源动力。里奇·米尔曼说过：“做你知道的并且喜欢的事情”，然而不少人还从来没有正确选择他们真正喜欢的事业或领域。

李阳的“疯狂英语”教学法红遍大江南北，其影响远及欧美。在接受电视采访中他强调做这项事业的热情根植于自己喜欢英语学习的兴趣和致力于语言教学的目标，兴趣使他明确创业目标，坚定的目标进一步催生创业热情，最终成就事业的蓬勃发展；在自身事业发展的基础上，要努力让3亿中国人说一口流利的英语、让3亿外国人说一口流利的汉语，同时体现出一种社会和民族责任感。可见，创业过程中，个人价值的追求、取向与社会价值的需求、取向并非孤立无关，更不是相互排斥，相反，各种价值取向之间总会存在内在目标与责任等某些或某个阶段的契合点，明确并强化这种契合，对于个人的创业发展能够产生稳定持续乃至不可思议的强大动力。

做好创业目标判断。创业过程中，目标判断能力尤为关键，这种能力必须具有动态性，因为创业视野中的目标（目标群体、目标市场等），可能随时改变自

己的走向曲线。大学生创业过程中，学会目标判断、做好目标定位十分重要，它是进一步目标策划、定位的前提和基础性环节。

目前，我国 15 ~28 岁的学生及青年群体超过 3 亿人，这一群体往往热衷流行时尚、易于接受新生事物、渴望摆脱千篇一律的穿着来表现自我、张扬个性，对 100 元左右的商品消费能力强。华南师范大学美术专业大四学生刘庆文，紧紧把握青年人的这一目标群体的消费特点和热点，明确自己的创业目标定位，与同学合作在广州地王广场的大学生创业基地成立了自己的工作室“酷酷印象店”，根据顾客的需要自己设计各种图案印在 T 恤上，包括毕业时节制作各种毕业纪念品，从而以“想印就印，印出你的风采”为创业项目目标，开启了一种把个性穿在身上的创业方式，受到年轻人的青睐和追捧。在创业过程中，创业之艰辛必然切身而深刻，琐碎的事情堆积到一起足以使“身兼数职”的大学生应接不暇甚至疲惫不堪，但只要能够保证创业的目标明确，保持创业的激情盎然，创业就会动力十足，尤其是要学会将创业激情与创业目标有机融合，在明确创业目标的基础上，充分发挥自己的兴趣特长，一步一步经营自己的理想，就完全能够把学业和创业同时做得有声有色。

做好创业目标策划。“狭路相逢，智者胜，胜在策划。”创业目标策划，作为明确发展目标、创新发展思路、开拓市场空间的操作手段，作为企业竞争过程中的重要软实力，对大学生创业发展至关重要。大学生创业目标的实现，需要制定一个完整的、切实可行的创业规划，这对整个创业过程而言，不仅必要而且非常重要，因为制定创业计划的过程，同时也是创业者理清自己的创业思路的过程。这一过程中创业者要把创业可能会遇到的种种问题事先想好对策，这些问题包括资金问题、行业问题、团队问题、管理问题、产品问题、销售问题等等，解决这些问题必须建立在现实、有效的市场调查基础上，不能凭空想象、主观臆断。因此，创业者需要客观地制定创业总体目标，并将目标分解成各阶段的分目标，实施具体可行的发展举措，同时将创业激情渗透至创业目标实现过程中的各个环节。

做好创业计划制定。创业目标需要理性的框架支撑，切实可行的创业计划即是释放创业激情的科学蓝本，是实现创业目标的行动基础。创业计划首先要切合实际，切忌假、大、空，更不能盲目地模仿、照搬一些大型企业的做法、制度、模式。其次，要便于操作。创业计划不是做出来给别人看的，而是自己在创业实践中要一一执行的，所以创业计划要有可操作性、可执行性。主要内容应包括：创业的种类，包括创业的项目及主要产品名称、创办的事业组织形态等；资金规划，包括整个创业计划的资金总额的分配比例以及贷款的用途等；阶段目标，包括短期目标、中期目标与长期目标；财务预估，包括预估的收入与预估的支出等；营销策略，包括产品市场在哪、销售方式及竞争条件是什么等等；其他，包括创业的动机、预定员工人数、企业组织、管理制度以及未来展望等等。

1.2.3 重视创业目标，挥发创业激情

大学生创业是对其自身综合素质能力的全面考验和挑战，其中明确并坚定创业目标，走好第一步至关重要。当然明确目标同时要有对目标实现过程不确定性的预测和容忍，这正是企业家素质和精神的重要体现。这种不确定性主要来自开办新企业、新领域以及各种内、外在关系因素等等。尤其是在资源稀缺的客观因素约束下，企业家应该学会紧紧围绕目标中心，充分“利用手中有限的资源”，挖掘自身潜力，最大限度地发挥资源的功能，努力向着自己设定的目标前进，在基于创业激情与发展自信的暗示效应下经由自己的努力，创业目标在很大程度上已经实现了一半。尤其是比较社会上的其他创业者，大学生创业有着自己独特的优势：相对年轻、高知，对新生事物、新鲜行业感知快、接受快等等，对开展一些科技性、创造性行业非常有利。专家指出，相比较普通创业者来说，接受过相关专业系统性教育的大学生，适合将创业目标定位在某些“含金量”相对较高的行业，如再能结合自己多年所学专业，掌握相关企业运作方式，创业发展的空间将越来越宽。

创业从广泛的意义讲即创造自己的事业，创业市场虽然商机无限，财富却并非俯拾即得，面对商机要在明确和坚持自己的目标基础上理智行事。大学生创业要认清自己所处的创业环境，要多关心经济动态，充实相关企业管理知识、财务知识等创业不可或缺的因素，在全面了解的基础上选择好创业领域，尝试寻找自我发展与社会需要之间的结合点，尽量选择自己具有一定专业或资源优势，具有一定发展空间和潜力的行业，进行经营实践、体验创业快感、磨炼创业意志，为创业项目操作和运行奠定各方面的基础条件，这是科学确定创业目标的过程基础，也才是真正经得起考验、经过了沉淀的创业激情，而非热血来潮、来去匆匆式的所谓创业激情。

总之，大学生创业一定要有一个明确的目标和一颗平常的心，创业之初目标定得不切实际，即使有强烈的激情、自信或优越感，而忽略或回避创业过程的艰苦和困难，结果往往是以失败而告终。大学生创业者必须放低姿态、放平心态，避免好高骛远，围绕科学切实的创业目标，保持旺盛的创业激情，才能脚踏实地、循序渐进地走好创业之路。

1.3 创业行动与创业激情

1.3.1 创业行动

“纸上得来终觉浅，绝知此事要躬行”。没有一步一个脚印踏踏实实“躬

行”，任何激情、梦想、目标都是无价值的空谈。创业行动，在根本上是一种行动能力和创造精神，这正是企业家精神的本质，是真正企业家的必备素质。有一位哲学家说，人类历史的本质是创造的历史，经济发展的本质是创造性的发展，同样，大学生创业的本质就是创造性的行动。创造性行动是创业付诸实施的关键环节，直接影响乃至决定着创业的成功与否。

面对严峻的经济形势、金融态势和就业形势，不少企业纷纷“瘦身”，用人需求明显收缩，青年大学生必须在日益激烈的竞争中寻找突破口。国家和地方针对高校毕业生自主创业发展纷纷出台了一系列专项扶持政策和举措，高校也积极发掘发挥各种资源和优势，通过各种形式和途径强化大学生创业教育指导和支持，点燃大学生创业激情，推进创业实践行动。在诸多创业园、创业基地、创业实验区、创业孵化中心等充满朝气和希望的大学生创业“试验田”里，大学生的创业激情被积极而充分地转化为创业行动。

1.3.2 创业行动的基本形式

创业行动，总是为解决某一问题、实现某一目标而做的决定和行动。如果没有明确的目标，就无法进行科学决策，无法采取正确行动；同样，如果没有激情，创业行动将无以持续。创业者将创业计划付诸行动时，首先必须考虑创业行动的时机，弄清创业行动的价值所在、所涉及的范围以及有关限制因素，才能充分认识、了解、完善创业过程，使创业行动在创业激情的支撑下，最终达到创业目标。

大学生创业行动形式多样，主要包括创业计划行动、创业实践行动、创业孵化行动，通过这三种层层推进的创业行动，能够激发大学生的创业热情，增强大学生的创业实践能力，进一步加深对于创业现实性的理解和把握。

（1）创业计划行动。创业计划行动主要表现为，有组织的创业计划大赛。近几年大学生创业计划竞赛成为风靡全球高校的重要赛事之一，它借用风险投资的运作模式，要求参赛者组成优势互补的竞赛小组，针对一项具有市场前景的技术产品或服务概念，以获得风险投资为目的，提出一个符合市场规律、具有市场前景的技术、产品或服务，围绕这一技术、产品或服务，完成一份完整、具体、深入的包括企业概述、业务展望、风险因素、投资回报与退出策略、组织管理、财务预测等方面内容的创业计划，说明所需资源、潜在风险、预期回报，并提出行动建议。

我国的创业计划竞赛最早于 1998 年在清华大学举行，汇集了全国 120 余所高校的近 400 件作品，在全国高校掀起了一轮创新、创造、创业热潮，产生了积极而深刻的社会影响，一批创业计划进入了实际运行操作阶段，技术、资本与市场的结合向更深层次推进。2000 年在上海交通大学成功举办的第二届“挑战杯”

中国大学生创业计划竞赛，则将大学生创业浪潮推向新的高峰。自20世纪90年代末，中国高校之间成功举办的一系列创业计划大赛，在社会上引起强烈反响，包括美国时代周刊、香港大公报、中国中央电视台、中国教育报在内的近60家国内外媒体对各项赛事都进行了广泛而深入的报道。在社会各界的关心和支持下，经过市场的充分历练和洗礼，一部分大学生创业公司正在逐步走向成熟，不少大学生也成功转型为真正意义上的职业经理人。总之可以说，中国大学生创业行动开启于创业计划大赛，它首先是大学生创业行动的重要组成部分；其次，它的深层价值在于成为大学生创业激情释放、创业能力演练、创业梦想实现的重要平台，同时成为高校科技活动开展、素质教育实施的有效载体，使新形势下高校大学生创新精神培养、创业能力教育工作得到了进一步的深化与发展。

（2）创业实践行动。创业实践行动主要表现为，各具特色的创业实践活动。最初由创业浪潮引发的狂热逐步趋于成熟与理性，高校、企业及整个社会对大学生创业给予了越来越多的关注、支持和帮扶。大学生创业实践活动为青年学子提供了将自己的点子创意、项目方案转化成现实的机会。

不少高校在支持大学生创新、创业活动方面进行了大量各具特色的教育实践行动。复旦大学正在尝试“创业链”规划，让低年级的学生利用周末和假期参加社会实践、开展问卷调查；鼓励高年级的学生参加科技创新活动，申请相应支持基金，参与“挑战杯”等科技竞赛；同时对于参加各类创业竞赛的获奖学生在直升研究生等方面给予优惠政策。上海交通大学把创业教育与创业服务相结合，把专业选修课和创业讲座作为培养学生创业意识的重要平台：在创业讲座方面，重视基础知识类讲座开展的同时，进一步把企业家请进校园，以其经验来为学生答疑解惑；注重学生创业意识的培养，将创业辅导课程作为商学院学生的必修课和全校学生的公共选修课来开设；专门与就业指导中心联合成立学生创业辅导中心，从学生创业意识培养直至扶持开办公司提供“一条龙”服务；与此同时，积极调动校内资源和社会资源，以竞赛奖励、扶持基金等多种方式对大学生创业进行切实指导和服务。

此外，中央电视台自2006年开启大型励志创业电视节目《赢在中国》，以“励志、创业”为主题，以“励志照亮人生，创业改变命运”为口号，联手中国最具创造力的企业，集合国际最具活力的创投资金，调动全方位的推广手段，不仅仅作为一档电视节目、一场选拔活动，更为创业者提供了一个释放创业激情、投身创业行动、实现创业理想的起点。

（3）创业孵化行动。创业孵化行动主要表现为，集中入住各类创业中心、园区、基地等“企业孵化器”的大学生创业行动项目。孵化器（incubator），本义指人工孵化禽蛋的专门设备，引入经济领域，是指一个集中的空间，能够在企业创办初期举步维艰时提供资金、管理等多种服务和便利，旨在对高新技术成果、科技型企业和创新型企业进行孵化，通过推动交流合作使企业顺利发展壮大。“企业孵化器”在20世纪50年代末兴起于美国；在中国，企业孵化器多被称作创业服务中心。当前，越来越多的大学生创业项目集中于各类创业中心、园区、基地等，诸如此类的“大学生创业企业孵化器”，有利于大学生创业行动的规范化、集约化、高效化、科学化发展，成为促进大学生科技成果转化、支持创新型大学生创业企业发展和培育成熟的大学生企业家的基地和摇篮。

2006年10月“首批中国大学生创业园区推介会”在山东大学举行，天津新技术产业园区国际创业中心、海外留学生创业园主任山洪指出，要“看重大学生的勇气和大胆创新能力，他们的成果有可能成为国家未来发展动力”，并在其新作《创业，路就在脚下》中强调：“创业”，使理想追求成为现实；“孵化”，则助推梦想早日成真，充分体现出创业孵化行动对于大学生创业激情转化、创业梦想实现的重要价值和意义。如成都高新区得到共青团中央、中国科协、教育部、全国学联共同批准，成为全国首批“中国大学生创业园”以来，已吸引了近百家大学生创业企业入园，聚集了一批来自各个高校的创业大学生，一批凝聚着大学生智慧火花的“金蛋”陆续孵化，一系列专项扶持政策（设立大学生创业基金和担保资金、提供大学生廉租公寓、帮助创业大学生及员工解决户口等）从资金、市场、共享技术等方面为大学生创业“补血”。

（4）自主创业行动。从广义上讲，以上三种创业行动形式也属于大学生自主创业行动；而狭义的自主创业行动，则基本不通过以上任何有组织、有计划的集中性的创业行动形式，表现出更多的自发性、个体性、独立性。

1.3.3 创业行动的具体步骤

整体上基于以上创业行动的基本形式，大学生创业行动实施、落实的具体步骤是一个较为系统化的体系和相对规范化的流程，基本如下：

（1）咨询专业创业顾问。创业行动前相关准备必不可少，如求教于专业的创业咨询机构或顾问。当然现在有很多免费咨询机构，大学生创业可以充分利用学校内设立的创业指导中心、社会上的创业协会及相关政府服务机构等资源。

（2）撰写创业计划书。综合各种主客观实际情况，认真撰写创业计划书，从整体上和环节上全面审视创业计划是否完整、周密、可行。创业计划书的主要内容包括执行摘要、产品或服务、竞争情况及市场分析、战略规划与实施计划、管理团队、财务预测与融资方案、风险控制和附录（创业计划书是大学生创业项目参加创业计划大赛或申请创业资金的核心材料）。

（3）筹措创业资金。当大学生创业者自筹创业资金不足时，筹措的方式除了向亲友借，还可以通过寻求合伙人筹资、申请学校的相关资金支持、获取国家相关贷款资源或社会风险投资等渠道，以解决创业资金不足问题。这其中包括青年创业贷款、微型企业创业贷款、银行推出的加盟创业贷款等。值得提醒的是，也可以在经营过程中筹资，大学生创业经常会走进一个误区，认为创业就得要把所有资金全部到位才能开始运行，但事实上只要有第一笔资金让你的项目运作起来，接下来就可以边运作边筹资，在运作过程中筹集到大量资金的例子也不少。

（4）选定行业。大学生创业，在选定创业行业之前一定要衡量自己的创业资金数量。依据拥有的资金情况，先筛选可以投入的行业，再依据行业发展前景、行业竞争性、自身兴趣个性等因素综合分析选定。行业创业项目的选择要遵循市场规律、注重可持续发展，要符合国家产业政策、适合社会文化环境，要充分发掘利用地方资源优势和自身条件优势。

（5）做好行业内项目市场分析。项目市场分析主要包括市场需求分析、市场供应分析、市场竞争分析、项目产品分析、市场综合分析等。市场经济条件下，项目投资与市场之间存在密切的联系，不仅所需要的生产要素来自市场，而且拟建项目的产品价值、资金回笼、投资回报等亦必通过市场才能实现，因此必须重视项目的市场分析。商业机会、市场空间可以从“变化”中寻找，从“低科技”中把握，从生活的“各类需求”中发掘，甚至从“苦恼的事”和“困扰的事”等“负面”中探求。能够把握住每一个稍纵即逝的商业机会，创业就等于成功了一半。

（6）学习经营技术。选定行业之后，接下来就要学习经营和管理技术。既可以参加各种培训会、辅导班，又可以选择连锁加盟店。正式营业之前最好拥有一些实战经验，以免开业时难以应对各种状况。

（7）评估店面商圈。地点的选择对日后的经营发展影响很大，所以选择时一定要慎重。做商圈评估时，评估指标应包括商圈属性、店面大小、周边设施、人口流动性、消费力及消费动机等。

（8）签订店面租约。在以上行动完成的前提下，考虑签订店面租约，一旦签约即开始支付房租，资金压力加大，但签约时租期不要太短，租期以 3 ~ 4 年较为理想。值得提醒的是，大学生可以努力争取免费创业场所。创业离不开理想的场所，而创业之初很大的一笔投资要用来支付房租，因此大学生要充分发掘和利用各种优惠政策和资源，如能获得免费创业场所，也就相当于得到了一笔可观的创业资金。

（9）申请营业执照。营业执照申请分为两种：一种是申请公司执照，由工商部门核发；另一种是资本较小的，办理营利事业登记。要向税务机关申请统一发票，为了避免自己的招牌被滥用，还要向工商部门申请服务标章注册。

（10）装潢店面、准备经营器具、开业促销等相关后续事宜。对初创业者而言，经营不够熟练，一般可以在正式开业前先试营业几天。

以上创业行动的各个步骤环环相扣、相互支撑、相互影响，构成一个完整的创业行动，是一个一体化的过程。这要求大学生创业者必须做好各个环节的安排和落实工作，整个创业过程中，如果没有持续的创业激情、执着的创业梦想、明确的创业目标，创业行动及其各个环节、步骤的进行将无以下手、无从把握。

1.3.4 理性行动与创业激情

目前，大学生创业过程中影响创业行动实施和深入的问题主要有：创业目标不明、经验不足、专业不专、引导不够；创业激情有余、能力不足，过于盲目冲动、空谈浮夸，受诸多主客观条件制约不能较好地把握机遇；创业资金缺乏，动力不足；信心和毅力缺乏，心理承受能力弱；准备和锻炼缺乏，学业压力大，时间少、参与少、机会少、社会关系薄弱，风险意识欠缺。其中，大学生创业行动能否成功，技术、资金和社会关系是三个关键条件，技术是创业的基础，资金是创业的敲门砖，社会关系是创业的人脉资源，这三个条件恰恰是现在众多青年大学生所欠缺的。创业热情普遍高涨，但绝大多数缺乏创业行动的理性思路和现实条件，很大程度上单凭个人主观愿望和设想去制定创业计划、实施创业行动，创业结果自然可想而知。

新形势下在大学生创业实践过程中，激情、自信与挑战、困惑并存，大学生创业除了必须首先具备强烈而持续的激情外，其创业行动必须拥有较为完备的能力支撑：良好的交际交流能力、心理素质能力、自我调节能力、组织协调能力、创新发展能力、市场营销能力、团队合作能力、应急应变能力以及发掘把握机会的能力等等。在这些创业所应具备的素质能力基础上，积极探寻市场中有开发价值的“矿藏”，展开科学的创业“发掘”行动，在行动过程中要努力做到统筹兼顾：理性处理创业与学业的关系问题；全面了解、分析、把握市场，有效调节价值观与利润的碰撞；全面把握创业政策、过程、方法，增加社会经验面对复杂社会竞争；加强创业团队的凝聚力；有针对性地规避企业发展风险，提高市场反应和应急能力等等，成为大学生沉淀创业激情、强化创业理性、保障创业成功的最为“基础性和关键性的储备”。

1.4 创业意志与创业激情

创业是一条艰辛漫长的路途，每一个成功背后可能都要历经难以想像的困难和伤痛，需要坚定的信念和无畏的勇气。不会有谁知道前面的路途是否平坦，也不会有谁知道眼前的困境究竟还会持续多久，唯一能掌控的就是信念是否坚定，是否相信明天又是崭新的一天。一个成功的创业者要有探索的勇气、拼搏的韧性、坚强的意志，直面各种问题和潜在的风险，才能求得企业生存与发展。要把握发展原则，果断决策；要不断创新，敏锐感知市场；要知人善用，激发智慧和潜能；要广泛接触，建立有效关系网络。这些是对创业者创业行动能力的全面要求，但更为重要和根本的是，创业能力的充分发挥需要激情的渗透，更需要创业意志的涵养、维系、促动。

1.4.1 创业意志

意志，是人的意识能动性的集中体现，是有效开展各种实践活动的内在保障，它是人不可缺少的一种心理素质，也是实践行动不可缺少的推动力量。在实践活动中，坚强的意志，既能够有力推动人们去组织和控制自己的行动，使人们按照客观的需要和发展的规律从事各种活动，并且能够有效制止那些不符合实际要求的行动，克服各种困难和挫折，成功完成自身任务。可见，意志是成人、成才、成事的关键。无论从事什么活动，如果没有良好的意志品质，将会因不能正确协调自己的思想与行动而难以获得最终成功。“有志者事竟成”，“志不立天下无可成之事”，这已成为一条颠覆不破的真理。

创业意志，即人对于自己行动目的的正确性和重要性有充分认识，尤其是清楚意识到行动效果的个体与社会价值，并能主动支配自己的行动使之符合于该目的的能力——善于明辨是非，迅速而合理地作出决定；在意志行动中善于控制自己的情绪，约束自己的言行；能够保持充沛的精力和坚忍的毅力，在执行决定的过程中顽强地克服一切困难和挫折。创业意志，是创业激情在创业梦想、创业目标、创业行动基础上的沉淀与升华。如同国际创业研究专家、美国西北大学谢洛德教授每年都会告诫学生的那样，“创业不是剧变活动”，而是“一个承诺，是一个你必须坚持和坚守的进行中的承诺”。在创业过程中困难、挫折甚至失败在所难免，能否从挫折和失败中重新站起来，是创业者能否取得事业成功的一个重要因素，对于富于挑战性的大学生创业而言，更是如此。

大学生的创业意志内含创业精神，即大学生创业者所应具备的敢为人先、敢闯敢试的开拓精神；不尚空谈、埋头苦干的求实精神；不畏艰难、不怕挫折的吃苦精神；永不满足、百折不挠的进取精神；同舟共济、宽以待人的合作精神；重诺践约、尊重规则的诚信精神；造福桑梓、回报社会的奉献精神等。面对时代、社会、市场对大学生创新、创业发展呼唤和要求，高校作为目前大学生创业教育的主体，需要在教育、教学、管理、服务的整个过程和各个环节中积极培育创业激情、强化创业意志、塑造创业文化，营造大学生创新发展的良好氛围，提供创业发展的优化平台。

创业具有风险性，尤其是对于刚刚入行的年轻人来说，潜在的风险或危机更加不容忽视。同时需要明确的是，不但创业有风险或危机，做每一件事都会有风险，没有风险的事做起来才是最大的风险。有危机才会有机遇，危机对企业、对创业者来说既是磨炼也是考验。尤其是对年轻人来说风险并非坏事，有风险才能成长，经过磨炼和坚持才能最终赢得成功。无论面对经济危机或是竞争困境时不要盲目冲动，要做好心态意志和市场运作两方面的准备，给自己和市场以科学、理性、准确的定位与分析，并且全力以赴、坚持到底。

1.4.2 大学生创业应具备的意志

面对枯燥的工作、纷繁的诱惑你是否能正确取舍？面对电脑和冷板凳你是否能坐得住？面对惨淡的经营现状你是否能坚强地维持和奋斗？你是否能经受得起接踵而来的挫折与失败？所谓，千金散尽还复来，失败乃成功之母，东山再起犹未晚……茫茫沧海谁主沉浮？如果对此你还存在疑虑、犹豫或不确定性，说明你尚缺意志和毅力，仍需历练和提升。

（1）要有坚持不懈的精神，直至最终成功。

相对于欧美较为成熟的商业环境，中国的创业者肩上的负荷更重。当社会处于转型期，创业所需要的各种政策制度、运行机制、外部环境尚不完善，诸如律师事务所在转型建立合伙人制度、会计事务所在进行制度性的建设、金融和融资环境处在调整阶段……让一个二十多岁的年轻人考虑四十多岁的企业家所面临的问题，确实存在各个方面和层面的困难，但任何年轻人一旦以创业者的姿态走上创业发展道路，市场竞争的客观与残酷绝不会考虑年龄的差距，绝不会将年轻作为理由而原谅过程中的错误或过失。

对于创业的大学生，不可否认，激情和梦想是立志创业的源动力，但只有激情和梦想是绝对不够的，激情必须要沉淀为坚韧的创业意志，梦想必须转化为务实的创业行动。大学生既然选择将创业作为个人价值外化的一个载体，作为自我梦想实现的一条途径，就必须明确自己到底是为了单纯的利润欲望，还是对于创业和挑战的真正热爱。面对来自外部的诸如制度不完善、资金缺乏、人员不配合等所产生的一系列问题和现象，背负着来自父母师长、同学朋友、团队成员及学校的希望和期许的青年创业者，必须真正承担起源自内外的多重责任，必须不畏失败同时又不轻言失败，因为一旦失败将不是一个人的失败，而是寄予期许的人们的失败。总之，没有坚强的意志和责任的精神，创业的道路就不可能走得长远。许多事情的成功，往往成就于最后的坚持和努力之中。

创业，必须在“崎岖不平”的路上“一直奔跑”。2009 年，年仅 24 岁的四川思博机械有限公司总经理龚晓思，当选“成都青年创业形象大使”，成为创业热潮中的杰出青年典范。然而，7 岁的她也曾因交不起学费而失学，父亲带她到顶楼指着万家灯火说，“我们一家为了创造梦想来到这个城市，只要你够勇敢你的梦想就会实现。”10 年后父亲真的做到了事业有成，而“自己的血管里也流淌着了创业的血脉”。从事时尚设计工作的她刚从国外回来的时候，为了尽快熟悉和了解建筑设备行业，在工地、工厂与建筑农民工们同吃同睡，10 天、20 天都不洗澡，每天的任务就是夜以继日地工作，品尝着创业的漫长拼搏与疲惫坎坷。龚晓思自评最大的特点就是“执着”或者叫“一根筋”，“选准了一个方向就很难有第二个想法，选择了就往下坚定地走下去”，这也正是她走向成功创业的珍贵资本。大学生创业走的“是一条充满激情的路，是可以实现你希望的路，但是同时又是一条能够使你百炼成钢的路”，因此，青年人骨子里必须有坚韧意志和拓荒者的精神，要懂得“历久才能弥新”，懂得“钢铁最终怎样炼成”。

（2）要有百折不挠的毅力，强化意志信念。

任何一个希望成功的人必须时刻准备接受失败和挫折的考验，唯有坚持不懈才能最终成功。脆弱或不良的心理，会像粥状动脉血管阻滞血流一样成为前进道路上的障碍。创业是一种现实的市场竞争，市场不会同情弱者、不会相信眼泪，对抱怨、沮丧者只有淘汰和抛弃；市场机会亦等不得太多犹豫和彷徨。因此，在目标方向确定后，创业者就必须朝着既定目标一步步走下去，纵有千难万险，也不轻易改变初衷、半途而废。一个没有百折不挠毅力的人，一个不信任自己心灵力量的人，最终将一事无成。

海伦·凯勒是一个具有不屈意志的成功“创业者”：虽然既盲且聋，但她坚持内心的目标，相信自己的力量，爱惜自己并推己及人，最终坚强的意志和信念使她“心定”、“眼亮”、“耳开”，在创造物质财富的同时创造了巨大的精神财富。大学生面对创业过程中的困难挫折和各种问题，要学会“微笑处理”，要想生活对你微笑，首先得对生活微笑；要有百折不挠的信念和毅力，在创业中切实经历和深刻体悟作为消费者所难体会到的作为创业者、生产者的酸甜苦辣；要积极深化对市场运作过程环节、规律规则的认识。一个用智慧和汗水充实起来的创业过程，将最终收获阳光和掌声。

（3）要有破釜沉舟的勇气，将挫折作基石。

挫折是人生不可避免的。一个人的目标越高，往往会越容易受挫折，而导致心理和发展压力。对于悲观、脆弱的人来说，在每个机遇中总是看到危机，挫折更是其人生的巨大危机；所谓天生我才必有用，对于那些真正懂得生活的乐观的人，往往在每个挫折和危机中能看到机遇，能够理性地认识挫折，从挫折中明确目标、坚定信念并汲取营养，从而生成知难而进的勇气和战胜挫折的意志。

对于市场经济下的创业者而言，坚持不懈的意志、破釜沉舟的勇气尤为可贵。硅谷有着“创业大本营”的美誉，每年都有数以万计的企业倒下，同时也有成千上万的创业者一夜暴富。美国知名创业教练约翰·奈斯汉说：“造就硅谷成功神话的秘密，就是失败。失败的结果或许令人难堪，但却是取之不尽的活教材，在失败过程中所累积的努力与经验，都是缔造下一次成功的宝贵基础。”创业的过程就是在不断的失败中跌打滚爬，成功需要经验积累，只有在失败中不断积累、不断前行，才可能到达成功的彼岸。美国3M公司有一句关于创业的至理名言："为了发现王子，你必须与无数只青蛙接吻"，对于创业者来说，必须敢于与困难"接吻"，有勇气直面困境。

1.4.3 问题：激情有余，意志不足

面对社会所提供的竞争和发展机会，面对昨日和我们一样默默无闻而一夜之间便家喻户晓的传奇人物，任何人都会产生一种被感染的热情，都会产生实现自己梦想的狂热，渴望像他们一样去创一次业、去拼搏一场。年轻的大学生们更是把这种热情变为行动的积极实践者，而社会发展的容纳度，创新意识的深化度，则进一步肯定和提升了创业行为的价值。大学生创业必须正视最大的现实——创业并非人人都能成功，现实中创业能否成功并不在于是不是大学生，市场亦不会因学历或身份而给予优待，盲目或非理性的创业者往往会遭遇更多困难坎坷和风险挑战，甚至要付出沉重的代价。多数大学生创业者在激情与理性、才智与机遇的对决中，往往表现出激情过高而理性不足，才智过人而错失良机。对创业能否成功大学生们常有困惑：为什么别人就能成功？为什么我不能成为比尔·盖茨？对于创业发展的具体过程，除了激情和创意，更重要的是坚持不懈的意志力。

青年大学生满怀热情、思维活跃，并因受过相对系统性的教育，对技能性工具（外语、计算机）和自身专业领域的把握得心应手，这些都是创业必不可少的优势条件。但高涨的激情、创新的思路、创意的模式对于现实创业是必要而非充分的、远远不够的，最终一切要归于现实运行过程，要看这些概念和思路是否是市场所客观需要的，是否能够形成一个商业赢利模式，在这种发展模式下公司能否在一定时间内形成一定规模的生产、应用、服务市场，在企业进一步发展的过程中是否具备融入更多资金的节点等等。大学生创业者务必要保持理性和冷静，做到三思而后行，必须意识到计划的可行性及其与现实对接的差距，必须明确自身资源、条件等各方面的现状及发展的持续性问题，必须有足够的能力和意志，才能最终使创业蓝图成功转化为创业成果。例如，由于大学生的社会资源和阅历有限，大学生创业尽量着眼于自己熟悉的专业或环境开掘创业项目会更为可行，而不要盲目地"想什么就干什么"。

发扬艰苦创业精神，保持理性姿态，勇于挑战创业困境，才是成功创业者的形象和本质。可以说，创业者一旦进入创业发展的具体过程，这时很大程度上理性、信念、意志、毅力的功能作用，要比热情、激情、梦想更为关键和突出。持久的激情在根本上需要艰苦奋斗、克难勇进、百折不挠的创业精神和意志作为支撑。对于创业者来说，进入市场并非难事，而融入一个自己不熟悉的市场，并在这个市场上做好目标定位、真正扎根立足，获取更广阔和长远的发展，则是一个巨大的挑战。创业要有激情更要具备理性思维和长远眼光，大学生创业如果单纯依赖或过分依靠国家政策优惠、社会帮扶及学校支持，显然将难以持续、健康、

深入发展。正所谓“雄关漫道真如铁，而今迈步从头越”，大学生创业者必须真正理解和践行“学海无涯”之理，在发展过程中抓住一切可能的机会不断学习方法、总结技巧、创新思路、积累经验、规避风险，努力提高自主发展能力和独立竞争能力，尤其是面对创业过程各种问题和状况时，能够做到知难而进、独当一面，果断而有效地处理问题、化解危机，在创业中持续学习、在学习中不断成熟、在成熟中提升创业。

浙江绿色文化传播公司的总经理马雷就是这样的一个年轻的创业者。学习旅游管理与服务专业的他曾在旅行社打过三年工，经过深思熟虑他决定要有“真正属于自己的发展”，在深入调查和了解了当前文化传播业日益增加的市场需求和广阔的市场前景后，他毅然决然地投入到从来没涉足过的传播领域，开始了自己独立的创业生涯。“创业是人生最为刺激的经历。第一次创业有些困难已在预料之中，有些困难则难以预料”，但他都能发掘各种信息、资源为己所用来维持公司的正常运行，被人送绰号“无孔不入”；当公司度过了最初的“生存危险期”，他又立即抛弃原来的“权宜之计”开始了新发展规划。马雷的创业之路已走了两年，回顾历程虽然短暂，但已经“是一次人生的蜕变”。大学生创业的公司能够享受许多优惠政策，这可以缓解大学生创业的初期压力，但并不能减轻市场竞争的激烈程度，同时，优惠政策还会吸引更多青年大学生投身创业大军。因此，要想使自己的公司在市场上、社会中真正稳定的扎根立足，大学生必须努力成为“独立自主型”和“内外兼修型”的创业者，不断创新思路，提高自身实力，才能为自己的创业发展开拓更大的空间。

1.4.4　积淀创业激情，培养创业意志

新经济形势下，各地、各路创业“巨人”成功的创业经历对豪情满怀、热血澎湃的大学生产生着持续不断的“刺激和吸引”，各有关机构、各类孵化器则为大学生创业提供了形式多样的“扶持和服务”。大学生创业“外有刺激，内有支撑”，挑战与机遇并存，困难与希望同在，激情与理性共融。伴随越来越多的创业者出现在我们身边，其中有阶段性的成功者，也有事实上的失败者，他们的创业经历，尤其是过程中迸发的创业激情、执着的创业梦想、明确的创业目标、不懈的创业意志，能让准备创业或正在创业的大学生从中学习和积累到极其宝贵的经验与教训。

2009年7月，中央电视台经济频道“青年创业·中国强”系列电视活动，邀请金蝶国际软件集团有限公司董事局主席兼行政总裁徐少春、雅昌企业（集团）有限公司董事长万捷、远东控股集团有限公司董事局主席蒋锡培、雷士照明控股有限公司总裁吴长江、奥康集团董事长兼总裁王振涛等“创业导师”面对面讲述青春创业故事，分享创业经历、感受创业激情、吸取创业智慧。其实，作

为“过来人”的成功创业者们，在如何走出创业的第一步，如何实现企业的持续发展，以及如何做好市场营销、资本运作、企业管理、知识产权保护等诸多环节，同样经历过就业难的尴尬境遇，同样面对过困难与彷徨，但持续的激情、坚定的梦想、不懈的追求、积极的把握，最终使他们成为当代中国一批优秀的企业家——诸如此类的创业学习、交流方式，有利于引发青年大学生尤其是大学生创业者对自身学习与发展的理性反思：何为真正的激情，信念意志何等重要，进而在创业过程中不断积淀自己的创业激情，培养内在的创业意志。

一个兼具激情与意志的创业者，从来不会避讳创业需要激情甚至冲动。大学生创业是激情、热情与理性、意志的辩证博弈与内在融合。创办湖北团结激光集团的陈海斌在“创业与科技企业孵化”武汉高校巡回演讲中强调，“你可以什么都没有，但一定要有创业的激情”，不过他认为这种激情最好体现在创业过程中，“跌倒一次，你就爬起来，再跌倒，再爬起来……战胜困难，没有一股冲劲是不行的。”他送给大学生四句创业箴言：“胸怀目标，点燃激情；脚踏实地，艰苦创业；百折不挠，励精图治；抢抓机遇，实现价值。”创业不仅仅是一种经济行为，同时是一种文化行为：首先是一种价值追求的文化，其次是一种变革与创新的文化，第三是一种新的生活文化。这种“创业激情观”和“创业文化观”值得大学生们深思，相对来说，当前大学生创业还是就业“热”中的“冷”选择，如何科学引导和积极支持大学生创业，是一个需要我们继续深入探索的问题。

综上所述，大学生创业激情培育必须作为一项系统工程，一个不断涵养和深化的过程，才能真正实现创业激情的持续、稳定、内涵发展。一方面，在大学生创业激情涵养培育过程中，学校要不断加强规范性、系统性的创业教育指导，发挥榜样的激励作用，发掘经典案例的引导作用，强化创业实践的支持力度，确保创业激情在常规教育中得以涵养和持续。另一方面，在大学生创业激情深化培育过程中，要深入把握创业梦想、创业目标、创业行动、创业意志的内在关联、依存、互动，在创业教育实践中以创业激情为中心指导广大青年学生树立创业梦想，明确创业目标，实施创业行动，坚定创业意志，不断完善大学生创业激情培育的思路、方法、路径，使创业激情在深化培育中保持稳定、提升内涵。

创业，是一个青年人热衷的话题，它承载着许多普通青年人梦寐以求的理想，即使在市场竞争日益激烈、商业环境愈加复杂的态势下，青年人的创业热潮依然争先恐后、此起彼伏。马云谈创业时强调：“今天很残酷，明天很残酷，但后天很美好，大多数人都死在了明天晚上，看不见后天的太阳。”创业需要青年大学生用激情、目标、行动、意志的统合支撑才能走到“后天”的美好。值得我们欣喜的是，在经历最初的创业砥砺之后，越来越多的青年大学生对成功、追求，对梦想、信念，对意志、品质等有了更为深刻的理解，在创业中逐渐成长、成熟、成功、成才。大学生创业虽然步履艰辛，但只要拥有持续的创业激情、明确的创业目标、务实的创业行动、坚定的创业意志以及持续的创新能力、不懈的探索勇气，就一定就能在创业路上迎来春暖花开。

思考题

1-1　思考激情与梦想的内在关系，分析大学生创业激情对于创业梦想实现的价值与影响。

1-2　分析创业目标与创业激情的辩证关系，并从这一关系角度论述如何培育和发挥大学生创业激情？

1-3　在当前创业热潮下，大学生创业行动过程中如何充分激发和持续保持创业的激情？

1-4　什么是创业意志？结合当前大学生创业发展，讨论分析大学生创业意志状况及原因。

2 大学生创业项目的选择

在第1章中，我们认识到创业激情是大学生创业的核心要素之一。激情是创业动力持续的源泉，激情是创业梦想飞翔的翅膀，激情是创业成功实现的保障。

在激情澎湃的创业动力推动下，科学合理地选择创业项目是大学生创业成功最关键的因素之一。许多富有激情的创业大学生常常止步于创业项目的选择阶段，在各种名目繁多、种类复杂的项目间犹豫徘徊，为做什么项目而头痛。中国创业招商网对创业者的调查显示：80%的创业者在创业前期都感到确定创业项目“十分头疼”、“很难抉择”；在创业失败的案例中，有60%的人认为是“创业项目不对头”或“创业项目选择失误”，而在成功创业人群中，70%的人都认为是“良好的创业项目成就事业”。

此外，调查还显示，我国个人创业的成功率低于60%。如此多的创业项目归于失败，不但造成创业者个人财富的巨大损失，而且也浪费了一定的社会资源。究其原因，除了创业过程客观上具有的高风险以外，创业者选择创业项目方法失当也是一个重要原因。

从以上这些数字中，我们可以看出科学合理的创业项目是大学生创业成功的基础保证。如果创业者在选择创业项目时采取科学的思路与方法，准确识别和把握市场机会，做到有的放矢，不仅能够在很大程度上降低创业风险，而且可以有效提高创业成功率。

实际上，只要我们对成功人士的创业历程进行一番总结和分析，就不难发现，创业活动是有规律可循的，也是可以把握的。

对于大学生创业者来说，创业是一项长期的复杂的机遇与挑战并存的项目，完善充分的创业准备工作是创业成功的基础与保障。创业准备是创业者进入创业实践前所经历的物质力量和精神力量的聚集过程，它为日后的创业实践奠定了物质基础和思想基础，创业准备有助于创业者明确创业方向，找准创业目标积极把握机遇，不失时机地进行决策，将计划付诸行动，创业准备充分与否，对创业者事业的成败起着决定性的作用，而大学生创业项目的选择是创业准备中最重要的一环，直接关系着创业的成败与否。

本章从创业项目的定义出发，在介绍当前创业项目主要分类的基础上，简述了寻找创业项目的途径，重点论述当代大学生创业者科学合理的选择创业项目所应考虑的因素。

2.1 创业项目的定义

创业项目就是创业者所要从事经营的业务，通俗地说就是“创业者筹划干什么事业”。一个完整的创业项目需要具备市场需求条件、物资、设备、人力资源等必要条件，但是创业项目的发展除了必要条件以外，还需要充分条件。创业项目是否具有充分条件体现了项目的完备性。

从国内各项创业大赛的专业比赛角度来看，大学生创业项目是指围绕某种有盈利预测的产品的生产销售，从政策环境、市场需求、产品盈利、售后服务、原料加工、风险规避等各个方面作出的策划。一份完整的创业项目书应该涵盖创业项目策划的全部内容。创业项目的完备性是它区别于一般经营性项目及各种盈利点子的根本特征。

在界定了“创业项目”概念的必要性与完备性以后，我们能够更清晰地把握常见创业项目的本质。目前国内常见于各种媒体的，由专家介绍、分析的创业点子或者初步企划的某种盈利构想，并不属于真正意义上的创业项目，至少它们不够完善，不具备完备的创业项目的基本条件。如媒体上经常提到的以奥运为背景的相关产品经营、以世博会为背景的纪念品代理、经济危机背景下怀旧商品销售等。这种“创业项目”的本质是一种“商机”，它仅仅停留在构想蓝图阶段，对盈利的模式并不明晰，对市场、产品、销售、服务没有进行细致的调研和成熟的评估。此外，网络、电视、报纸等各种媒体广告中最常见的创业项目，其核心是细分市场销售，它特指经营某种产品的加盟连锁销售店，比如，擦鞋连锁店、冰激凌连锁店、粗粮连锁店等。这类项目的特点是经营企业规模小、成本少、起点低、生产经营简单，但从事这种创业项目的核心是经营销售，所有的加盟店经营成本、生产流程、产品特色、策略服务等几乎一样，创业者要实现更多的盈利只能通过区位选择、效率提升、服务改善来实现，难以发展壮大。

2.2 创业项目的来源途径

创业项目的来源途径对项目的分析、评估及预测有一定影响作用，在一定程度上决定了项目融资、盈利、发展、团队等因素，同时直接左右着创业项目选择，是关系创业成功与否的重要因素之一。

目前，大学生创业者寻找创业项目的途径主要有：

(1) 通过大学生创业构思及创业计划大赛。

大学生的创业构思是创业项目的重要来源之一。现阶段许多机构都在举行大学生创业计划大赛，这不但有利于激发大学生们的创业意识，培养他们的创新能力，还促进了一些创业构思的诞生，而且当前许多知名度较高的创业大赛受到媒体、各种投资机构的高度关注，许多有实力的创业项目可以通过奖金或者风投的方式拿到创业初期的资金，这非常有利于大学生创业计划的实施。不少在校大学生创业团队都是从参加创业大赛开始创业的。

这类创业项目多是高校或各大研究机构自主研究开发的成果。选择这些成果作为创业项目将大大推进研究、教学和企业生产的衔接，加快实验及研究成果的转化进程。政府对这类高新技术项目的扶持政策也有利于大学生创业者“借船出海”。

1998 年 5 月首届清华创业计划大赛由清华的一个学生社团——清华大学学生科技创业者协会发起并举办。由于比赛本身的性质和其在中国的首创性，它受到了众多媒体、专家、企业家和风险投资家的密切关注。1999 年，北京大学、南京大学、西安交大和上海交大等国内著名高校也开始举办创业计划大赛。视美乐、FanSo 等知名创业项目都是通过创业计划大赛脱颖而出。“视美乐”被媒体誉为中国第一家大学生高科技公司，核心技术产品叫做“多媒体投影机”，是由清华大学材料系学生邱虹云发明的。1999 年 5 月，邱虹云、王科和徐中三位清华学生靠打工挣的钱和朋友、家人的资助，筹集 50 万元注册了公司。两个月后，上海第一百货商店股份有限公司与“视美乐”签订分两期注入 5250 万元风险投资的协议，这是中国第一例本土化的风险投资。其中第一期资金 250 万已到位，第二期资金 5000 万未到。1999 年 12 月，“视美乐”的专利产品——多媒体超大屏幕投影机中试成功。2000 年 4 月，澳柯玛集团投资 3000 万元与“视美乐”合资注册成立北京澳柯玛视美乐信息技术有限公司（简称澳视），开发、生产、销售多媒体超大屏幕投影机及相关视听产品。2000 年 6 月，年产 10 万台多媒体投影机生产基地在青岛经济技术开发区落成。FanSo 于 2000 年 1 月 17 日获得第一期风险投资 660 万元，由此标志着中国第一家由清华大学在校大学生创办的互联网正式投入运营。FanSo 总裁鲁军和网站总监刘颖获得清华大学的休学创业申请，成为中国大学生休学创业第一人。

（2）通过师长、亲友介绍或项目口碑评价。

大学生创业者社会经验浅，工作经历少，生活模式相对比较单一，亲属、师长是他们重要的信息来源。同时，研究结果表明，大学生在自己的社交圈中，十分渴望别人的肯定，同时也非常注意别人的意见与建议。因此，师长、同学、亲友的介绍与口碑效应对大学生创业者来说是一条重要的创业项目来源途径。通过亲属、师长、同学、朋友介绍的项目更容易获得他们的信任与支持，从而形成创业初期的合伙关系，许多创业项目是从合伙创业开始融资的。

（3）通过广告以及各种宣传渠道。

受到国家宏观政策激励，当前国内各种媒体对创业越来越关注。种类丰富、形式新颖的中小型创业项目广告层出不穷，已成为创业者寻找了解创业项目的重要渠道。这些项目通常具有某项发明和专利，通过特许授权经营的模式进行营销，这类项目通常不易发展壮大，但具有投资小、起点低、规模效应好的特点，如果能从区位选择、服务改善、效率提升等方面结合大学生创业者自身优势进行策划，会较快实现盈利，从而使创业者逐渐熟悉、体验创业过程，积累到第一笔创业资金。

(4) 通过创业咨询公司的分析与调查了解创业项目。

随着国内大学生创业相关法规政策的完善，市场咨询行业的发展，创业咨询及相关服务业也为大学生了解寻找创业项目搭建了基础服务平台。创业咨询公司可以通过咨询、培训等方式弥补创业者本身在市场分析、团队管理、财务营收、营销拓展、法律维权等方面的能力缺陷，帮助创业经验少的大学生创业者把握机会，提高驾驭大中型创业项目的能力。

2.3 选择创业项目的原则

选择创业项目应注意以下五大原则。

2.3.1 正当性

创业的最终目标是盈利，但实现盈利的前提条件是创业的正当性。社会责任感是创业者成为成功企业家的必要条件之一。创业项目的正当性是创业成功基础保证，因此，确保创业项目的正当性也是创业者选择创业项目的首要原则。

正当性原则就是在创业项目选择过程中要确保项目各个环节符合相关政策、法律规定。项目的正当性是项目得以正常实施的基本保证，它能够有效降低项目的实施风险。项目的正当性评估应重点从技术环节、生产环节、营销环节等三个环节进行。

技术来源的正当性主要考察项目中使用的核心技术在中间环节，如技术研发、技术授权、技术转让等过程中专利申请、法律委托、授权转让、生产许可等所应具备的符合政策、法律规定的文件资料。创业者选择使用高新技术的创业项目时，应该特别注意技术来源的正当性。

四川新力光源有限公司是我国最大的新型光源生产企业，董事长张明大学时学的是计算机专业，曾是 IT 工程师。1994 年，张明决定个人创业，做起了电脑生意。利用自己在 IT 行业的技术优势，他很快成了美国一家知名电脑品牌在西南地区的总代理，不到两年便达到了 6000 万元的销售额。但是一次销售问题，却使他看到做别人的代理商、经销商，真正的技术核心不在自己手上。没有核心的东西、没有核心竞争力，未来的路是没有太大的光明和前途的。

从此，张明下决心要做有自己核心技术的新项目。一次偶然的机会，一位朋友推荐了清华大学研制的一种稀土发光材料，说在存储可见光或者日光的情况下只要十分钟左右，就能够保持十多个小时的发光，整个夜晚就能够看到发光的亮度。而且，这种稀土发光材料与传统的硫化物发光粉相比，具有无毒无放射性，持续发光时间长的优势。稀土是生产电子、激光、通讯、超导材料等高科技产品的原料，目前已探明的全球稀土储量中有将近70%左右来自中国。利用资源优势，来生产一种科技含量比较高的新产品，张明觉得这样的项目一定大有前途。

看好了项目，张明当年就开始投钱研制。可要把一个实验室的科研成果变成产品却不容易。很快，一千多万投进去了，他不光抵押上了房子，投进了所有的钱，还欠了不少债。张明从实验生产到设备改进，再到产品革新，不断探索尝试，不断研发创新，但是由于是新技术产品，市场接受较慢。2001年，一篇报道说，在美国“9·11”恐怖袭击事件发生以后，在断电、浓烟的情况下，世贸大厦里至少有1.8万人安全疏散。他们是顺着楼梯和扶手上依稀闪现出的发光条纹摸到了安全通道，进而逃生的。而这种发光条纹是由产自中国的稀土发光粉反射出来的！

从这以后，张明的产品供不应求。2003年，张明的四川新力光源有限公司经过9个多月精心的设计开发的新型地铁逃生系统在与众多国内外知名企业比拼中，一举夺标，中标总价达3000多万元。张明的胜出是全球第一次大规模地在地铁工程上应用稀土发光材料，同时也是国内第一次将这一高新基础材料应用于地铁工程。被业内人士美誉为“中国第一标”！传统的疏散系统在安装的时候要铺设大量的电缆，施工起来非常的复杂、麻烦，真正紧急情况下，一旦断电，产品是不可靠的。张明的这套发光系统安装时，只需要把标识牌镶嵌在地面上，不需要铺设电缆，施工方便，紧急情况下能够自然发光，安全、快速、可靠。此后，新力之光闪在越来越多的地方：北京地铁、天津地铁、重庆轻轨，乃至巴塞罗那、莫斯科地铁都已相继采用了新力的稀土发光安全逃生系统。张明公司的产品性能越来越好，用途也越来越广泛。

然而，2006年3月，张明的公司却被国外一家知名的高科技跨国集团公司告上了法庭，起诉新力的稀土发光材料侵犯了它们的专利权，要求立即赔偿50万元、关闭工厂、销毁模具和设备。而且在此之前，这家国外的跨国公司还用同样的办法在美国、德国等地打赢了三场官司，都是有关稀土行业的知识产权诉讼。经过分析以后，张明发现该公司的专利技术是剽取了中国的一些专利技术改头换面来进行申请的。这家国外知名的跨国集团公司把已知公知的技术申请为它的专有技术，然后在稀土发光材料高端市场上向全球发出知识产权战争，妄图垄断整个稀土发光材料市场。新力公司积极应诉，经过31个月的拉锯战，上北京、下广东、到长沙、到上海几十次搜集证据，光律师费就花了上百万，张明终于打赢了官司。那家跨国公司妄图用知识产权战争打垮新力的野心彻底破灭，妄图垄断全球稀土发光材料市场的阴谋彻底瓦解。此后，利用稀土发光材料，张明公司又研发出了拥有自主知识产权的 LED 照明产品。这种灯的寿命不光是普通灯的几十倍甚至上百倍，还可比普通灯节电 70% ~80%。张明的四川新力光源有限公司已经正成为高新技术创业企业中的代表。

生产过程的正当性主要考察项目在产品生产过程中，操作规范、生产监控、原料管理、成品储存等环节有关检测报告、质检结果、许可生产等文件资料。餐饮类的创业项目尤其需要注意生产过程的正当性。因为食品生产加工过程中在环境标准、卫生要求、人员操作、原料规格、成品包装、贮存运输、保质期限等环节都有较为严格的规定，任何一个环节出现违规违法问题都会造成严重后果。

江苏连云港的太阳雨新能源集团是目前国内太阳能热水器行业中最大的出口企业，其产品在美国、英国、韩国等 100 多个国家销售。但是这家企业的创始人董事长徐新建从创业开始却经历一段曲折的商标使用过程。1999 年，创业初期的徐新建到连云港当地的工商局去注册商标——太阳雨，却发现他想要注册的这个名字早在两年前就已经被西安一个公司给注册了。但是这么多年这个商标一直都没有被使用过，也就是说徐新建可以把名字转让过来。于是他从连云港赶到了西安，对方提出两万元钱的转让费。徐新建估计这个公司可能经营不久，而商标持有公司倒闭后，徐新建可以无偿申请该商标，因此徐新建一直等待申请该商标。但是没想到这个商标却被转让给了另外一家西安的企业，而且商标已经开始投入使用。无奈之下，徐新建决定偷着继续使用这个名字。2001 年徐新建被起诉侵犯了别人的商标权。法庭上虽然徐新建输了官司赔偿二十多万，可是他还是积极和对方沟通希望能找到和解的办法，最终双方达成协议，徐新建支付一笔费用，获得了商标的许可使用。随着公司不断发展壮大，产品进入了国际市场，徐新建的热水器销售到了欧美等国，更是成为了韩国热水器的第一品牌。可是在徐新建的心里始终有一个悬而未决的心病——那就是太阳雨这个牌子。2006 年，原先持有商标的公司终于同意将商标转让给徐新建。前后近八年时间，徐新建为这个商标一共花了两百万。

一个当初只需要两万元钱就能买回来的商标，徐新建花了两百万，并为之足足奋斗了八年。正是这八年的奋斗让他的这个品牌更加具有含金量，让他觉得最终得到这个商标更加的物有所值！

营销环节的正当性主要考察创业项目在广告宣传、营销模式中的有关做法是否符合法律、法规要求。营销环节是企业打造优秀质量信誉与树立良好品牌形象的过程。采用非正当性的营销手段的创业项目，不但可能使创业者遭受重大经济损失，甚至可能导致创业者走上违法歧途。

2.3.2 可信性

创业项目的可信性原则是要求创业者考察、评估的项目中严禁无中生有、以次充好、以假冒真、以小夸大等行为的存在。创业项目的可信性高低本身也反映了项目质量的优劣、水平的高低。

考察创业项目的可信性主要从技术指标、条件要求、资金运作等三个方面进行。创业项目涵盖的技术指标中标准的等级、精细化程度、技术的可操作性等内容，可以准确地反映创业项目的客观技术水平，而相关技术指标判定标准一般采用国际标准或国家标准，透明度较高。将创业项目的技术指标与有关标准对比是考察创业项目可信性的重要内容。

创业项目中生产、销售过程中的条件、要求也是考察创业项目可信性的重要依据。不同的创业项目对生产销售的条件、要求不同，但是产品的特性与生产、销售的条件、要求总是配套的。一般情况下，技术含量低、独特之处少的产品生产、销售条件与要求较少。而某些创业项目描述的产品特性和生产、销售中的条件、要求，都与常识不符，这样的项目尤其需要创业者仔细考察可信性。

资金运作是考察创业项目可信性的核心内容。可信性低的创业项目，资金流向总是有利于创业项目的授让方，使创业者蒙受经济损失。因此，创业者应该严格管理资金，把握创业项目的可信性。

2.3.3 风险性

任何创业项目的商业行为都有一定风险性。低风险的项目虽然似乎容易立足，但是在市场竞争中，低风险项目容易被复制、模仿，从而导致行业内过度竞争，导致企业无法具有规模优势，不易发展壮大；而许多高风险的高新技术项目可以为创业者实现高回报。在创业项目选择阶段，控制风险性原则，并不是单纯的选择低风险的创业项目，而是在分析研究不同创业项目风险性基础上，进行综合评估，有效控制。做到“始终了解风险，始终抑制风险”。科学地对创业项目风险性进行研究分析，可以对项目不同阶段、不同层面的风险性做出预测评估，从而有效控制创业项目的风险性，提高创业项目的成功率。

2005 年 7 月 14 日，当分众传媒 CEO 江南春按响纳斯达克开始的铃声时，他惊人的财务股市也在这一刻达到高潮。7 个小时之后，他所执掌的分众传媒在纳斯达克的总市值接近 8 亿美元，打破了此前登陆纳斯达克资本市场的中国企业创造的多项纪录。

然而江南春的创业道路并非一帆风顺。走自己的路——这可能是这个世界上最为说起来容易做起来难的几件事之一，即使是江南春也曾在此栽过跟头。但难能可贵的是，这个跟头成为他创业道路上的一条重要经验。

楼宇广告并不是急于从传统广告行业中抽身的江南春开始苦寻的第一个突破口。和许多人的想法一样，创业应该是一个全新的领域，似乎不会是广告行业的延伸。在客户陈天桥的影响下，江南春最初以股东身份，投资了一家小规模的网络游戏公司，可是这笔钱很快打了水漂。

2001 年的一天，江南春和陈天桥进行了一次深谈，这次探讨极大地影响了江南春创业的思路。当时陈天桥在网游上已经非常成功，盛大网游同时在线人数突破了 11 万。但那次会谈让江南春意识到，试图复制陈天桥在网游上的成功并不是一个最好的选择。

对产业理解不深刻，自己又不能亲自参与管理。江南春是这样总结这段失败的经历，他意识到绝不能把钱砸在自己不熟悉的领域。

2.3.4 持续性

企业持续健康、稳定的发展是企业走向成长、成熟阶段的必要条件。创业项目的持续性是创业项目的产品竞争优势、阶段盈利能力、管理策划水平、企业战略理念等方面的综合体现。“不谋万世者不足谋一时，不谋全局者不足谋一域”。创业项目持续性关系到企业发展的速度与质量，关系到创业最终能否成功。持续性原则就是注重比较不同创业项目间，将短期盈利长久化，将阶段盈利持续化的能力，选择能够保持持续竞争优势的创业项目。

创业项目的持续性主要考察创业项目市场经营的持续性。可能导致市场经营无法持续的条件主要包括以下三个方面：

（1）财务方面：

1）债务违约，包括无法偿还到期债务、无法偿还即将到期且难以展期的借款以及存在大额的逾期未缴税金；

2）无法继续履行重大借款合同中的有关条款；

3）累计经营性亏损数额巨大；

4）过度依赖短期借款筹资；

5）无法获得供应商的正常商业信用；

6）难以获得开发必要新产品或进行必要投资所需资金；

7）资不抵债；

8）营运资金出现负数；

9）存在大量长期未作处理的不良资产。

（2）经营方面：

1）关键管理人员离职且无人替代；

2）主导产品不符合国家产业政策；

3）失去主要市场、特许权或主要供应商；

4）人力资源或重要原材料短缺。

（3）其他方面：

1）严重违反有关法律法规或政策；

2）异常原因导致停工、停产；

3）有关法律法规或政策的变化可能造成重大不利影响；

4）投资者未履行协议、合同、章程规定的义务，并有可能造成重大不利影响；

5）因自然灾害、战争等不可抗力因素遭受严重损失。

以上三个方面中最常见的影响创业项目持续发展的就是财务问题。创业项目所属行业、经营方式、融资方式的不同都可能在创业过程中导致不同的财务问题。如债务控制、现金流管理等。

2.3.5 扩张性

创业成功的过程往往也是创业者到企业家的成长过程。创业和做人一样，必须要不断成长壮大。扩张性原则要求创业者注重创业项目做大做强的发展潜力。创业项目的扩张性与项目行业、技术发展、产品种类、生产条件等因素关系密切，因此考察创业项目的扩张性需要从这几个方面进行。

（1）项目行业的考察。

创业项目所处行业的成长性，行业的有机构成对创业项目大扩张性有较大影响。成长性好的行业，朝阳行业，如计算机软件行业、创意用品行业、调查咨询行业、碳交易行业等，行业内竞争情况、行业整体政策环境、行业整体发展速度要优于一般行业。这使得处于成长性较好行业的创业项目更易于扩张运营。因此项目行业的考察主要是看行业的成长性。

（2）技术发展的考察。

创业项目技术发展速度越快，范围越广，水平越高，创业项目的扩张性就越强。技术发展可以推动产品升级换代，从而使企业保持竞争优势。考察创业项目技术发展情况主要是看项目中技术外来与内生两种途径的可靠性。对于依靠外来途径获取技术的创业项目，要进一步考察整个创业项目主要技术的发展群落，技术授权方式与费用，技术授让方是否有持续提供新技术的义务，创业方是否享受优先获取技术的权利等；对于依靠内生途径获取技术的创业项目，要进一步考察项目中技术研发部门在行业中的领先性，技术研发的投入费用，新技术转化的成功比例等内容。

（3）生产条件的考察。

对生产条件扩张性的考察主要从劳动员工、设备数量、规模目标三个方面进行。显而易见，劳动员工数量的增加与水平的提高、生产设备数量的增加可以提高生产的扩张性。规模化生产是可以有效降低成本，带来优势竞争，也是现代企业追求的生产模式。它也是项目扩张性的体现。而规模目标指在创业项目策划书中，策划出的不同阶段生产应达到的规模化效益。对规模目标的考察可以有效把握项目的扩张性。

(4) 产品种类的考察。

随着创业的发展，企业竞争的能力与层次也不断提升，差异化竞争是企业有效确保竞争优势的途径之一，而产品种类的丰富与扩张，能够有效提高产品的差异化竞争。在种子期，创业项目对产品种类的规划直接体现了项目的扩张性。同时，产品种类的扩张必然带动提高企业在需求、生产、销售等方面的扩张性，因此，产品种类是衡量项目扩张性的核心。

2.4 选择创业项目的方法

2.4.1 把握市场需求，细分需求定位

大学生创业者由于年纪轻、阅历少、经验缺，在选择项目时容易鲁莽、冲动。他们根据感性认识，简单、草率的选择产品时髦、概念时尚、行业热门的创业项目，却在生产实施过程中发现，产品并不被市场接受，导致创业失败。著名管理大师法雷尔说过："制造满足顾客需要的产品和服务，永远是成功的秘诀。"可见及时准确把握市场需求对成功创业的作用。

搞什么项目不能凭自己的主观想象，而要首先从市场需求出发。要知道市场需求，就要作调查。特别是对第一次创业的大学生创业者来说，要了解市场需要什么，需要多少，谁会来购买你的产品或服务。竞争对手的产品与服务如何等等。创业的成功与否，最根本的是市场的需要，然后才是企业的有效服务。创业者必须树立这样一个观点，即"企业是为解决顾客的问题而存在的"。没有满意的顾客就没有企业的存在，也就不可能取得创业的成功。选择项目必须以市场为导向，要从社会需要出发。市场的需要越大，对创业企业生产的相关制约因素越少，创业取得成功的机会越大。一切服务内容的确立都必须从市场实际出发，而不能单凭想象，也不能因循守旧，生搬硬套。按照市场经济理论，只要及时地关注市场的需要，把握市场的变化，有针对地提供有效的服务，市场就必然会给你相应的回报。无论是卖生活用品、卖家电、卖汽车、卖住房，还是卖工业用品、卖机器设备、卖零配件、卖原材料、卖辅助材料，或是办技能培训班，甚至从事公益事业，种种这些都是社会需求的具体表现，其中有些甚至是必不可少的。所以，他们能够创业成功。

顾客的需求有现实需求和潜在需求之分。20 世纪 90 年代以来，汽车需求对我国居民来说是潜在的需求，随着经济的发展，随着收入的提高，人们对交通便

利的要求越来越高，汽车的需求不断增加。随着对汽车需求的增加，对汽车维护保养需求也是潜在的需求。因此，近年来，从事汽车销售及汽车维护保养的企业取得了较好的效益。

阿里巴巴集团创始人马云就是“勘探”市场、开发市场的高手。1995 年 9 月，而立之年的马云，因精通英语被邀请赴美做商业谈判的翻译，一次偶然的机会接触了 Internet，当时互联网在美国正方兴未艾，而在中国，触网的人还寥寥无几，他看到了中国互联网发展的潜在市场需求，从美国带回了创业梦想。回国后，马云便决定辞职创办中国第一家互联网商业网站——中国黄页。1997 年底，马云接受国家外经贸部的邀请，带着“中国黄页”的 8 个伙伴来到北京，创办了一系列贸易网站。

1999 年 3 月，马云和他的团队回到杭州，以 50 万元人民币创业，开发阿里巴巴网站（www. alibaba. com）。当时，美国甚至全世界的电子商务都为大企业服务，马云却看到，中国 80% 以上的企业都是中小企业，购销资讯缺乏、产购信息不对称、国际贸易成本偏高，都是让这些中小企业十分头疼又一直没有办法解决的难题。马云还认为，中国加入 WTO 只是时间问题，很多中国中小企业迫切需要自主控制的外贸渠道。马云给阿里巴巴的战略定位是为中小企业提供电子商务服务。在当时，中国大量互联网企业盲目拷贝欧美国家模式的时候，他不但开启了具有中国特色的电子商务之旅，而且创造了一种电子商务的新流派。

马云根据长期以来在互联网商业服务领域的经验和体会，明确提出互联网产业界应重视和优先发展企业与企业间的电子商务（B2B），他的观点和阿里巴巴的发展模式很快引起国际互联网界的关注，被称为“互联网的第四模式”。他认为企业最核心的问题是根据市场去制定产品，必须先去了解市场和客户的需求，然后再去找相关的技术解决方案。所以，他把阿里巴巴定位为一家服务型企业，以网络为手段帮助客户，把客户变成电子商务公司，而不是一家 IT 企业、高科技企业，从而避免拒客户于千里之外、使自己身在高处不胜寒；所以，他要求阿里巴巴技术非常简单，让客户不需要看说明也会用。正是他坚持“市场决定一切，需求决定一切”，从客户需求出发，不仅发现了“中国网商”这一巨大的市场，而且还像种庄稼一样，将这个市场不断培育壮大，实现了阿里巴巴一次又一次的飞跃。在短短 9 年时间里成功创办了全球领先的企业间交易网站“阿里巴巴”、亚洲最大的网上个人消费市场“淘宝网”、中国领先的在线支付服务商“支付宝”、以互联网为平台的商务管理软件公司“阿里软件”、中国最大的网上广告交易平台“阿里妈妈”，成功收购了中国领先的搜索引擎“中国雅虎”和中国领先的个人生活服务平台“口碑网”。目前，“淘宝网”又正式推出 B2C 购物平台“淘宝商场”，从而将阿里巴巴未来十年，甚至更久远的发展方向清晰地勾勒出来。在马云这位舵手的带领下，阿里巴巴从西湖里的一叶小舟变成了一艘集

B2B、C2C 和 B2C 三种业务模式于一身的电子商务“航母”。

由上所述，可以看出市场需求是创业成功的根本，成功的创业者不仅要了解、满足顾客的现实需求，适应市场，更要创造需求，创造市场。因此，大学生创业者首先要通过多种手段把握甚至创造市场需求，然后对市场需求做出具体分析，进一步对市场需求做出定性定量的预测，通过不同创业项目市场需求的比较，进行创业项目的选择。

大学生创业者可以通过以下几种方法，尝试把握、创造市场需求。

(1) 分析市场供求差异，把握市场需求。市场需求不仅是多种多样的，而且是不断变化的。因此，从宏观上看，市场供求状况总是在供求均衡的状态上下波动，市场需求总量和供给总量之间总是存在着一定的差距。创业者通过调查分析市场供求差异，可以从中把握市场需求，找到创业机会。例如，假定通过调查得知某城市家政服务的年需求量为 1000 万小时，而市场供应量只有 200 万小时，那么对于创业者来说就有巨大的市场需求空间可以开拓。

(2) 调查了解市场中商品、服务的空白，把握市场需求。这是最简单、直接的把握市场需求方式。有空白就存在着巨大的消费需求。现今世界市场上的实物商品有 100 多万种，而国内仅有 18 万种左右。在服务方面更是存在着许多空白领域和“供不应求”的现象。但随着社会信息化潮流的加速，国内市场经济体制的完善，国内市场与国际市场接轨越来越紧密，要选择这类项目取得成功，需要创业者敏锐的观察力与非凡的执行力。大学生创业者具有较高的知识水平、先进的信息渠道，选择填补市场空白与需求的创业项目更容易获得成功。例如国内的“人人网”是模仿了美国的 Facebook 网，国内的“优酷网”模仿了美国的 youtube 网，百度正是模仿了 Google，而各大门户网则是源自于雅虎门户等。因此，善于观察，善于创新，机会就在大学生创业者的身边，路就在脚下。

(3) 调查了解人们工作生活中的困难，把握市场需求。创业者只要善于调查分析人们工作和生活中的困难，就不难发现顾客的需求，找到合适的创业项目。譬如，发明大王爱迪生一生发明了近 2000 项专利，如留声机、电灯、电话、电报等都为人们的工作和生活提供了极大便利，而他创办的爱迪生电力照明公司正是如今世界闻名的通用电气的前身。著名的“打工皇帝”唐骏正是发现了人们对于 KTV 点唱能够自动打分的渴望，顺利攫取了创业的第一桶金，从而开始了个人的创业之路。因此，只要创业者能够掌握创造市场需求的方法并灵活运用，可以说处处有创业项目，时时有创业项目。创业者如果能解决人们抱怨的问题，关注社会某些群体的困难，或者着力为某些企业解决问题，那么成功的可能性就比较大。

(4) 分析市场上热销产品背后隐藏的商机，把握市场需求。任何商品都有市场生命周期。所谓商品市场生命周期，是指商品从投放市场到被市场淘汰所经过的时间。它可分为四个阶段，即投入期、成长期、成熟期和衰退期。当市场上某种商品走俏热销时，通常情况下，这种商品已经进入成熟期。这时如果创业者盲目“跟风”，再去经营这种“热销”商品，却往往赶上商品的衰退期，最后以创业失败而告终。理智的创业者应该透过现象看本质，本质之后是真理。创业者最好是以热销商品为导向，研究分析热销商品背后的商机、规律，准确合理地把握市场需求，进而选择合适创业项目进行经营。例如，当看到市场上猪肉热销时，分析预测猪肉热销背后隐藏的商机，一是马上会兴起养猪热，二是当养猪热兴起后，猪饲料将会供不应求，因此，聪明的创业者既不去卖猪肉，也不去养猪，而是直接去生产猪饲料，这样当养猪热兴起后，自然就会立刻带来丰厚的回报。

（5）研究市场上流通产品存在的问题，把握市场需求。市场上销售的商品总有一些这样或那样的问题，有的在功能和性能方面不够完善，有的在结构方面不够合理，有的样式呆板，有的颜色单一等等。要发现这些问题，最好的办法就是倾听周围的人们对现有商品和服务的不满，人们所抱怨的每一种商品和服务都可能意味着一个潜在的需求，商品和服务存在的问题越多，问题越难以解决，带来的需求可能就越大。创业者经过调查分析，针对这些商品和服务存在的问题，可以准确高效地把握市场需求。创业者将这种市场需求，结合自己的兴趣特长与熟悉的行业，选择一种商品或服务进行完善改良，以此作为创业项目往往成功率很高。

（6）进行市场细分，创造市场需求。所谓市场细分，就是通过市场调研，依据消费者的需求特点和购买行为及购买习惯等方面的差异，把某种商品的整体市场划分为若干个消费者群的一种市场分类方法。通过市场细分划分出的每个消费者群就是一个子市场，每个子市场都是由具有相同或类似需求倾向的消费者构成的群体。因此，属于同一子市场的消费者对同一商品的需求极为相似，分属不同子市场的消费者对某一商品的需求存在着明显的差异。进行科学的市场细分有利于把握市场需求、选定目标市场、确定创业项目；有利于实现产品的产异化竞争，确立产品的竞争优势；有利于集中人力、物力和财力生产经营适销对路的商品；有利于制定和调整市场营销策略，有利于提高创业成功率。

大学生创业者在把握市场需求的基础上，需要进行科学准确具体的市场需求分析，使对市场需求的感性把握转化成对市场变化定性定量的科学预测，才能进一步有效合理地选择创业项目。

市场需求分析，是指对某一种产品或某一经营性服务项目进行市场需求调研、分析和数据整理，以此作为项目的决策依据，也用来指导企业的生产、销售。市场需求分析的内容包括某一产品或项目在某一范围内的消费者的人数或用户个数、不同群体的人数或用户数、不同地区的人数或用户数，不同地区和不同消费者的消费习惯及发展方向，每年需求的递增或递减的比例，根据对以上调研数据的综合分析，做出对市场前景的预测等。

大学生创业者进行市场需求分析的具体操作步骤如下：

第一，确定目标市场。在市场总人口数中确定某一细分市场的目标市场总人数，此总人数是潜在顾客人数的最大极限，可用来计算未来或潜在的需求量。

第二，确定地理区域的目标市场。算出目标市场占总人口数的百分比，再将此百分比乘上地理区域的总人口数，就可以确定该区域目标市场数目的多寡。

第三，考虑消费限制条件。考虑产品是否有某些限制条件足以减少目标市场的数量。

第四，计算每位顾客每年平均购买数量。根据购买率/购买习惯，算出每人每年平均购买量。

第五，计算同类产品每年的需求总数量。区域内的顾客人数乘以每人每年平均需求的数量就可算出需求总数量。

第六，计算企业产品的需求数量。将企业的市场占有率乘以第五项的需求总数量，再根据企业和竞争者市场占有率的历史变动情况，做适当的调整，得出企业产品的需求数量。

第七，需要考虑的其他因素。有关产品需求的其他因素，例如：若是经济状况、人口变动、消费者偏好及生活方式等有所改变，则必须分析其对产品需求的影响。根据这些信息，客观地调查第六项所获得的数据，即可合理地预测在总销售额及顾客人数中产品的潜在购买量。

2.4.2 关注政策法规，结合前景导向

政策与法规变化对创业能否成功有着深刻影响。在政策鼓励的行业中，符合政策导向的创业项目，通常可以享受税收、管理、场地、资金、人才、配送、服务等方面的优惠。如果一个创业项目符合国家的产业导向，它成功的机会将会大大提高，反之则很容易夭折。

受到政策鼓励的行业往往表现出持续蓬勃的生命力。因此，大学生创业者选择创业项目，要关注国家政策鼓励，并有发展前景的行业。近年来，我国为推动构建社会主义和谐社会，陆续出台了一系列政策，调整产业结构和优化资源配置，大力扶持高新技术产业、装备制造业与现代服务业发展，鼓励发展低碳、绿色、环保的新型工业。受政策鼓励的有前景的朝阳行业主要有网络技术、软件信息、新材料、新能源、机电一体化、节能领域、生物医药及精细化工等。在上海，政府鼓励的非公小企业主要有这样几种类型：科技型小企业，为支柱产业（钢铁、汽车、通信设备、石化、电话设备、家用电器、生物、医药、信息）配套服务的小企业及服务型小企业。同时，政府也出台了一系列优惠政策。这些都

为大学生创业者拓展了选择创业项目的空间。

对资金有限的大学生创业者，结合以上讲述的政策导向，可考虑在以下这些行业中选择创业项目：

（1）选择所需投资不多的劳动密集型行业，如服装、食品加工、印刷包装、工艺品、电子仪器等。

（2）选择为某些大企业进行零配件加工的行业。

（3）选择信息、咨询、广告等新型服务行业。

（4）选择维修、快递、家政、清洗、保健等便民利民的服务行业。

（5）选择绿色环保相关的公益类行业。

此外，政策环境的变化还可以直接带来创业商机。当前，各地发展政策的优化是比较频繁的，尤其是优化产业结构，推动产业结构升级方面的政策变革十分明显。比如，随着社会主义新农村建设的加快进行，惠农、扶农的政策也为创业带来了一定商机。譬如，国家粮食收购政策的调整后允许个体进入粮食流通领域，河南省叶县的大学生创业者随即当起了粮食经纪人，既方便了农民卖粮，又实现了自己的创业梦想，获得了不菲的收益。

大学生创业者要了解行业前景与政策导向，应该注意平时对相关信息的积累与整理。为此，大学生创业者应该定期订阅有关行业的各种期刊，参加行会或其他专业性的社团组织，利用网络搜集相关政策信息的评论。

如果创业项目不满足激励政策条件，会导致创业者在资源、人才、资金、成本等方面处于竞争劣势，这增大了创业项目的风险性。如果创业项目的某些方面违反了有关法律法规，则会直接导致创业的失败。因此，创业者除了应熟悉政府的经济政策，国家对某地区、某行业、某产品或服务的优惠及鼓励政策之外，还要明确投资创业的各项法律法规等。大学生创业者应了解熟悉合同法、票据法、反不正当竞争法、质量保护法、专利法、商标法等，确保创业项目依法经营，才能趋利避险。

2.4.3 发挥个人专长，整合资源优势

创业者的兴趣、爱好、特长、专业、经验、技能等，是一种个人内化的资源优势。资源优势是投资创业成败的关键和物质基础。“靠山吃山，靠海吃海”正是这个道理。一个创业者，没有适合自己发展的各种资源优势，创业就失去了风帆与翅膀，随时都有失败的可能。

每个人都有自己的资源优势。比如：有的人具有某一行业的专业知识，甚至有科研成果，是教授、博士或硕士，可以选择高科技产品项目进行创业。他们有人从事芯片生产，有的从事电池生产，都取得了比较好的收入。有的人在体育、在文艺方向有特长，在国际或国内比赛中获得了突出的成绩，他们可以传授技

艺、举办培训班，比如钢琴培训班、舞蹈培训班、声乐、表演等培训班，乒乓球训练馆、武术训练馆，或者利用他们的名人效应，从事广告业或者生产化妆品、服装、体育用品等等，或者从事化妆品、服装以及日常用品的销售等等。有的人有资金，可以发挥资金的作用，投资重化工业，投资房地产等，这些行业需要大量的投资，一般人不可能与之开展竞争。有的下岗人员有一技之长，原来在企业从事管理或者生产，懂得某一行业的管理或者生产技术，可以从事这些行业的创业。有的下岗人员办了小塑料厂、小服装厂、小机械厂，其中有的规模还在不断扩大。有的人有亲属朋友办了大公司，他们可以利用这些亲属朋友的关系，选择上下游的配套项目。为他们生产零配件或者原料、辅助材料，或者帮他们销售产品或者合作开发项目。有的人既无技术，也无资金，又无关系，其实这也是一种素质优势，这些人不怕苦、不怕脏、不怕丢面子，他们摆地摊、卖小商品，掘得第一桶金，再继续发展。有的人卖烤肉串，一毛钱一毛钱地赚，有了钱再发展成烤肉店，再发展成初具规模的饭店。

大学生创业者能充分整合利用自身的资源和优势，选择合适的创业项目，创业就成功了一半。但是要充分整合利用自身资源和优势的前提，是科学合理地分析认识自己具备的资源和优势。那么，什么才是创业者的自有资源优势？如何区别分类资源优势？如何结合资源优势选择创业项目？

所谓自有资源优势，就是创业者本人拥有的或自己可以直接控制的资源和优势，包括专有技术、行业从业经验、经营管理能力、个人社会关系、私有物质资产等。相对于其他非自有资源，自有资源的取得和使用成本往往较低；同时这些资源在利用过程中也容易使创业项目获得独特优势，在今后的市场竞争中占据主动地位。

创业者个人的资源优势可以分为：知识智慧型、技术能力型、资金人脉型与经验信息型四种。

（1）知识智慧型资源优势。

知识型智慧型资源优势主要指创业者具备较高知识含量与智力水平。大多数大学生创业者的资源优势属于这一类型。虽然他们缺乏社会经验，不太善于处理各种社会关系，但是这类创业者大多年轻活泼，思维敏捷，喜欢挑战，尤其适合进行以研究探索、创意想象、执行操作为主的创业。他们选择项目较常见的有科技（IT 行业）、电脑软硬件开发、电子商务、编辑翻译、产品开发、服装和造型设计、会展策划等行业。他们的创业项目可能只是整个产业链中的一个环节，但是简单纯粹，只需要发挥知识智慧的资源优势解决较为单一的问题就可以获得成功。

（2）技术能力型资源优势。

技术能力型资源优势指创业者在某一专业领域有较高的技术水平、专利发明、科研成果等，或者有解决复杂技术问题的突出综合能力。显然，技术能力型创业者选择高新技术型创业项目更有利于发挥自身资源优势。目前，这类创业者选择的创业项目主要集中在无线通信、半导体研发、生物医药、网络游戏、宽带网络、无线增值和数字传媒等科技含量高的领域。

（3）资金人脉型资源优势。

资金人脉型资源优势指创业者拥有雄厚的资本实力或丰厚广阔的人脉关系。雄厚的资本实力可以扩大创业者选择创业项目的范围，提高选择创业项目的起点层次。资金型创业者可以选择那些策划科学合理、技术管理先进、竞争优势明显的创业项目，增加创业成功的机会。丰厚广阔的人脉可以使创业丰富创业项目的来源渠道，减少创业过程中的人为因素影响，使创业项目获得更多的帮助与便利。人脉型创业者更适合采取股东合伙的方式，选择寄生企业的上下游行业的创业项目。

（4）经验信息型资源优势。

经验信息型资源优势指创业者在某个领域内有丰富的经验知识、感受体验或广泛的信息渠道。随着创业内容趋向多元化，创业者的层次也呈现出多样化。不少创业者利用自身经验信息型资源优势进行创业，取得了成功。这类创业项目主要涉及时尚、旅游资讯、心理咨询、专业讲师、动漫制作、网上开店、色彩顾问，礼仪主持策划等。

大学生创业者明晰了自身资源与优势之后，应贯彻自有资源优势优先原则，在创业项目的选择上应该与个人的兴趣爱好相结合，与个人熟悉的专业、经历相结合，与个人的技能、特长相结合。这有利于创业中发挥自身优势，整合各种资源，在扬长避短、趋利避害的基础上，提高创业项目获得成功的可能性。

与兴趣爱好相结合的创业项目，可以使创业者更加专注创业。一个人只有选择了他喜欢做又有能力做的事情，他才会自觉地全身心地投入到工作中去，并忘我地工作；才有可能在遇到困难和挫折时，百折不挠勇往直前，千方百计克服困难，实现创业目标。有这样一位成功创业者，他叫杨宗杰，下岗后当过食品推销员、音响安装工，做过服装生意，但都失败了。杨宗杰冷静思考后认为，应当选择一条更适合自己长期发展的道路。由于他从小对园艺有相当浓厚的兴趣，工作之余也曾搞过绿化种植和绿化装饰设计，经过一番市场调研，他和同厂下岗职工自筹资金，在浦东杨思租了 6 亩地办起了园艺场。经过一段时间的发展，已种植了包括 7 个大棚、2 间暖房在内的盆花和观赏植物，花卉品种有一百多种，拥有三十多家固定客户。由此可见，选择自己感兴趣有爱好的项目，是创业成功的基础。

与个人熟悉的专业、经历相结合，可以使创业者尽快准确掌握创业规律。事物之间是有联系的，认不清事物之间的联系，就不能正确认识事物。在选择创业项目的时候，也要考虑客观事物之间的联系，要充分利用自身的优势。一般来说，创业者应在自己熟悉的行业里选择创业项目。这样才能灵活经营，获得较大的收益，提高创业成功的机会。大量的经验证明，许多工作需要的是熟悉。譬如开饭店、开茶馆、经营服装鞋帽、开办文化娱乐业等等。要深入地了解、熟悉、动动脑筋就可以总结出行业的规律，就可以找到生财的窍门，再加上勤奋和信心，就能够取得创业的成功。被誉为"经营之父"的松下幸之助，创业之初之所以选择生产电器插座项目，是因为他在这一行当过学徒工，对这一行熟悉并且有特长。被誉为"领带大王"的企业家曾宪梓之所以选择生产经营领带创业，是因为他曾在其哥哥的领带厂里打过工，对领带的生产技术和经营管理都很熟悉，而且只需少量的资金就可以开业经营。可见，创业者的准备工夫若做得足，信心、冲劲和成功率自然较高，反之则容易泄气，缺乏信心，也不易成功。所以，只有是自己熟悉的项目或是十分了解的行业，自己创业经营才能得心应手。创业之初选择自己熟悉的行业和项目是创业成功的关键。科龙集团创业投资有条原则："不熟不做"，讲的就是这个道理。很多大学生创业者轻率地认为，自己所学专业的对口行业在市场上已趋饱和，或者过时落后，没有发展前景。其实随着社会需求的细分，相同的专业能发掘出不同的创业内容。若大学生创业者对选择的创业项目暂时不熟悉，不妨在该行业先工作一年半载，摸清摸熟这一行业的业务，再来创业也不迟。

与个人技能、特长相结合，便于创业者发挥技能特长，获得创业优势。创业者自身具备的技能是成功创业的有力武器，也是选择创业项目的重要依据。由于技能是创业者在以前经历体验过程中长期积累形成的，如果创业项目的内容与此项技能的运用密切相关，那么就比较容易形成创业者自己的经营特色，他人难以模仿，而且也有助于实现项目的持续盈利与扩张经营，同时经营中的技术问题也便于解决。基于这些优点，选项目时创业者应尽可能挑选与自身技能、特长密切相关的项目。这里所说的技能特长涵盖创业项目运作过程中使用到的所有技术、能力、经验，既包括生产技术，也包括经营管理技能、特殊生产经验，甚至创意能力等。

2.4.4 改变营销观念，创新营销模式

营销是最重要的商业环节，也是企业盈利的最终环节。企业的产品大规模地在市场上流通销售，实现盈利，必须依靠营销实现。长期以来，人们总是习惯于固有的企业经营模式。这些模式由于屡见不鲜，便使得人们觉得这是最合理、最科学的选择。实际上，如果我们转换一个角度去观察和思考，在我们面前有可能会出现一个全新的世界。同样道理，在企业经营领域，对某个产业的经营全过程进行全部或局部的重新整合，就可能产生商业机会。管理学将此称之为"价值链

重构”。美国的戴尔就是将计算机产业的价值链进行了重新设计，以直销代替从前以至现在普遍运用的代理制销售模式，使戴尔公司一跃成为世界最著名的公司之一。戴尔本人也可以说是最成功的营销创业者之一。

2008年，最著名的营销案例非开心网的病毒式营销莫属，而开心网正是通过创新营销模式取得创业成功的。

其实，从产品与产品服务的角度，开心网的创业项目与同类相比差异化并不明显，竞争优势也不突出。从2008年3月开心网创办以来，提供的产品并不算新鲜，照片、日记、书评、影评等信息分享平台，短消息、留言、评论等沟通手段，事务管理、网络硬盘、收藏等个人工具，投票、答题、真心话等互动话题以及朋友买卖、争车位、买房子等互动组件，多数都是从国外大牌社交网站Facebook、Twitter等借鉴来的，开心网完全照搬了Facebook的做法，比如抢车位、投票、测试等小游戏插件。国内企业如人人网、康盛科技、网易也提供了许多类似的产品和服务。

然而事实是，开心网的核心业务却在短短一年之内大幅飙升。从2008年5月开始，开心网的流量和人气急剧攀升。截至2008年12月，开心网的用户人数，按照最保守的估计，也在500万到800万之间。分析人士认为，由于用户群体特征明显，他们身为白领，价值较高，并且黏性要高于其他同类型论坛、社区，如果按照每个用户价值1000元计算，开心网的价值约为50亿~80亿元。

是什么吸引原中国原子能研究院的技术员程炳皓从新浪“爱问”副总经理的岗位上辞职，带领20多人开始了开心网的创业呢？答案是开心网创业项目创新性的病毒式营销模式。“病毒式营销模式”也是开心网取得成功的核心优势。

开心网几乎没有花一分钱进行广告推广，也基本上不在其他网站做广告链接，而是完全依靠病毒式营销进行推广：MSN的用户主要为白领，通过与MSN合作，开心网获得了MSN的用户数据。用户在开心网注册之后，MSN就会自动发送邀请链接给其MSN好友。有时候，MSN用户会在一天之内收到好几十个链接，邀请其进驻开心网，直到MSN用户最终注册。一旦注册，就会自动成为下一个传播节点。这就是爆炸式的病毒传播。

事实上，开心网在复制Facebook的模式时，巧妙地找准了一个切入点，通过对“六度空间理论”的准确把握，依靠IM和E-mail进行病毒式传播，选择互联网、传媒、广告、影视等“人际互动”比较强的行业，以这些行业从事市场、公关、销售的人员为突破口，辅助以口碑传播，使得开心网在短短几个月内风靡于网络世界。如果将其与同类型的SNS社区网站做一个横向比较，你就会发现病毒营销相对于传统营销模式凸显出不可思议的传播速度。

由此可见，先进的营销理念，创新的营销模式，对创业项目的取得成功，可以起到决定性作用。因此，大学生创业者在选择创业项目时，应该具有“人无我有，人有我优，人优我高，人高我强，人强我特”的创新意识，尽其所能对营销模式进行革命性的优化创新。

2.4.5 尝试中小项目，综合融资方式

创业是一种有风险的商业行为，必须遵循量力而行的原则。大学生创业者从中小创业项目开始更加符合创业的规律。中小创业项目投资不多，创业者可以承受资金风险，也不会造成太大的思想压力，可以更专注地经营运作，不少小项目由于创办成本和运营成本都较低，经营风险更小，盈利积少成多，也很可观。

大多数大学生创业者社会经验少、阅历浅、资金少，风险承担能力较弱，可以将为数不多的资金投到风险较小、规模也较小的创业项目上，先赚小钱，再赚大钱，聚沙成塔，滚动发展。国内外的许许多多企业家，沃尔顿、比尔·盖茨、曾宪梓、李嘉诚都是白手起家，从小项目做起，然后不断发展壮大。微软创始人比尔·盖茨创业之初，只有3个人，1种产品，年收入1万多美元。在我们身边，从不起眼的小事做起，逐步积累而富甲一方的人也比比皆是。“拖鞋大王”胡志勇创业成功的经历就是很好的启示。当年，胡志勇下岗后选择了摆摊头。他从城隍庙批来袜子、拖鞋等日用品到集市设摊做小生意，几个月下来发现拖鞋特别好销。他想，拖鞋属于小商品又是易耗品，风险较小，于是集中全部资金做拖鞋生意。通过做代理，他两个月就为福建一家规模很大的拖鞋厂卖掉了16万双拖鞋。自此他的拖鞋生意越做越大，目前他的鞋业公司已发展到在十多家大百货公司内设有自己的专柜，并拥有三百多家较稳定的二级代理商，还注册了自己的“千里马”商标。

中国汽车产业的传奇人物，吉利汽车掌门人李书福，是在浙江台州一个贫穷落后的山村长大的。李书福说“第一不怕苦，第二不怕穷，第三当然更喜欢致富了！”他敢闯敢拼，豁得出去。他最早算得上做生意，应该是1982年的照相生意。当时就是父亲给了他120元，那年，李书福19岁，高中毕业。他不是开照相馆，而是买了个小相机，骑辆破自行车，满街给人照相，台州人把当时的李书福说成是背着相机在公园瞎转悠的“野照相”。李书福的照相生意做得不错，半年后赚到1000元，他正式开起了照相馆。在洗相的过程中，他发现用一种药水浸泡，可以把废弃物中的金银分离出来。他干脆关了照相馆，把分离出来的金银背到杭州出售。为了这个项目，他投资了1万元。1984年他当上了黄岩县石曲冰箱配件厂厂长。创业开始，李书福就是自己一个人生产，然后骑自行车把零部件送到冰箱厂，后来他和其他几个兄弟成立了冰箱配件厂，1986年，他组建了黄岩北极花电冰箱厂生产电冰箱。1989年，李书福的电冰箱厂产值已超过1亿元。1989年12月，创办私营吉利装潢材料厂。1995年8月，成立吉利集团，李书福主管吉利摩托车和吉利汽车的生产。2005年5月，李书福斥资1.53亿元增持中

国香港联交所上市的吉利汽车的 17 亿股，成功成为吉利汽车的控股股东。2010 年 2 月，吉利汽车成功收购瑞典著名汽车品牌沃尔沃。

可见，“不以善小而不为”对于大学生创业者选择创业项目也同样适用。

思考题

2-1 大学生创业项目的来源途径有哪些？

2-2 大学生选择创业项目时，应注意哪些原则？

2-3 请举出大学生选择创业项目的方法。

3 大学生创业计划的制定

在科学、认真地分析自身条件和社会环境的基础上，根据自己掌握的利好资源和社会支持等要素，制定客观、有效的创业计划是迈向成功的重要一步。大学生创业计划由创业目标、方法、过程、结果等部分构成，相互影响、相互促进，在大学生创业过程中具有承上启下的重要意义。

3.1 创业目标与创业计划

历史上东汉的张芝擅长草书，练习方式也与常人不同，他在家中的衣帛上反复书写，写完之后再染色裁衣，他坚持每天在池塘边蘸着池水磨墨写字，天长日久池塘里的水都变成黑色了，世人称其“草圣”。后来的王羲之对东汉的大书法家张芝非常崇拜，决心要赶上张芝。他一边游历祖国的名山大川，一边用心学习前人的书法，一有时间就揣摩字体的间架结构和气势，心里想着、手指在衣襟上画着，时间一长，连衣襟都划破了，逐渐形成了自己的独特风格。他每天写完字后，都要到家门前的池塘里洗刷笔砚，天长日久，池塘的水全部成了深黑，人们把这个池塘叫做墨池，正因如此成就了其“书圣”的称号。有位哲人说：决心攀登高峰的人，总能找到道路。强烈的动机可以驱使人超越诸多困境和烦恼，正所谓“无需扬鞭自奋蹄”。如果至今仍不清楚自己希望达到怎样的人生高度，那么请把你的目标写下来，矢志不渝地向着心中的目标拼搏进取，如此，你就会敏锐地捕捉到成功的契机，顺利抵达理想的境地。

美国成功学家拿破仑·希尔在《一年致富》中有这样一句名言：一切成就的起点是渴望。一个人追求的目标愈高，他的才能发展就愈快。一心向着自己目标前进的人，整个世界都给他让路。希尔认为：所有成功都必须先确立一个明确的目标，当对目标的追求变成一种执著时，你就会发现所有的行动都会带领你朝着这个目标迈进。创业目标对于创业的个人或者组织而言也是同样重要的，如果目标定位不准确甚至丧失目标，这将直接导致创业活动的失败。

3.1.1 制定创业目标的原则

3.1.1.1 整体性原则

在制定创业目标时，要有大局观念、整体意识。这时所设定的目标能够反映创业个人或组织的全面工作。同时要能够把总体目标一步一步分解，落实到创业实践的每一个环节和责任人。尤其要考虑各个环节之间的转接和继续，保证不将上一道环节出现的问题带进下个环节。同时应该建立必要的回馈和监控机制，从整体上促使实践活动的顺利有序进行。例如在创业的初期，要让产品能够迅速地被消费者接受并树立自己的品牌形象，单纯依靠促销、降价是远远不够的。尤其是一个新产品面世时，在制定销售策略方面既要用最短的时间提高产品的知名度，又要避免“为别人做嫁衣”。

在20世纪90年代前后，微波炉第一次进入国人视线的时候，消费者还对这个产品感到十分的好奇，对于企业而言最基本的问题就是如何让消费者接受这个产品，广东格兰仕公司的做法确实值得借鉴。首先格兰仕并没有采用传统的广告宣传模式，找明星做代言、单一的介绍机器的性能，而是通过与中央电视台联办微波炉烹饪节目的方式，让消费者真切地看到这种烹调方式的优势，从而使得消费者了解并接受微波炉这个新产品。其次格兰仕还趁热打铁，改进产品性能、增加产品功能并及时地推出了许多专为微波炉定制的菜单，免费发放给消费者，让他们在使用微波炉的时候更加的轻松自如甚至是愉快。最后引导消费者发现微波炉的潜在功能，使其真正的融入普通大众的生活，使其成为家庭厨房的“制式装备”，倡导新的生活方式。同时借用微波炉打出的品牌影响力，实施多元化的经营模式，为企业发展带来新的增长点。正如格兰仕所倡导的：对格兰仕微波炉而言，今后最核心的任务就是要帮助广大家庭提升厨房品质。现代健康厨房应该是没有明火和油烟，烹饪不再需要复杂的程序和技巧，同时厨具本身也是厨房一道靓丽的风景线，在这样的厨房烹饪将不再是一件苦差事，而是一种享受。

正是因为从进入微波炉行业开始，格兰仕就从整体出发，以战略高度考虑和分析市场需要以及消费环境，从而准确地找到了市场的切入点，同时根据产品发展过程、消费者心理成熟的过程，有针对性地制定了系列营销策略，环环相扣、步步为营，把握和引导了消费者的消费心态和行为，奠定了企业在中国微波炉行业的领军地位。

3.1.1.2 重点性原则

创业目标的确定是一个动态的过程，根据内在条件和外部环境的不断变化而不断修正，制定目标不能面面俱到，无所不包，必须明确工作重心，抓住主要矛盾，避免分散精力和资源浪费，以便把有限的人力、物力和财力优先用于解决最关键、最迫切的问题上。在创业实践的不同阶段，创业目标的侧重点也是有所不同的。首先在创业活动的初期更加侧重于对产品质量、销售渠道以及资金回笼的考量，因为企业初创产品质量不稳定，在消费者心中还没有形成足够的信任度，抵抗市场风险的能力还很低；在创业活动的中期则需要侧重于提高产品质量、扩大产品销售市场以及产品售后服务市场的建立，因为此时企业已经获得一定的成长，要保持这种增长，“物美价廉”的产品是必要的条件，通过良好的售后服务进一步培养消费者对产品的满意度和品牌的忠诚度，扩大企业的潜在目标人群和客户群体；在创业活动的后期需要加强对产品的升级换代和产品服务的进一步延伸，从整体上提升企业的综合实力。因为此时企业在各方面都有了较大的发展，相对已经成熟的无论是生产能力、销售网络、售后服务、研发水平都具备了一定实力，此时更多的是需要了解消费者的需求和市场变化，开发新的产品或服务，为企业发展提供持续动力。

3.1.1.3 科学性原则

只有科学性的目标，才能激发人们的拼搏精神，增强人们的竞争意识。制定目标的科学性原则具体体现在：一是制定目标必须坚持高标准、严要求。每个环节之间，目标链条而不是指标的简单复制，标准高，才能起点高；要求严，工作才能有动力。二是制定目标要着力发掘潜力，提倡竞争，勇于创新。如果目标定得不够科学、太低，使得责任人轻而易举即可实现，就失去了目标管理的作用。唾手可得的目标无法为责任人带来成就感和荣誉感，而且影响人们聪明才智的发挥，压抑人们的创新精神；如果目标定得太高，责任人则无法实现，经过几次失败的打击和挫折，逐渐失去信心和坚持下去的勇气。

3.1.1.4 可行性原则

美国管理学家埃得温·洛克提出了洛克定律：当目标既是未来指向的，又是富有挑战性的时候，它便是最有效的。看看下面这个例子就会更好地理解这个定律了。一群老鼠吃尽了猫的苦头，于是召开全体大会商量对付猫的万全之策，最后还是一个老奸巨猾的老鼠出的主意：给猫的脖子上挂上个铃铛，只要猫一动就有响声，它们就可事先得到警报从而躲起来。这一方案得到了一致赞同。但是在执行的时候却出现了问题，因为没有任何一只老鼠敢于并能够将铃铛系到猫的脖子上。给猫系上铃铛是老鼠们要达成的目标，也许是最好的方法，但它却超出了现实中任何一个老鼠的能力，无法执行和实现。再好的目标如果无法实行，无法实现，就不具有可行性。

可行性原则与科学性原则是一个问题的两个方面，二者是辩证的统一。制定创业目标的可行性原则，要求目标制定必须符合客观实际，在可预期的范围内经过努力能够实现。这样使责任人既充满信心，又不敢掉以轻心。只有这样的目标，才具有较大的激发力。一位企业家说过：如果你给下属 80% 的工作，他的能力会退步，如果你给下属 100% 的工作，他的能力会停滞不前，如果你给下属 120% 的工作，会使他的能力有突破性的进展。也就是说领导者要给下属制定“跳起来够得着”的目标，这样才能使得参与创业的个人能积极地发挥能动性。中国明朝关于“万户飞天”的例子很多人都知道，他的目标是没有错误的，但是在当时的社会下不具备相应的条件，换句话说就是没有可行性，这也就从根本上注定了他的悲壮结局。

3.1.2 制定创业目标的方法

3.1.2.1 四步法

在确定职业目标的时候，通过回答四个问题，发现自身存在的优势和劣势，同时进一步找到如何将自身的优势与社会存在的机会有机地结合起来，从而确立创业的目标。

（1）第一步 我能干什么。

海明威所著《老人与海》由于体现了“人在充满暴力与死亡的现实世界中表现出来的勇气”而获得1954年的诺贝尔文学奖，孤身捕鱼的主人公形象深深地打动了许多人。但是生活中的海明威却因疾病困扰而最终自杀，这也许印证了那句话“人最大的敌人就是自己”。同样当当网总裁俞渝说“当当最大的对手是自己”。历经十年品牌、技术、平台、基础设施的积累，当当网目前的图书年销售额已达到20多亿元，在图书网上零售领域占据半壁江山，并占据整个中国图书市场10%～15%的份额，今年，当当网的目标是将图书零售做到40亿元，但鉴于图书网购市场已逼近增长的天花板，要做成大格局的零售帝国，显然必须要向边界更广袤的百货零售市场转移。而步入2010年，当当网显然吹响了自己进军百货业务的号角。从人才的引进，到网站首页的改版，这一切都意味着当当网将从全国最大的图书商城转变成为全国最大的网络商城。

知人者智，自知者明。也许相对于其他问题，如何客观、准确地自我分析是必须要解决的首要问题，其目的就在于要通过对以往经历的分析总结以期给自己一个准确的定位，要从自己的专业、性格、兴趣、气质、特长、教育背景等诸多方面进行全盘思考，进行深层次的自我剖析。所以在制定创业目标之前，必须认真客观地分析自己，总结出自己的优势和劣势，从而为创业活动打下坚实的基础。

（2）第二步 我想干什么。

每个人都有自己的梦想，也希望通过自己的努力能够实现它，实现自身的价值。在为其奋斗的过程中，也正是这种发自内心深处的意愿，能够给予个人克服困难、不断向前的力量。

福特一生致力于汽车的研发，可是在他成功之前，很多人并不看好他和这个项目，这里面也包括他的父亲。福特的好友爱迪生曾劝说他放弃研究和制造汽车的想法，在他看来这是一项没有前景和毫无价值的计划，为此他还邀请福特到自己的公司来工作。而福特并没有被说服，仍旧孜孜不倦地投身于汽车的研发过程当中，尽管遇到了各种各样的困难，但这一切都没有阻挡福特前进的步伐。

1908年福特研制出了结构简单、坚固耐用、经济实惠的“T型”汽车。该车一下子轰动了美国，成为世界最畅销的汽车，也成为那个时代的标志物之一。到1927年，福特汽车公司总共生产了1500万辆“T型”汽车，平均每10秒钟就生产出一辆，总共为福特汽车公司创造了70亿美元的销售额。半个多世纪后在美联社所做的美国独立200年20件大事的民意测验中，福特和他的汽车公司名列第10，与宇航员登上月球、原子弹爆炸成功相媲美，为全世界所瞩目。

（3）第三步 环境能给我提供什么。

前段时间一个新的职业“酒店试睡员”在网络上炒得沸沸扬扬，对酒店的软硬件服务进行点评、收发和回复用户信件或问题、不定期接受媒体采访、维护个人博客、分享第一手酒店图片与影片，月薪可达万元。这样的“岗位描述”也使得“酒店试睡员”号称中国最舒服的工作。

“酒店试睡员”这个职业的出现绝对是新鲜事物，肯定会给社会大众带来极大的冲击和震撼，这也恰恰证明了一点，那就是任何一种职业都是在一定的环境下产生的，随着时代的变化也会产生兴衰交替。要分析环境的特点、发展变化，自己与环境的关系，自己在特定环境中的地位，环境对自己提出的要求或挑战以及环境对自己的有利条件与不利条件等。只有对这些环境因素充分了解了，才能做出与环境相适应的创业目标，才能做到在复杂的环境中避害趋利，才能在纷繁复杂的环境变化中找到商机，使自己的创业目标得以发展与实现。20世纪80年代末期中国商人敏锐地发现前苏联极度缺乏轻工业产品，于是用500车皮的国内积压轻工业产品换回了前苏联4架中型客机，直到飞机在跑道上降落，还有很多人都不相信这是真的。这看起来不可思议的成功，就源于对环境准确的分析、对商机敏锐地捕捉以及对市场及时的判断。

（4）第四步 如何实现自我与社会对接。

《庄子》中有这样一则寓言：朱平曼喜好剑法，总想练就一身独步天下的绝技。他听说有个叫支离益的人擅屠龙之术，便赶去拜支离益为师，立志将这种人间稀有、世上少见的剑法学到手。他苦学苦练了三年，倾家荡产也在所不惜。终于他的屠龙剑术已炉火纯青，便辞别了老师，开始仗剑闯荡江湖，显姓扬名。然而他四处寻觅却找不到一条龙的影子。其所谓的一身绝技，最终也没有任何用武之地。

这个例子说明了一个最简单的道理，无论个人能力有多么强，如果没有融入社会、没有与社会实现对接，那么到头来也是没有任何价值和意义的。在做这步的时候，要尽可能多地收集相关的信息，按照自己具有的素质能力、兴趣爱好以及自身所处的社会阶层，从易到难地排列出可能与社会实现对接的机会。

3.1.2.2 SMART法

这个方法的名字是specific、measurable、acceptable、realistic、timed这5个单词的第一个字母的汇总，具体应用示例如下。

（1）Specific——明确性。

这一点要求在制定创业目标的时候，要把目标尽可能地量化，不能出现模棱两可或者模糊不清的地方，因为这样无法向企业成员传递清晰的目标信息，会在企业成员中造成思想混乱而无法形成合力使得目标达成。

例如一家快餐店要使得下月的营业额比本月增长5%，这就是一个明确而不会产生疑惑的目标信息。下面的工作就是分析快餐店各个环节哪个做得还不够好，还有多少潜力可以挖掘并总结整改的措施。

（2）Measurable——衡量性。

衡量性就是指目标应该是明确的，而不是模糊的。应该有一组明确的数据，作为衡量是否达到目标的依据以及考核企业成员、实施激励的基本数据。同时通过环比还可以发现企业在一个经营时段内的效益到底是增长还是下跌了。

继续上面快餐店的例子，当店主盘点本月经营状况的时候发现虽然经过努力，本月的营业额比上月增加了5%，但是后厨原料的消耗却比上月增加了15%，消耗的增加远远大于经营额的增长，这个情况是需要调查清楚的。同时顾客留言簿上的投诉比上月降低了3%，这说明在顾客增加的形势下，本店的服务质量没有降低反倒有所提高，这是应该给予奖励的。

（3）Acceptable——接受性。

接受性是指在目标的制定和修正阶段，所提出的目标和改进措施是可以被企业成员所接受的而且是在主动和积极的心态下。很显然如果存在目标制定过高或过低的问题，都会影响企业成员的积极性和主动性，也为企业的发展留下了隐患。

继续上面快餐店的例子，当快餐店和后厨了解为什么原料的消耗会比上月增加15%的时候，后厨发现本店的菜单已经不能满足顾客的需求，这时候他尝试去开发一些新的菜式来吸引更多的顾客，所以在尝试的过程中由于新的烹饪材料和做法使得消耗比上月多了一些，这个行为是应该得到店主表扬的。同时因为顾客享用到了更多新的菜品，对本店的满意度也高了一些，自然投诉也就少了一些，从而实现了一种良性互动。

（4）Realistic——现实性。

现实性指在目标制定和修正的阶段，所提出的目标和改进措施都是根据现实社会条件来制定和修正的。如果制定的目标和提出的修正不是根据现实条件得出而是凭空臆测，那自然不能给企业成员带来足够的激励。

继续上面快餐店的例子，经过一段时间的磨合，后厨的消耗率又基本回到了正常值而此时也基本实现了营业额5%的增长，此时店主又有了新的想法，要在快餐店中增加只有在豪华酒店中才有的法式大餐，想法一经公布就遭到了来自后厨和服务员的质疑。后厨认为现有的烹饪条件和设备很难承揽大餐的加工，服务员认为现有的就餐环境不能使得原来的老客户转为享用大餐，也无法吸引新的客户前来就餐，而且即使有顾客在店里享用大餐，相比快餐而言会降低翻台的次数，在顾客总数基本不变的前提下，会减少自己的收入，这个想法显然是不现实的，而且无法激励快餐店现有的员工为了这个目标而一起努力，是没有意义的。

(5) Timed——时限性。

时限性是指目标是有时间限制的，在制定创业目标的时候要把终极大目标化解成为以一个个小目标，而且为这些小目标设定出具体的时间限制以便督促完成。如果没有完成要立刻检查和回溯各个环节，以便检查出发生问题的地方，从而把损失降到最低。

继续上面快餐店的例子，在店主的苦心经营下，小小的快餐店也发展得具有一定规模。此时店主想进一步扩大经营，实现上规模、上档次的经营理念。店主尝试租赁经营了一家以经营法式大餐的酒店，但是由于店主只有管理快餐店的经验，经营大酒店就需要重新雇用店员，而这个计划最终能否实现，就只能通过一段时间的经营来检验了。如果能够成功最好，如果失败的话就要及时退出，否则不但大酒店只是黄粱美梦，就连发家的快餐店也会搭进去。

3.2 创业方法与创业计划

有一位艺术家曾经说过：世界上不是缺少美，而是缺少发现美的眼睛。同样的道理，这个世界上不存在疲软的市场，只有疲软的商品；世界上从不缺少商机，缺少的是发现商机的眼睛。善于思考和发现是创业成功的基本要素。犹太民族的一位先贤曾经这样说：生而贫穷并无过错，死而贫穷才是遗憾。尤其是终其一生无力消除贫穷、创造财富，更是不可宽恕的。

3.2.1 创业方法的特点

3.2.1.1 客观性

创业方法的选择是伴随着创业计划的实施而展开的，选择什么样的创业方法要基于对目标市场和人群的分析和判断。盲目地、脱离实际地确定创业方法是在创业初期容易出现的一种典型错误。餐饮业是创业的热点之一，在我国由于历史、地理和环境的原因逐渐形成了“南甜、北咸、东辣、西酸”的饮食文化，如果要把其他地方的食物介绍到本地来，那就一定要按照本地的饮食习惯加以改良，在不破坏原来食物特色的基础上按照本地人的喜好加以改进，如果照搬照抄的话，结果往往只能是失败。

3.2.1.2 时效性

从创业计划的实施到结束是一个过程，在创业计划实施的不同阶段对于创业方法的选择也是不尽相同，而且每一种创业方法的使用也是有时间限定的。20世纪80~90年代是我国家电业竞争最为激烈的时候，尤其是电视机生产厂更甚。在我国四川绵阳的长虹集团通过垄断彩电显像管和价格跳水两种方法，促成了电视机企业的业内洗牌，通过一次又一次的价格跳水兼并小企业从而壮大自己，同时利用规模效应的优势取得价格优势再跳水，反复几次使得长虹集团迅速成为国内电视机的龙头企业。而最后长虹集团也在这上面吃了大亏，原因之一就是宏观环境发生了变化，老百姓对电视机的消费基本饱和，长虹集团的规模效应也基本达到峰值，原有的方法已经过时了，真的是“成也萧何，败也萧何”。

2003年底，伴随着“一切由你开始”（You are the one!）的新口号，新浪开始了品牌重构的工程。新浪CEO兼总裁汪延认为：品牌是企业的核心无形资产。今天中国互联网的蓬勃发展令人振奋，而面对全球网络业的发展及挑战，新浪的目标是将自己打造成为中国的著名国际化品牌。中国互联网所面临的市场将越来越大，越来越多元化。所以，品牌再造是国际化品牌竞争的必然。

“一切由你开始”将更加关注用户的使用体验，更加尊重客户和合作伙伴，更加尊重员工的价值。这寓意新浪将以“你”的利益为一切决策思考的基本出发点，将丰富而全面领先的增值服务、真诚而细致的贴心关怀以及充满创新与活力的沟通来满足“你”的需要，让每一个“你”充分感受到尊重与满意，带给“你”更加活泼、愉悦的使用体验。

在新浪的发展历程上，这已经不是第一次改变自己的品牌宣言了，无论是“世界在你眼中”还是“你的网上新世界”、“奔腾不息”，其利益出发点均以销售产品争夺眼球为核心，而“一切由你开始”则说明新浪正在经历着一场从IT网络公司向真正以服务、以客户为中心的公司的转变。而未来全球网络发展的趋势是以产品为导向演变为以顾客为导向，以技术创新演变为服务创新。

显然，这种迎合时代发展趋势、满足消费人群心理变化的企业营销计划是值得借鉴参考的。

3.2.1.3 延续性

在前边论述了创业计划的时效性，这里再谈延续性看起来似乎有些矛盾。实际不然，在创业计划中根据每个阶段的特点选择的创业方法必须有一定的延续性，否则制定的政策不能发挥足够的作用，也不能产生足够的凝聚力和向心力，从而把创业团队紧密地团结在一起。同时质变来自于不断的量变，如果没有足够的量变积累，质变自然无从谈起。所以一旦确认所选择的创业方法有利于创业目标的实施，就要最大限度地为方法的落实提供必要的环境保障和支持。

3.2.2 创业方法

目前比较流行的创业方法有以下五种，创业者可根据创业项目的特点选择适应自己的方法，这样能收到事半功倍的效果。

3.2.2.1 网络创业

网络创业就是利用网络技术和网络资源，为自己的创业活动提供载体，我国第一批创业者大多也都是选择网络进行创业的。目前在我国随着计算机技术和网络技术的普及，网络创业成为创业者越发看重的“宝地”。金融危机的到来促使更多的人选择网络创业，一些白领利用网络创业来贴补己用，一些大学生也利用这个成本低、收效快、周期短的平台，来实现自己的创业梦想。根据统计淘宝网目前每天有5000人在淘宝网上开店，而且这个数字还在不断增长。来自淘宝网的统计数字显示，从2008年9月至今，淘宝上新开店铺每个月近20万家，和2008年上半年每月开店数相比，增幅在60%以上，网络创业热潮汹涌。同时高端群体组成的新卖家群体比例在2008年底有大幅上升，从原来不到1%变成现在的超过3%。这说明越来越多的人选择通过网络进行交易，这也预示着网络市场还有更大的开发空间。

3.2.2.2 加盟创业

加盟创业的种类有很多，基本原理都是利用现有成熟或者是具有潜力的项目，通过加盟获得企业从产品、服务和品牌等方面的支持，从而实现自己的创业梦想。目前服装、餐饮、影视等行业普遍采取加盟的方式，这里着重介绍特许加盟方式。

盖洛普调查显示：90%以上的受许人表示他们的特许经营可算成功或很成功。其中18%的人超越了期望值，48%在很大程度上满足了期望值，24%基本满足了期望值。2/3的被调查者认为，如果他们独自开创相同的产业，他们就不会取得如此的成功。几乎2/3的人表示，如果再有这样的机会，他们还会购买或投资相同的特许经营。实践调查证明：加盟创业的成功率为95.5%，独自创业的成功率为4.5%。

特许加盟之所以有这样高的支持率，主要还是来自其以下几个方面的特点：首先无论是品牌还是产品和宣传都是总部直接负责的，之前还有相关的培训，这样在资金、产品等方面都对创业者要求较低，比自己创业更容易；其次如果是自己创业在遇到竞争对手的时候往往只能独自应付，而加盟创业背后有加盟总部和其他区域的加盟者，这样就可以汇聚更多的力量击败竞争对手，获得更多的市场份额；最后从目前特许加盟的现状来看，只要特许加盟店能够完成总部提出任务量，总部还会给予一定奖励。

3.2.2.3 兼职创业

罗伯特·T·清崎在《富爸爸穷爸爸》中写道：要致富一定要创业，不论你是全职或利用业余时间，都必须马上开始行动，你才能有经济独立的一天。兼职创业是种种创业模式中最早出现的一种，也是应用范围最广泛、应用人群最广泛的创业模式。2002年，在美国人口调查局针对企业主十年一次的调查当中，发现在接受调查的2050万企业主中有将近960万企业主并没有将自己的公司作为主要收入来源。即使是在有足够实力能聘请员工的约560万家公司中，也有将近160万的企业主表示自己的公司并不是主要收入来源，这说明在自己的闲暇时间也是施展创业抱负的重要场所。

从事兼职创业还要注意以下三个方面的问题：首先要积累和积极利用自己掌握的人脉和各种资源，这也许就是关系到兼职创业成败的关键；谨慎选择自己的合作伙伴，兼职创业说到底还是利用闲暇时间开展的，在很多不方便的时候还是需要合作伙伴的，所以在选择搭档的时候还是要三思而后行的；最后还是要做好必要的准备，把各种困难想得充分一些。

3.2.2.4　团队创业

俗话说"一个篱笆三个桩、一个好汉三个帮"，目前随着社会经济活动越发高度发达，一个人想在市场上占有一席之地仅凭自己单打独斗是不可行的了。目前的创业活动已非纯粹追求个人英雄主义的行为，团队创业成功的几率要远高于个人独自创业。尤其对于高科技含量的创业企业而言，一个由研发、技术、市场融资等各方面组成，优势互补的创业团队，是创业成功的法宝。

组建一个好的团队是实现创业目标的关键之一，这样有三方面的好处。首先可以对创业目标有更清晰、一致的看法和理解；在创业活动出现问题的时候，交流和沟通更加直接有效地为问题的解决提供保障；最后每个人都可以在团队中充分发挥自己的作用，同时对团队的发展提出自己的看法和见解。根据相关理论和实践，一个优秀的团队要拥有以下四个方面的要素：

（1）目标：清晰、唯一的目标为团队成员提供有效的激励，并能在创业实践活动中团结理想，明确方向，凝练企业的核心竞争力。

（2）人员：人是诸多生产要素最有活力的要素，说到底创业目标的实现还是要靠每一个团队成员各司其职、共同努力来实现。能够用现代人力资源的角度去考虑每个成员的使用和配备是实现目标的重要前提。

（3）团队定位：团队在社会中处于什么样的位置，与同类型的团队相比又处在什么样的位置以及团队的管理风格、组织方式等等。

（4）权限：设置科学的管理结构、有效的管理幅度是保证团队正常运营的基本条件。一般来说创业团队越成熟，领导者所拥有的权力相应越小，在创业团队发展的初期阶段，领导权相对比较集中。

中美撞机事件后，美国的黑客组织袭击了中国三百多家网站，美国黑客网站甚至叫嚣"要把中国的服务器全部搞砸"，随之而来的就是计算机史上最大规模的黑客攻击事件。此时严望佳统帅的北京启明星辰信息技术有限公司的会议室也是非常的活跃，作为网络安全服务商，在这个时候必须挺身而出，为网络安全提供应急响应服务，最终代号为“网站光明”的反黑客行动也大获全胜，启明星辰也一夜成名。

严望佳总是把成功更多地总结为优秀的团队，她的“六匹马”理论为公司的发展提供了坚实的基础。“六匹马”，分别是“行业前景、公司、上司、商圈人脉、能力、去做”。启明星辰送给员工的第一匹马是为员工描述网络安全行业目前的现状和特点以及未来的发展前景；送给员工的第二批马是公司，勾画一个公司发展的前景，告诉他们启明星辰的现状以及未来，让那些关注自己前途的员工充分地了解公司，取得价值观上的认同；第三匹马是上司，员工的上司将参与到招聘员工的过程当中来，让员工在没有来到公司之前就和其上司进行有效的沟通，愿意共事就留下，不愿意共事公司会提供另外的选择机会，这样员工就能从上司那儿看到自己未来的工作氛围；第四匹马是商圈人脉，公司会为员工提供更广阔没有天花板的舞台，让员工参与到公司的经营中来；第五匹马是能力问题，公司对新来的员工进行系统培训，让员工在很短的时间内就能学以致用；第六匹马是去做，所有的条件公司都为你提供了，最后能否真正成功还在于员工个人做与否。

当然，“六匹马”理论是公司为员工所提供的条件，启明星辰对人才的观点不仅局限于此，在“六匹马”理论的基础上，还进行独特的“相马”和“赛马”。千里马要“相”才能发现，可是大多数真正的千里马却是赛出来的。只相马，也许能找到千里马，但是有可能千里马不跑，如果采用赛马模式，在一定的规章制度条件下让千里马自愿跑起来，跑出来的千里马才是货真价实的千里马。

3.2.2.5 大赛创业

这是目前最为流行的创业方式，很多知名的企业都是通过这个方式诞生的，例如 Yahoo、Netscape 等企业都是从商业竞赛中脱颖而出的。创业计划竞赛起源于美国，也称为商业计划竞赛（business plan competition）。它借用风险投资的运作模式，要求参赛者组成优势互补的竞赛小组，围绕一个具有市场前景的技术产品或服务概念，以获得风险投资为目的，完成一份包括企业概述、业务与业务展望、风险因素、投资回报与退出策略、组织管理、财务预测等方面内容的创业计划书，最终通过书面评审和秘密答辩的方式评出获奖者。

3.3 创业过程与创业计划

创业过程对于创业者而言是一个复杂、多变、充满了不可预知困难的过程，也是最终是否能够实现创业目标的必由之路，在这个过程中，由于创业环境发生的变化，就要不断克服困难、吸收资源，保证创业活动能够按照创业目标所制定的方向发展。创业过程的六项修炼：

（1）激情：没有创业的激情自然不会有任何发展的可能，有了激情才可以去面对创业过程中碰到的种种困难，才可以认真、仔细地进行调研分析，敏锐地把握市场需求的变化和消费者对产品或服务提出的新要求。也只有抱有创业的激情才会使得创业者更加明确创业活动的发展阶段，从而保持创业活动的持续发展。孟加拉国的尤努斯从1976年开始，不断借钱给赤贫农妇，创建孟加拉乡村银行。而且他规定了特有的贷款原则：不用任何抵押，穷人也能贷款，乞丐也能借钱，贷款的偿还率高达99.02%。他证明了：穷人也能创业，创业是人类激情中的普遍因子。

（2）勇气：激情就像是发动机的燃料，可以帮助创业活动一直持续下去，而勇气就像是发动机的润滑剂，可以确保创业者可以用一个好的心态去面对创业活动中的种种挫折和挑战。在西安某高校，几个大学生发现校园里的垃圾是个巨大市场，于是他们把这个发现作为一次创业的切入点并取得了不小的成绩。当然在为创业成功感到高兴的时候，他们也还清晰地记着自己第一次进宿舍收垃圾的时候那些冷眼冷语给他们带来的尴尬和无措，经过一段时间经营，他们发现单纯的废物回收并没有太多的利润，于是他们又把目标转向废物再利用上，这也帮助他们实现了创业的第二次腾飞。可以想像在他们刚刚开始的时候要肩负多重的心理负担，但是他们也扛过来了，也实现了自己的创业目标，他们的勇气值得钦佩。

2003年12月，中华人民共和国信息产业部产品司、中关村科技园管委会在人民大会堂隆重庆祝中星微电子公司的“星光中国芯”销量突破1000万枚。作为中星微电子有限公司的掌舵人，邓中翰从创业之初就把注意力集中在芯片领域。同时他认为：美国已经成为芯片大国，韩国在储存芯片领域占有非常重要的地位，中国的芯片产业不能与这些国家搞正面竞争，需要寻找有潜力的新的市场机会。基于此他把目光放在了数字多媒体芯片领域。

从2001年的“星光一号”到2003年的“星光五号”，实现了具有中国独立知识技术产权并拥有七大核心技术，产品一经发布立即被国际知名品牌罗技、惠普、三星、富士通等广泛应用，占据了世界同类芯片绝对领先的市场份额。而邓中翰本人也在2009年被增选为最年轻的中国工程院院士。

（3）理念：这是创业活动的精神支撑，也是创业者的精神家园，这里寄托着创业者的梦想和价值追求。对于想要创业的人而言要先回答一个问题，那就是为什么创业，为名、为利还是想在社会中实现自己的人生价值呢，如果这个问题没有明确的认识，那么他的创业之路也就走不了多远。有一位大学生毕业选择卖饼作为自己创业的开始，在她摊位的橱窗上写着这样一句话：梦想与现实之间，只是多了行动的间隔。

“你就是公司”，这可以说是惠普公司经营哲学最成功、最动人之处。美国惠普公司有这样一个传统，就是设计师正在设计的东西，无一例外全部摆在办公桌上，公司员工可以在任何时候随便走进办公室，对设计师的设计进行摆弄，甚至可以无所顾忌地对这些正在发明的东西“百般挑剔”。“邻桌原则”也是惠普公司首先提出来的，它鼓励每个员工在自己工作的同时，看看邻桌的人正在干些什么，是不是遇到困难了，想想自己是不是有更好的办法能帮他们顺利解决难题。每个人都想突出自己，尤其希望通过施展才华来突出自己。惠普公司正是把握住员工的这个心理，把每个人的能动作用都提到“你就是公司”这样一个最高境界，这样，它的员工都做出了超越其职责所要求的成功努力。

（4）专注：做事专注是成功的一个基本前提，尤其是在创业过程中，不少困难和诱惑都会使创业者分散注意力，不能全身心地投入到创业活动中去，这也是不少创业失败的原因所在。当今中国提起 QQ 这个网络即时通讯工具恐怕是无人不知无人不晓，业内人士在总结腾讯成功的原因时，更多的都把成功的原因归结为腾讯总裁马化腾的特点——专注。腾迅 5 年都在做而且只做完善和规范 QQ 服务的工作，是国内唯一专注从事网络即时通讯的公司，这也使得腾讯笑到最后，击败了其他竞争对手建立了属于自己的企鹅帝国。同样网络新贵陈天桥在总结自己成功的经验时，也说道：“我和 99% 的中国青年有着相同的人生经历。喜欢玩游戏并不纯粹是件坏事，关键是要玩精。我就是从玩游戏玩出创业灵感的。大学生创业完全可以从身边找到灵感，找到机遇。但无论做什么，第一要专注，第二要注意节奏。”

（5）执行力：《圣经》中有这样一个故事：耶稣带着他的门徒彼得远行。途中他们发现了一块破烂的马蹄铁，耶稣让彼得把这块马蹄铁捡起来，但彼得懒得弯腰假装没有听见。耶稣自己弯腰捡起了马蹄铁，用它在铁匠那儿换来 3 文钱并用这些钱买了 18 颗樱桃。出了城师徒二人继续前行。他们经过的是茫茫荒野，土地干涸。耶稣猜到彼得渴得厉害，就把藏在袖子里的樱桃悄悄地掉出一颗。彼得一见樱桃赶紧捡起来把它吃掉。耶稣边走边“掉”樱桃，彼得也就只得费力地弯了 18 次腰。耶稣笑着对彼得说：“如果一开始你能按我要求的做，你只要开始时弯一次腰就行了，就不会在后来没完没了地弯腰了。”彼得因为没有按照耶稣的要求去做，所以给自己带来了很大的麻烦，不得不弯腰 18 次。如果他一开始就能“落实”耶稣的指示，他只要弯一次腰就行了。

具有执行力是创业成功的有力保障，简单地说就是要求参与创业的人可以保质保量按时地完成自己的任务。中国古语说“师傅领进门、修行在个人”，从事创业活动往往没有太多的经验可以借鉴，即使有也会因为时间、地点、任务等因素的不同而变得比较复杂，这就使得创业活动中具有很多的不确定因素，为了保证创业目标的实现，就要求创业者能够根据创业目标和已经掌握的技能和资源灵活应对而不是一味地等待指示和支援。

《致加西亚的信》中的主人公罗文没有询问诸如“加西亚在哪里、哪种方式可以与他取得联系”等问题，而是通过他不畏艰险的敬业精神，完成了把信送给加西亚的任务。创业活动中就需要“将信送给加西亚”的人，他们积极主动、坚韧不拔并且值得信赖。他们以高度的荣誉感和坚决的执行力保证目标最终能够实现。

（6）学习力：其实质就是通过收集社会上存在的各种信息并通过筛选为自己所用的过程。这个说起来容易但要真正做好可就没有那么容易了。首先现在是信息时代，每天出现的信息以几何级数增加，要想收集到所有的信息几乎是不可能的事情，“信息爆炸”就是最好的形容；其次信息的实质总是被一些表象所掩盖，有些甚至真假难辨，如果不经过认真的分析和判断就有可能得到错误的信息；最后学习是人的主观意愿，而且人的精力总是有限的，一时一刻的学习谁都可以做到，而要持之以恒就没有那么容易了。

3.4 创业结果与创业计划

创业结果应该是创业计划实施的产物，二者一致则说明创业活动成功，相反的话则说明创业计划在某个环节上出现了问题，还要修正和改进。下面按照创业结果是否为创业计划所预期分为两种情况分析。

3.4.1 创业结果与创业计划一致

这个结果最起码可以证明创业计划取得了初步的成功，创业者之前对自身、社会环境等方面的分析是基本正确的，所采用的创业方法和确立的创业目标也是可行的，但这并不意味着创业者就可以坐在成功的“安乐椅”上坐享其成了。一方面市场变幻迅速而且复杂，稍不留神目标市场和消费人群就会发生很大的变化；另一方面创业活动是一个运动变化的整体，任何一个环节出现了问题都有可能导致不可挽回的后果，正所谓“蝼蚁之穴可溃千里之堤、足趾之疾可丧五尺之躯”，此时还远远没有达到胜利的最终结果。

20世纪90年代，某某口服液在那时众多的保健品竞争中独树一帜。在广告策略上它在中央电视台及一些中心城市电视台购买了大量的非黄金时间的广告段位，用以播放拍得并不精美却充满了语言诱惑的产品系列形象片，在广告传达上也极为大胆和富有创造性地走出了一条“让专家说话，请患者见证”的道路。此公司首创了专家义诊的行销模式。在中心城市，每到周末，此公司就会聘用一些医院的医生走上街头开展义诊活动，而其主旨则依然是推销口服液。到后期，此公司更把这股义诊风刮到了乡镇、农村。以至于当时每一个来到乡村的人都会十分吃惊地发现，在中国大地的每一个有人烟的角落，都几乎可以看到此公司的墙体广告。以区区 30 万元，在短短三五年之内，便开创了资产达 40 多亿元的“帝国”基业。在某某口服液走红的巅峰时期，一年的销售额超过了 80 亿元，这是一个在当时非常惊人的数字。

就在这时一个意外发生了，一位老人在服用了某某口服液后死亡，医院最终诊断为“药物高蛋白过敏症”，后来其家人把此公司告到了常德中级人民法院。常德中级人民法院作出此公司败诉的一审判决，要求此公司向死者家属赔偿 29.8 万元。到此时由于各种原因常德一案已引起了国内媒体的普遍关注。一审判决后当即有 20 多家媒体进行了密集的报道。随后此公司的全国销售量急剧下滑，月销售额从数亿元，一下子跌到不足 1000 万元，6000 名员工放假回家，口服液的库存积压达 2400 万瓶。

一家年销售额曾经高达 80 亿元——迄今中国尚无一家食品饮料或保健品企业超过这一纪录，累计上缴利税 18 亿元、拥有 15 万员工的庞大“帝国”就这样轰然倒塌淡出人们的视线，竟听不到一声惋惜和同情，这一事件也成为中国保健品市场由盛到衰的标志。

人们后来研究此案例的时候，认为问题出在当销售市场大幅度的提高时，没有对原有的运行计划做出相应的调整，有关的管理和监督没有跟上，使得企业在高风险状态下运行，加之在设计方案的时候没有对可能出现的危机做出相应的准备，在危机出现的时候没有及时处理，使得企业错过了最后一次挺过危机的可能而最终无可挽回。

3.4.2 创业结果与创业计划不一致

这个结局是创业者最不愿意看到的，因为这只能说明创业计划是不成功的。其实这也没有什么，最近四川大学发布了《我国本科毕业生创业失败的原因调查与对策研究———基于四川大学最近十年的实例分析》，在其调查的 156 个创业团队中除了 17 个还在创业初期，无法判断创业成败以外，131 个完全失败，而成功的只有区区 8 个，即使在美国，创业失败的比例也是相当高的。但是换个角度看，这样的结果还是有些用处的。首先，可以帮助创业者从另外的角度来分析自己创业活动失败的原因在哪里；其次，在下一次创业的时候可以把每个环节考虑得更加仔细和周到，提高成功的几率。最后也是最关键的一点，这种经历可以磨炼创业者的意志，提高他们抵御失败和挫折的能力。

3.5 创业变化与创业计划

2009 年中国商务部宣布禁止美国可口可乐公司收购中国汇源果汁公司，随后可口可乐表示遗憾，不会再继续寻求收购。可口可乐是老牌的碳酸水饮料生产厂家，经典的可口可乐饮料已经不单是一种饮品，而更多地被赋予了所谓的“西方文化”色彩，历史上联邦德国和民主德国合并后柏林墙被推倒。第一批通过柏林墙送往民主德国的就是可口可乐，足见在西方人的眼中这瓶汽水有多么大的影响力。而时至今日碳酸水老大欲兼并一个果汁企业，仔细分析实际上可口可乐早就涉足果汁市场了，这正是给予对市场变化所采取的相应计划。

创业变化对创业计划而言是不可避免的，两者相辅相成。因为无视创业变化而制定的创业计划是没有根据的，自然不会成功。没有创业计划，没有事先的准备，“临渴掘井”是绝对不会成功的。这里把创业变化分为外部环境变化和内部环境变化两个部分，其中外部环境变化主要包括科技变化、消费行为变化、政治与法规变化、社会和人口结构变化以及产业结构的变化，而内部变化则主要指创业者的心理变化。

3.5.1 外部环境变化

这种变化最为明显的特征就是具有极强的客观性，而且往往变化得非常快，对创业活动的影响非常快而且很直接。

3.5.1.1 科技变化

这种变化往往是革命性的，如果不能对这种变化做出及时准确的判断，那么将会使得企业在以后相当长的时间内处于不利的局面。二战结束后，美国和苏联都在研制体积小、便于携带的微型计算机，当时计算机的主要部件是晶体管，前苏联科学家认为只要能够研制出更加微型的晶体管，自然也就可以制造出微型计算机了，所以苏联专家们“一往情深”地去研究微型晶体管了。而此时美国的科学家们则敏感地意识到了集成电路才是下一个计算机时代的方向，因此他们另辟蹊径，把更多的精力放在了集成电路的研制上，最后的结果一目了然，美国的计算机水平远远地领先苏联，美国拥有 IBM、AMD、苹果、英特尔、惠普、微软等诸多世界级的计算机巨头而苏联或者说现在的俄罗斯又是怎么样的呢，正所谓“一步错、步步错”啊。

3.5.1.2 消费行为变化

这种变化与科技变化相比周期比较长，带来的结果也是在很长一段时间内才能发现的，但是带来的结果是一样的且不可逆转。说起“青岛大包”因其皮薄、味美、馅嫩而名扬岛城，青岛人老少皆知，更给许多青岛人留下了美好的回忆，20 世纪 90 年代是其鼎盛时代，那个时候买包子的队伍“首尾不相望”。它曾连续 10 年被列入青岛 10 大名小吃的名单，可是到 2003 年底当地报纸发起了一项评比岛城 10 大名小吃的活动，“青岛大包”首次跌出了前 10 名，现在更是很少发现“青岛大包”的身影。在感叹的同时来分析这种变化，不难看出由于老百姓生活质量水平提高了，饮食习惯也随之发生了变化，以往单一的馅料已经远远不能满足老百姓多样化的饮食需求了，所以要振兴“青岛大包”就必须以老百姓新的饮食习惯、口味为基础，调配出新的馅料和产品以期重新勾起大家的“食欲”。

消费是一个过程，市场营销学中有一个 AIDMA 理论，即：注意—兴趣—欲望—记忆—行动，就是说让消费者产生购买行为首先要让消费者注意，如果消费者没有注意产品就没兴趣，没兴趣就不会记住产品所属的公司，自然也就不会产生购买行动，因此引起消费者的注意是企业做市场的第一任务。注意不代表兴趣，即使注意但不感兴趣也不会有最后的行动。同样的道理，仅有欲望没有记忆或者有了记忆没有最终的刺激都不会有最后的行动。这就要求企业一步一步地引导消费者，加强对消费者的教育。任何一个环节都不能让消费者流失，不然之前的努力就会打了水漂。

更进一步在网络环境下消费者的行为发生了巨大的变化，业界出现了 AISAS 理论：注意—兴趣—搜索—行动—分享，与 AIDMA 理论不同的是当消费者对某个产品有了兴趣以后，就会上网搜索了解媒体的评论、其他消费者的消费体验以及形成的口碑，根据了解的信息做出判断产生购买行为。消费行为并没有到这终止，消费者消费完后还会与其他人分享，将产品的消费体验告知他人。这也正是为什么各大企业商户都会在网络上设置论坛的根源所在了。

3.5.1.3 政治与法规变化

这种变化具有最强的刚性，可以在很短时间里完全改变原有的社会环境，使之发生翻天覆地的变化，同样在制定创业计划的时候要对发生这种变化给予足够的重视并研究相应的预案以备急需。世界上绝大多数国家对于贩毒、吸毒的惩罚是很严厉的，而在荷兰当毒品合法化之后，毒品在药店可以买到，价格自然大幅下落。毒贩子再勾引青少年吸毒就没有经济利益，于是毒贩子绝迹。荷兰政府甚至自掏腰包为最穷的瘾君子供应毒品。这么一来，荷兰的吸毒人数大为下降也就不足为奇了，荷兰青年吸毒的比例远低于欧洲的平均水平，近二十年里荷兰吸毒者的人数一直都基本维持在二万左右。但是这种逻辑和治理贩毒的方法显然不适应我国的基本国情，自然也就不可能在我国实施了。

3.5.1.4 社会和人口结构变化

这种变化直接影响商品市场和目标人群，在一定时间内对创业的影响是比较稳定的，如果能够在变化来临之前做出正确的判断，自然也就可以在这个周期内获得稳定的回报。随着中国人口老龄化趋势的加快，内地老年产品和服务出现巨大需求，养老服务业正发展为朝阳产业，目前中国老年用品市场缺口达 5 千亿元人民币。中国老龄工作委员会袁新立副主任在此前表示，根据对 2003 ~ 2005 年中国老年市场需求调查显示，老年用品市场需求每年在 6 千亿人民币以上，但市场上仅能提供 1 千亿元的商品，其中纯老年用品仅为 500 多亿人民币，其他 400

多亿元为代用品。目前中国已步入老龄化国家行列。据调查中国60岁以上的老年人口高达1.4亿，占总人口的11%，并以每年3%的速度增长。预计未来15年内平均每年增加660多万。中国目前养老服务业发展明显滞后，远远不能满足老年人的需求，不足以应对未来人口老龄化高峰的挑战。国际统计的老、残辅助用品及设备有3千余种，而中国市场上能够见到的不足千种，大多数产品难觅踪迹。这么大的市场，有心的创业者还在等什么呢？

3.5.1.5 产业结构的变化

这种变化是社会经济发展的必然产物，是描述产业结构的构成及各产业之间的联系和比例关系。其具有明显的周期性规律，通过观察和分析能够较好地发现和把握。二次世界大战结束后，主要发达资本主义国家产业结构中第三产业的比率不断攀升，目前可占到60%～80%之间，而我国在改革开放前第三产业的发展远远落后国外发达国家水平，所占比例也是微乎其微的。改革开放后，随着人民生活水平的不断提高，以服务业为主的第三产业获得了迅猛的发展，在产业结构中所占的比例也有大幅度的提升。目前以服务业为代表的第三产业也是创业投资的热门行业，可以预测在未来随着我国的GDP达到中等发达国家水平的时候，第三产业又会得到一次空前的发展，这自然也是一个大大的市场和机会。

3.5.2 内部环境变化

内部环境变化一般指创业者的心理变化，与外部环境变化相比其具有隐蔽性、爆发性、包容性三个方面的特征。心理变化对创业者的影响是极为直接和深远的，在很大程度上能够决定创业的成败。

隐蔽性：这是与外部环境相比最大的不同之处。外部环境变化可以通过收集有关信息、逻辑推理等方法预先感知，而对于心理变化在开始的时候往往是很微妙的变化，如果不细致观察通常是很难发现的。

爆发性：在隐蔽性的掩盖下，创业者的心理变化在一点一滴地积累，如此一来当这种积累达到一定量的时候就会产生爆发。这种爆发好的方面可以帮助创业者渡过难关取得胜利，另一种就是彻底击垮创业者，使其一蹶不振很难再有所作为。

包容性：心理的变化会受到来自各个方面的影响，在没有达到峰值的时候，创业者可以把它包容起来，这也是每个创业者形成自己与众不同创业心理的必由之路。这种包容性可以使得创业者心理更具弹性，提高抵御挫折失败的能力，是非常重要和有效的。

3.6 有效说服

有效说服是创业计划实现的重要手段和实现途径，有效说服既能够把创业成员凝聚在一起也能改变创业发展的不利局面，当然有效说服不单单指语言的交流，它的外延要比这个广泛得多。

耐克公司为了帮他们的产品在篮球场上站稳脚跟，经过多次筹划之后耐克向乔丹和他的父母赠送了一笔出人意料的厚礼，这份厚礼是一小盘制作精美的电影胶片。整部影片是一首取名为“跳跃”的歌曲。在歌曲声中乔丹在篮球场上优美潇洒的身姿动作被制作为精美的画面，配上歌曲的演绎令人惊动。这盘优秀的MTV使乔丹第一次真正意识到他在场上多么激动人心，多么富有感染力，他第一次深深地被自己打动了。乔丹看完这部MTV后非常激动，决定马上与耐克公司签订合约。

事情并没有就这样结束，在正式签约的前几周耐克公司一方面赶制新鞋，一方面加紧制作新的广告。因为赶时间，耐克公司来不及设计一双全新的鞋子。他们只是对已有的一种运动鞋的颜色稍做了些改动，由于这双鞋与全队服装不协调，NBA联盟仲裁斯坦恩对乔丹开出了罚单。乔丹在第一场比赛中因穿飞人鞋上场而被罚款1000美元、第二场被罚2000美元、最终罚款额涨到了5000美元。当然耐克要为此买单，他们因此前后支付了百万的罚款，但耐克却因此而受到了启发，他们的广告就是一个大大的“X”，上面是一双三色鞋，接着是“禁止”的字样，人们的好奇心因此被激发出来，大家都蜂拥到商店去购买这款被禁止的飞人乔丹鞋。伴随着乔丹的成名，耐克也成为世界著名的运动服装生产商。

有效说服的方法有以下几种：

（1）情景模拟。

这个方法可以使得被说服人在最大程度上与说服人产生“共鸣”，使得被说服人产生亲身感受事情发生时主人公的感受，有了这个共通的基础，说服起来就更加容易一些。解放战争时期在解放区放电影《白毛女》，广大老百姓看了以后痛哭流涕，加深了对吃人旧社会的仇恨和对新生人民政权的拥护，甚至有解放军看完了电影下意识地拿起枪要打死影片中的黄世仁。通过这一点就不得不钦佩编剧和导演的功力深厚了，牢牢地把握住了观众的情感，继而形成了强烈的共鸣，自然教育目的也就达到了。

（2）言行合一。

中国有个成语是“言传身教”，如果能够达到这个境界，对于被说服者的影响是极为深刻和持久的。在古代有一个爸爸不赡养自己的老父亲，和媳妇商量后用一个推车把老父亲推到郊外扔了，正准备往回走的时候，他的儿子扶起了爸爸的手推车往回走，爸爸很是不解，就问自己的儿子为什么要推车子，儿子说现在爷爷老了，你不养他，等你老了的时候，我也用这个车把你推出去扔了，此话讲完爸爸的脸上红一阵、白一阵，随后把自己的老父亲扶上车推回家好好赡养了。也许这个事情只是个传说，但是反映出的道理确实是清晰而深刻的，如果希望别人能够做到的，自己就首先要做到。

（3）权威论证。

如果一起官司需要判决，当介绍主审法官具有这样那样的职称、头衔，那么无论原告和被告都会对法官的公正性和判决的公平性持有更高的可信度。同样现在走进医院，就会在最显眼的地方看到对该医院的介绍，尤其是它拥有多少先进的医疗器械和多少知名的医护专家以及实施了多少例复杂的手术等等。这一切无非是要让就医者对医院产生足够的信赖，积极配合医生的治疗。为了迎合大众的心理惯性，现在就连给药品做广告也要找一些身穿白褂、眼架眼镜、头发花白的人来扮演所谓的“专家”、“名医”。这一切都说明在碰到难题尤其是凭借自身力量无法解决的时候，人们往往把希望寄托在具有公信力的第三方，由他们做出的判断和结论也是能够被绝大多数人所接受的。

（4）互惠互利。

说服别人按照自己的计划去办事，实际上就是直接或间接地从人家那里获得便利或者更直白一些就是获得利益。如果能在保证自己利益不受损失的前提下，又帮助他人取得利益，这种结果是最优解，也就是经常提起的“双赢”策略。有些超市在收银台也卖报纸，消费者结完账后往往都会有点零头，装起来容易丢，也没有什么大用处，但也舍不得丢，而这恰恰和一份报纸的价钱差不多，阅读报纸又是不少人的生活习惯，如果单纯依靠增加发行点和雇用更多的发行员又会大大增加报纸的成本，超市人流密集、设点成本较低，就这样报纸和超市找到了共同点。

思 考 题

3-1 试用图表将你的创业目标进行分解。

3-2 如果你是本书中提到的“状元屠夫”，你会继续创业还是去学校任教，说明原因。

3-3 假如你负责经营一家养鸡场，现在是禽流感时期，你如何将损失降到最低？

3-4 你负责公司的销售总监要离职，你如何挽留？

4 大学生创业团队的组建

4.1 大学生创业团队是动态化的社会实体

团队创业是现代创业活动中最常见的形式，迈耶1980年在成功高科技企业的调查发现，超过2/3的公司有两个或者更多的合伙人。在我国2003年的一项调查也发现，在创业活动中，合伙创业的比率高达60.5%，独自创业的比率为39.5%，这表明企业家们也更倾向于团队合伙创业。通过实证研究结果表明，创业团队比个人创业家更能解释创业绩效。树立崭新的团队创业理念，对于当代大学生成功创业具有重要意义。

4.1.1 何为"创业团队"

所谓创业团队，业界并没有统一的概念。沃森等（1995）定义创业团队为两个或更多的个体联合成立一个企业或事业，同时又一起运作。库珀和戴利（1997）认为创业团队要求每个成员必须有一定的可以共同分享的投入或承诺。南京审计学院汪良军认为，创业团队就是指两个或两个以上的个人联合创建一个企业，并且他们在新创企业中拥有各自的股份。在此基础上，美国伊利诺伊州立大学莱昂博士（2002）提出了一个相对比较全面的创业团队概念，他认为，创业团队是由两个或两个以上的人组成，他们对企业的将来负责，拥有共同的财务或其他方面的义务，他们在完成共同目标的工作中相互依赖，他们对创业团队和企业负责，在创业的初期（包括企业成立时和成立前）处于执行层的位置，并实行企业的主要执行工作。

4.1.2 创业团队的构成要素

一支创业团队可以称为团队，需要具备几个重要的构成要素，简称为5P：

（1）目标（Purpose）。

团队应该有一个既定的目标，要有一个合乎逻辑又超出想像的愿景，为团队成员导航，鼓舞团队成员士气，没有目标，这个团队就没有存在的价值。目标实现过程中，大目标可以分解成小目标，再具体分到各个团队成员身上，大家一一落实，合力实现这个共同的大目标。同时，目标还应该通过交流沟通，实现有效传播，让团队内外的成员都知道这些目标，成为激励和引导所有成员为这个目标而工作的动力。团队必定是以达到一个既定结果为最终目标，共同的目标是团队区别于群体（Group）的重要特征。

1886 年可口可乐成立时，可口可乐平均每天卖出九瓶，而今天，全世界一百五十五个国家的顾客，平均每天喝掉三亿九千三百万瓶可口可乐。百年历程，可口可乐经历了无数次的市场洗礼与变化，什么是它不变的动力？可口可乐在它的“承诺的目标”中，清楚地表明了这一点：可口可乐存在，是为了使每一个从事可口可乐事业的人获得物质利益与精神振奋（The Coca-Cola Company exists to benefit and refresh everyone who is touched by our business）。由此，可口可乐获得了它稳定而永不改变的理念：“当我们能够使员工快乐振奋而有价值，我们就能够成功地培育和保护我们的品牌，这就是我们能够持续地为公司带来商业回报的关键!”

团队目标的制定可以参考 SMART 原则。所谓 SMART 原则，是目标管理（MBO）的一项重要内容，由管理学大师 Peter Drucker 在他的著作《管理实践》（The Practice of Management）一书中首先提出。所谓 SMART 原则，即是：

1）目标必须是具体的（Specific），即要用具体的语言清楚地说明要达成的行为标准。明确的目标几乎是所有成功团队的一致特点。很多团队不成功的重要原因之一就是因为目标定得模棱两可，或没有将目标有效地传达给相关成员。

2）目标必须是可以衡量的（Measurable）。衡量性就是指目标应该是明确的，而不是模糊的。目标的衡量标准遵循“能量化的量化，不能量化的质化”原则，应该有一组明确的数据，作为衡量是否达到目标的依据。

3）目标必须是可以达到的（Attainable）。目标是要可以让执行人实现、达到的，团队成员要参与目标的制定，要尊重团队成员的意见，既要使工作内容饱满，也要具有可达性。可以制定出跳起来“摘桃”的目标，不能制定出跳起来“摘星星”的目标。

4）目标必须和其他目标具有相关性（Relevant），指实现此目标与其他目标的关联情况。如果实现了这个目标，但与其他的目标完全不相关，或者相关度很低，那这个目标即使达到了，意义也不是很大。

5）目标必须具有明确的截止期限（Time-based），指目标的实现是有时间限制的。

（2）人（People）。

人是构成团队最核心的力量。2 个（包含 2 个）以上的人就可以构成团队。目标是通过人员具体实现的，所以人员的选择是团队中非常重要的一个部分。在一个团队中可能需要有人出主意，有人定计划，有人实施，有人协调不同的人一起去工作，还有人去监督团队工作的进展，评价团队最终的贡献。不同的人通过分工来共同完成团队的目标，在人员选择方面要考虑人员的能力如何，技能是否互补，人员的经验如何。

如何激活团队中每位成员的能力和活力，让有才能的人愉快充分地发挥潜力创造，是每一家成功企业都着重考虑的力度点和活力源。李彦宏2000年创立百度公司伊始，百度的办公室就开始提供免费早餐，虽然不过是白粥茶鸡蛋，但让早上爬起来就上班的年轻人不至于一个上午饿肚子；2004年年初百度搬入现在办公的理想国际大厦，大厦里面不让做饭，百度就在大厅里摆上了咖啡机，开始提供免费咖啡。此外，如格力“员工的每一件小事都是企业的大事”、明基“员工是企业的守护神”、松下“全员式经营，共存共荣经营”等理念的提出和坚持，都是企业尊重个人、肯定个人尊严的典范。

（3）团队成员的角色定位（Place）。

团队成员的角色定位即明确个人在团队中的主要职责及担任的职务。剑桥产业培训研究部前主任贝尔宾博士提出了著名的贝尔宾团队角色理论，即一支结构合理的团队应该由实干家、信息者、协调者、监督者、推动者、凝聚者、创新者和完美主义者这八种角色组成，并达到综合平衡。团队成员可以按照自身条件进行角色认定，当然也可以在实践中担当其他角色。

良好的角色定位几乎是所有的常青藤和卓越公司所必备的条件，是人力资源管理（HR）的最高境界。有人简单认为，单纯的角色分工就是角色定位，实际上这只是角色定位的前提，只有体制环境才是产生角色定位的决定性环境。此外还有组织系统环境和时间环境，角色是指在一定系统、一定时间条件下的角色，组织对角色能力的要求是不断变化的，时间因素常常被很多人不知不觉地忽略，如果因为今天是不可代替的角色而不思进取，最终可能会被淘汰。

不可替代性是角色定位的根本特征。在一定的组织环境下和特定的时间段，决定角色的不可替代性取决于以下三个环节：

1）角色能力：这是不可替代性的核心，角色能力不强，就谈不上角色定位。进行角色定位首先要关注人力资本的角色能力，并确立尊重、激励和强化这种角色能力的流程和制度，以鼓励每个人强化角色能力并朝某一角色方向定位。

2）角色权力：角色不对某一权力负责，不对某一人负责，只对角色事务和角色原则负责，对于拥有出类拔萃的角色能力的人员，他拥有根据角色原则下最高的事务处理权力，也就是“角色终决权”。

3）角色责任：角色承担角色权力对应下的最终和最高的责任。“首长负责制”就是典型的角色责任原则。角色责任的最高体现，是“引咎辞职”制度或“首长罢黜制”。

（4）权限（Power）。

团队当中领导人的权力大小跟团队的发展阶段相关，一般来说，团队越成熟领导者所拥有的权力相应越小，在团队发展的初期领导权相对比较集中。团队权限关系的两个方面：1）整个团队在组织中拥有什么样的决定权？比方说财务决定权、人事决定权、信息决定权。2）组织的基本特征。比方说组织的规模多大，团队的数量是否足够多，组织对于团队的授权有多大，它的业务是什么类型。

全球最大的网络解决方案供应商之一思科在处理员工权限的时候，遵循这样的法则：对员工高度信任和充分授权，使员工能够面临更多的挑战，而不是一成不变的工作。思科的激励机制也努力调动员工的积极性。在思科，没有员工会懈怠，也没有人能坐享其成。有人说，全世界工作最繁忙的是思科人，但思科人也是全世界最自由的，他们不必在框架的约束下工作，而是自己给自己安排日程表。这种充满热情、进取的企业文化，也是思科能够不断取得成功的原因。

在索尼，流传着这样一个故事：有一天晚上，索尼董事长盛田昭夫按照惯例走进职工餐厅与职工一起就餐、聊天。他忽然发现一位年轻职工郁郁寡欢，满腹心事，闷头吃饭，谁也不理。于是，盛田昭夫就主动坐在这名员工对面，与他攀谈。几杯酒下肚之后，这个员工终于开口了："我毕业于东京大学，有一份待遇十分优厚的工作。进入索尼之前，对索尼公司崇拜得发狂。当时，我认为我进入索尼，是我一生的最佳选择。但是，现在才发现，我不是在为索尼工作，而是为科长干活。坦率地说，我这位科长是个无能之辈，更可悲的是，我所有的行动与建议都得科长批准。我自己的一些小发明与改进，科长不仅不支持、不解释，还挖苦我癞蛤蟆想吃天鹅肉，有野心。我十分泄气，心灰意冷。这就是索尼？这就是我的索尼？我居然放弃了那份优厚的工作来到这种地方！"这番话令盛田昭夫十分震惊，他想，类似的问题在公司内部员工中恐怕不少，管理者应该关心他们的苦恼，了解他们的处境，不能堵塞他们的上进之路。之后，索尼公司开始每周出版一次内部小报，刊登公司各部门的"求人广告"，员工可以自由而秘密地前去应聘，他们的上司无权阻止。在索尼公司实行内部招聘制度以后，有能力的人才大多能找到自己较中意的岗位，而且人力资源部门可以发现那些"流出"人才的上司所存在的问题。

（5）计划（Plan）。

计划的两层面含义：1）目标最终的实现，需要一系列具体的行动方案，可以把计划理解成目标具体工作的程序。2）提前按计划进行可以保证团队的进度。只有在计划的操作下团队才会一步一步地贴近目标，从而最终实现目标。

结合上述几个对创业团队概念的论述和构成要素的内容分析，我们可以对创业团队进行如下定义：

创业团队是由两个或两个以上的人组成的，在理念一致的基础上具备一定的经营目标，拥有明确的行动方案，进行了清晰的职责划分和角色定位，可以获得合法收益并相互承担责任的动态化的社会实体。

通过这个定义，我们可以得出以下结论：

1）创业团队是一种特殊的社会实体，它既不同于着眼于短期绩效的工作组，也不同于一般意义上分散的社会群体。

2）创业团队的成员由共同的理念和经营目标所凝结，其工作绩效要大于所有成员工作绩效之和。

3）创业团队的组建对于创业成功具有重要价值。

4）创业团队自始至终应保持开放姿态，以灵活应对创业外部环境的变化。

4.1.3 创业团队组建的基本原则

不同的创业者在共同的创业愿景鼓舞下，形成了创业团队。搭建一支优秀的创业团队对任何创业者而言，都是一项至关重要的工作，是保证创业团队沿着共同目标，求同存异，最后实现团队愿景的组织保证（图 4-1）。成功的创业团队存在很多共性，一般而言，主要有以下几点：

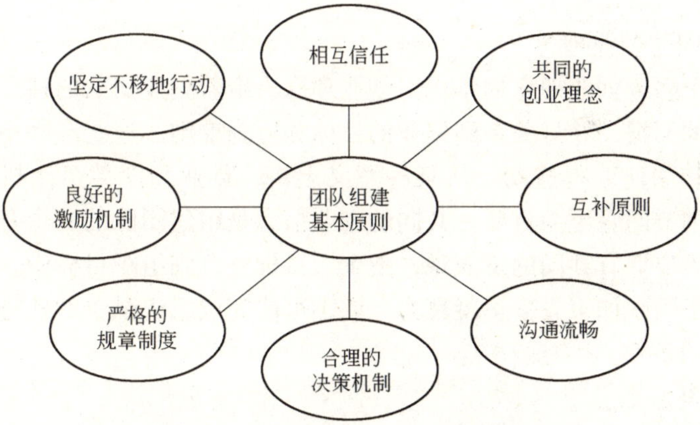

图 4-1 创业团队组建的基本原则

（1）相互信任。

要建设一个具有凝聚力并且高效的创业团队，第一个且最为重要的一个步骤，就是建立相互信任。这不是任何种类的信任，而是坚实地以人性脆弱为基础的信任。

这意味着一个有凝聚力的、高效的团队成员必须学会自如地、迅速地、心平气和地承认自己的错误、弱点、失败、求助。他们还要乐于认可别人的长处，即使这些长处超过了自己。

以人性脆弱为基础的信任在实际行为中到底是什么样的？像团队成员之间彼

此说出“我办砸了”、“我错了”、“我需要帮助”、“我很抱歉”、“你在这方面比我强”这样的话，就是明显的特征。以人性脆弱为基础的信任是不可或缺的。离开它，一个团队不能、或许也不应该，产生直率的建设性冲突。

团队的好坏，根本原因在于人与人的“兼容性”，相互信任就是兼容过程中的润滑剂。IT 行业巨头 Adobe 的共同创始人约翰·沃诺克和查尔斯·格什克在 30 多年的共同创业过程中，始终相互信任，公司发展壮大至今，他们仍然合作得亲密无间，堪称合作创业的典范。

1978 年，格什克将沃诺克招进了著名的施乐 PARC。后来他总说，“雇用约翰是我最英明的招聘决策”。正是他们之间的相互信任，共同研究推进了计算机的图形功能，并导致图形图像标准的诞生，促成桌面出版业的出现。他们共同缔造了 Adobe 的企业文化，使 Adobe 发展成为业内最健康、最稳健的公司之一。格什克曾经这样形容两人的信任关系：“从我第一天认识沃诺克起，我们就坦诚以待，相互理解，彼此尊重对方个人和商业上的原则和行为。我们很偶然地成为朋友，在一起共事 20 多年，从未发生严重不和，这并不是说我们总是有统一的意见，可一旦我们彼此伤害了谁的自尊，就会首先意识到我们的友谊总是更为重要的，就将个人自尊抛开了。”

（2）共同的创业理念。

这是一个强调创业理念的年代。创业理念决定着创业团队的性质、宗旨和任何获取创业的回报，并且关系到创业的目标和行为准则。这些准则指导着团队成员如何工作和如何取得成功。从某种意义上讲，创业理念甚至比机会、商业计划、融资等细节问题更为重要。共同的创业信念是组建团队的一个基本准则，创业团队成员需要拥有共同的价值观，把个人目标整合到组织目标中，增强团队的凝聚力。一个团队如果失去了凝聚力，就不可能完成组织赋予的任务，本身也就失去了存在的条件。

（3）互补原则。

互补是指团队成员在思维方式、成员风格、专业技能、创业角色等方面的互补。团队成员之间可以有一定的交叉，但又要尽量避免过多的重叠。团队成员可能是某一方面的专家，但不可能样样精通，那就有必要利用其他团队成员或外部资源来弥补。

创业者之所以寻求团队合作，其目的就在于弥补创业目标与自身能力间的差距，尽可能地实现角色齐全，只有角色齐全，才能功能齐全。只有当团队成员相互间在知识、技能、经验等方面实现互补时，才有可能通过相互协作发挥出“1 +1 >2”的协同效应。

（4）沟通流畅。

信息社会里，信息与情感的有效沟通与传达成为必须。杰克·韦尔奇说，

"竞争、竞争、再竞争，沟通、沟通、再沟通"，顺畅的沟通是企业不断前进的命脉。李开复说，一个人如果有思想但是不能表达自己，他其实就是一个没有思想的人。成员之间的沟通有利于对团队任务的理解和及时了解对方的进展情况，从而对自己的工作进行适当调整，以便更好地完成团队任务。在有效沟通的基础上，个体与团队才能维持相互信任，增强对团队的归属感。当出现不同的意见时，优秀的团队并不回避，而是进行充分的沟通和交流，最后形成一致意见。因为大家是基于共同的利益，不是谋取个人利益，所以能够畅所欲言，坦诚相见。

（5）合理的决策机制。

在布里丹的场院上，一头毛驴要吃草，毛驴左右两边各放一堆青草，岂料，毛驴犯了难，先吃哪一堆呢？毛驴在犹豫不决中饿死了。

要成为一个具有凝聚力的团队，团队的核心人物必须学会在没有完善的信息、没有统一的意见时做出决策，只要自己认为对的事情，不可像布里丹的驴子样的优柔寡断，必须付诸行动。而正因为完善的信息和绝对的一致非常罕见，决策能力就成为一个团队最为关键的行为之一。

但如果一个团队没有鼓励建设性的和没有戒备的冲突，就不可能学会决策。这是因为只有当团队成员彼此之间热烈地、不设防地争论，直率地说出自己的想法，团队核心才可能有信心做出充分集中集体智慧的决策。不能就不同意见而争论、交换未经过滤的坦率意见的团队，往往会发现自己总是在一遍遍地面对同样的问题。实际上，在外人看来机制不良、总是争论不休的团队，往往是能够做出和坚守艰难决策的团队。

（6）良好的激励机制。

良好的激励机制是组建创业团队必须考虑的重要条件。美国心理学家马斯洛的需要层次理论认为，人一共有五种需求，第一是生存需要；第二是安全需要；第三是社交需要；第四是尊重需要；第五是自我实现需要。这五种需要具体到企业环境中，就是需要企业的创业团队成员之间学会共同分享成果，让每一个参与成员都能有"自我实现需要"的满足。

若干年前，有一位创业者在中关村组织了一个团队做产品供求消息，收入颇丰，很短时间内就买了车，买了房，但他对团队的其他成员却很抠门，能少给一分，绝不多给一分，他称之为低成本运作。几年下来，这位创业者的公司已经搬了几次家，但总是做不大，员工也总是那么寥寥几个，而且不断地更换。与此同时，差不多和他同时起步，做同样行业，而且是白手起家的郭凡生，经过几年的发展，却已经资产过亿，旗下的慧聪网已经成为行业标兵，在全国各地还有几十家分公司。究其原因，就在于郭凡生懂得与他人分享成绩，懂得用待遇去激励公司团队。郭凡生曾这样解释慧聪的股权结构："慧聪公司的任何人分红不得超过企业总额的10%，董事分红不得超过企业总额的30%。当时我在公司占有50%

的股份，整个董事会占有的股份70%以上，有20%是准备股，但是连续8年，慧聪把70%以上的现金分红给了公司那些不持股份的职工。”因此，在企业中形成一种学会分享的企业文化，也是保持企业活力，增强团队凝聚力的一种明智之举。

（7）严格的规章制度。

顺畅的实施团队计划，挖掘团队各要素的最大潜力，是组建和管理团队的思考着力点。工作中不应该考虑太多朋友的情分，也许您觉得这样会伤害感情，那么就在工作之后做朋友。如果在开始工作之前就约定好，并体现在书面上，大家就不会觉得难为情。没有规矩，不成方圆！

一个草创的企业，如果没有严格的规章制度作为运转保障，就会成为一盘散沙。最初创业时就把该说的话说到，该立的字据一定要立到，把最基本的责、权、利说得明白透彻，不要碍于情面。规章制度所具有的明确性的特点，有助于规范团队内部各成员的行为，使每个人都能恪尽职守，各司其职，并上升为完整的企业文化。这样在企业发展壮大后，才不会出现因利益、股权等的分配分歧产生团队之间的矛盾，导致创业团队的分散。

（8）坚定不移地行动。

有了决策，还需要严格地执行，执行力也是一种显著的生产力。《把信送给加西亚》中的上尉罗文，接过美国总统的信时，他不知道加西亚在哪里，他只知道自己唯一要做的事是进入一个危机四伏的国家并找到这个人。他二话没说，没提任何要求，而是接过信，转过身，全心全意，立即行动。他坚定决心，奋不顾身，排除一切干扰，想尽一切办法，用最快的速度去达到目标。

在团队里，也许我们并不需要每个团队成员都异常聪明，因为过度聪明往往会导致自我意识膨胀，好大喜功，相反，却需要每个人都要具有强烈的责任心和事业心，对于团队制定的目标能够在理解、把握、吃透的基础上坚定不移地贯彻执行下去，对于过程中的每一个运作细节和每一个项目流程都要落到实处。

4.1.4 组建创业团队的重要意义

创业如同拔河比赛，人心齐，泰山移；创业如同赛龙舟，步调一致，不偏不倚，才能独占鳌头。许多研究和实践都证明了团队工作方式能够有效提高企业绩效，对新企业的成功起着举足轻重的作用，是新企业通向成功的桥梁。罗宾斯（1996）认为在企业中采用团队形式至少可以有以下几个方面的作用：（1）能促进团结和合作，提高员工的士气，增加满意感；（2）使管理者有时间进行战略性的思考，而把许多问题留给团队自身解决；（3）提高决策的速度，因为团队的成员离具体问题较近，所以团队决策的速度比较迅速；（4）促进成员队伍的多样化；（5）提高团队和组织的绩效。

在一项针对104家高科技企业的研究报告中指出，在年销售额达到500万美元以上的高成长企业中，有83.3%是以团队形式建立的；而在另外73家停止经营的企业中，仅有53.8%的企业有数位创始人。从大学生创业的现实情况看，据教育部2009年8月份公布的一项最新数据显示，尽管约75%的大学生表示会考虑创业，或渴望自主创业，但最终下定决心走上创业之路的仅占1.94%。因此，在校大学生创业，受制于传统观念、现实考虑和资金、技术、资源等要素的制约，创业之路异常艰难。如果创业路上有伴同行，相互扶持，相互支持，这条创业路走起来可能会轻松许多。

（1）组建创业团队有助于创业者克服创业恐惧，将创业想法付诸实践。

恐惧感是一种心理状态，它是因为周围有不可预料、不可确定的因素而导致的无所适从的心理或生理的一种强烈反应，是只有人与生物才有的一种特有现象。可以这样理解，创业恐惧是由于对创业活动以及它所带来的不可预知的未来或前景的一种无所适从的心理反应。

据南开大学2007年在毕业生群体中做的一项的调查显示，接近9成的大学生已对创业产生恐惧心理，在选择毕业去向时明确表示不会自主创业，原因则是“不现实”、“失败率高”。调查发现，毕业后打算就业、考研、出国的人数占接受调查总人数的89%，而打算创业的不到11%。在回答“为什么不选择自主创业?”这一问题时，上述89%的学生几乎全部选择“失败率高”这一选项。显然，失败率高，对创业能否成功的疑虑使这些毕业生们对创业及前景心存恐惧。

做任何事主要是思想、心路的历程，它比任何计划都显得重要，如何克服一无所有或少有的情况下创业恐惧症，是创业前的关键。创业开始之时，绝大多数的创业者都会对自己的能力提出疑问，诸如我多长时间可以收回本金，我上哪里去找稳定的客源，我的市场销售计划是否可行等。思前想后，优柔寡断，可恐惧的理由有很多，心理斗争做了一次又一次。这么想来想去，创业怕是没门了，这么多道坎儿拦在前面，甭说一个一个去跨越，光坐在那里数一数就头大。

创业领域的心理学家柯林朗和拥有几十年经验的著名企业家吉姆科赫通过大量的案例分析了产生创业恐惧的几大原因，其中一个主要原因就是自己当老板，柯林朗把这种情形称为“小摊贩恐惧症”：感觉自己就是个小摊贩，这种小打小闹的经营很难给人踏实感。尤其是在起步阶段，这种缺乏稳定感和安全感的恐惧心态特别强烈。不像在打工的时候一切齐备，创业后可能没有自己的办公室、雇员、福利，甚至工资，更不可能有个老板在旁边指导你该做什么不该做什么。这种孤独感有时会使创业者好不容易培养出来的激情和信心消弭于无形之中。

通过组建创业团队，就可以克服这种恐惧感，营造一种“集体安全”。毕竟创业路上，不仅有你一个人在独行，你身边有志同道合的一群创业伙伴和你同呼吸共命运，与你一同分担创业可能的喜与悲、乐与痛。资金上，即便创业最终失败了，一人承担一点，大家就不会觉得压力大；技术创新和经营管理上，一个负责一块，大家也就不会觉得太累。遇到困难时，一人分担一点，每人出个点子，也就过去了。一人受到挫折，其余的人可以进行关怀、帮助，然后重新回归到团队的运作中，大家一起努力奋斗。虽然你可能一如既往地没有在机关、事业单位所获得那种外部稳定和安全感，但团队所营造的内部小环境，却足以支持一个心怀恐惧的创业者迈出自主创业、实施创业计划的第一步。

（2）组建创业团队有助于集思广益，合理分散创业风险。

创业路上多艰险，创业机遇与创业风险总是相伴相生。何为创业风险，一般认为，创业风险是指人在创业中存在的风险，即由于创业环境的不确定性，创业机会与创业企业的复杂性，创业者、创业团队与创业投资者的能力与实力的有限性，而导致创业活动偏离预期目标的可能性及其后果。如何规避创业风险，使创业活动尽可能多地实现甚至超过创业预期目标，成为每个创业者不容回避的正面问题。

与社会其他人员相比，大学生创业拥有较多优势：有较高的文化水平，善于自主学习和分析领悟，接受新鲜事物快；思维普遍活跃，自信心较足，对认准的事情有激情去做。但他们也存在一些缺点，社会经验不足，实战能力差，对瞬息即变的市场信息把握不准，所谓的经营理念大多是书本上的经济理论，有个别创业者曾经在校园市场上单打独斗，获取了一定的经验，但对于较大投资、较大规模的创业项目，缺少创业风险的预测、判断和规避能力。

市场瞬息万变，时刻都有风险，因此合理规避创业风险，就成为每一个大学生创业者都应该时刻注意的事情。一个好汉三个帮，一个篱笆三个桩，成功的创业者是有计划地冒风险，精明的创业者成立团队一起规避风险、转移风险、补偿风险、抑制风险、评价风险、预测风险和管理风险，增强抵御创业风险的能力，即便面临风险，也能在更短的时间内产生更高质量的解决方案。

经历过巨人大厦危机的史玉柱，为了保证自己不至于因为一时的头脑发热而酿成大祸，在巨人投资公司内部建立了 7 人的决策委员会，投票决定提名的项目。几年下来，虽然汽车、手机等很多富有诱惑力的机会都出现过，但均被决策委员会拒之门外。国内某家汽车公司转让股份，找到了史玉柱。史玉柱也动心了，但遭到决策委员会的拒绝。史玉柱曾对手机行业动心，希望能收购国内的某家手机企业，最终也被决策委员会否决。如今看汽车、手机行业的惨烈竞争，史玉柱对于自己专注做一件事情庆幸不已。

需要指出的是，组建一个优秀的创业团队能够集思广益，合理分散创业风险，使创业企业迅速地发展起来，但与此同时，风险也就蕴含在其中，团队的力量越大，产生的风险也就越大。一旦创业团队的核心成员在某些问题上产生分歧不能达到统一时，极有可能会对企业造成强烈的冲击。因此，如何弥合团队内部成员之间的分歧，始终保持团队的整齐与斗志，又成为考验团队每一个成员智慧与能力的重大命题。

（3）组建创业团队有助于统筹资源，合理确定团队成员角色。

没有完美的个人，只有完美的团队。专心于为穷人服务并获得“诺贝尔和平奖”的特雷莎修女有一句话，她说：“你会做的，我不会做；你不会的，我会。我们在一起就能做成大事。”一个人的精力、能力有限，不可能具备创业所需要的全部资源，如资金、关键技术、财会知识、渠道、营销、人脉关系等等，这些资源对于社会创业人士来说，几乎都是稀缺资源，对于未走出校园踏上社会的在校大学生来说，则近乎奢侈品，组建团队可能解决这些问题。

上海复星高科技集团的创始人之一郭广昌曾这样评价自己的团队：“我们这些人，能力上可能每人只能打70分至80分，但是我们要做能力的加法和乘法，企业的发展像一条河，像一条不断流淌的河，我们每一个人正像河中的一滴水，无论是在上游、中游还是下游，都能找到自己汇入的位置。”

研究表明，大多数大学生创业团队在组建时，并不是考虑到成员专业能力的多样性，或者资源结构的合理性，而大多是因为有相同的技术能力或兴趣，至于管理、营销、财务等能力则较为缺乏，不能为创业项目的正常进行提供必要的资源。

因此，要使创业团队能够发挥其最大的能量，在创建一个团队的时候，不仅仅要考虑相互之间的关系，最重要的是考虑成员之间的能力或技术上的互补性，包括功能性专长、管理风格、决策风格、经验、性格、个性、能力、技术以及未来的价值分配模式等特点的互补，以此来达到团队的平衡。

创业团队是由很多成员组成，成功的创业团队在于角色分工的合理。相对来说，一个优秀的创业团队必须包括以下几种人：一个创新意识非常强的人，这个人可以决定创业项目未来发展方向，相当于战略决策者；一个策划能力极其强的人，这个人能够全面周到地分析整个项目面临的机遇与风险，考虑成本、投资、收益的来源及预期收益，甚至还包括企业管理规范章程、长远规划设计等工作；一个执行能力较强的成员，这个人具体负责下面的执行过程，包括联系客户、接触终端消费者、拓展市场，等等。此外，如果是一个技术类的创业团队，还应该有一个专家型的核心人物，负责技术研发打造核心竞争力。同时，这个创业团队还需要有人掌握必要的财务、法律、审计等方面的专业知识。当然，在团队形成之初，并不需要以上各方面的成员全部具备，在必要时，一个或多个成员去学习团队所缺乏的某种技能，从而使团队充分发挥其潜能的事情并不少见。

对于团队角色领域的研究，英格兰学者贝尔宾博士1981年在他的《团队管理：他们为什么成功或失败》一书中提出了团队的九种角色，即贝尔宾团队角色理论（表4-1）。

表 4-1　贝尔宾团队角色

角　色	角 色 描 述
信息者（Resource Investigator）	性格外向，有交际能力，热情健谈，发掘机会，增进联系
创新者（Plant）	有个性，才华横溢，富有想像力，不拘一格，适合提出建议
技术专家（Specialist）	目标专一，自我鞭策，甘于奉献，提供专门的知识和技术
实干家（Company Worker）	有组织能力，个性保守，缺乏灵活性，对没有把握的事不感兴趣
推进者（Shaper）	激发进取心，充满活力，在压力下成长，有克服困难的动力和勇气
协调者（Coordinator）	沉着自信，有控制局面的能力，是称职的决策人
监控者（Monitor Evaluator）	理智，清醒，有战略眼光，判断力强，有选择决断能力
完美者（Finisher）	注重细节，力求完美，容易刺激他人产生紧迫感
凝聚者（Team Worker）	擅长人际交往，善解人意，处事灵活，合作性强

贝尔宾博士提出以上九种团队角色后，还为此设计了一个先后顺序，也就是在团队中，他们的出现次序依次为：首先是信息者提供最新信息、创新者提出自己的新思路、技术专家提供技术支持，接着是实干者开始运筹计划、推进者希望散会后赶紧实施、协调者在想谁干合适、监督者开始泼冷水，最后是完美者吹毛求疵、凝聚者润滑凑合。

携程计算机技术（上海）有限公司总裁季琦曾经这样评价团队的重要性："携程网"的成功，除了抓住当初互联网快速发展的契机，有一个良好的创业团队是关键。"携程网"的团队成员来自美国 Oracle 公司、德意志银行和上海旅行社等，是技术、管理、金融运作、旅游的完美组合。它的四位创始人，具备不同的履历、教育背景和能力专长：季琦是一位充满激情而又善于发掘机会的创业狂，梁建章是一位从技术转到市场的电脑天才，沈南鹏是一位不走寻常路的资本高手，范敏是一位来自旅游业有着国企管理经理的管理专家。合理又互补的人力资源搭配，保证了携程网在创业初期能够按照正确的经营理念发展，并成功吸引到了 1800 万美元的风险投资资金，进而做大做强。

4.2　大学生创业团队的组建形式

卡姆和纽里克（1993）认为，很多创业团队是由朋友、亲戚、同事、校友所组成的，这代表创业团队组成是透过原有网络，并没有深入考虑团队成员是否具备一般及专业能力来创业，然而也有很多的创业家或团队不希望透过原有的网络来寻找成员。

从我国大学生创业团队的实际操作看，有多种不同的组建形式，他们各自具有不同的特征。下面结合案例对其进行具体分析。

4.2.1 同学组合型

目前，在高校中的大学生创业团队以同学组合型创业团队为最多，他们大多基于大学生创业社团等学生群体性组织为主，主要参与大学生创新创业大赛、挑战杯等大学生校园赛事、电子商务、校园代理、开设实体店等创业形式。许多当前叱咤市场的创业明星，都有过与同学组合合伙创业的经历。如 1999 年 4 月"清华大学第二届学生创业大赛"诞生了清华首批的学生创业团队：如视美乐、易得方舟、"网贝"小组的电子商务模型等；MySee 的三位创始人高燃、邓迪、张鹤翔，高燃和邓迪是清华新闻系大学同学，邓迪是张鹤翔和大学时期创业合伙人；还有名声大噪的校内网（即人人网），它的创办人也是来自清华大学、天津大学和北京大学的王兴、王慧文、赖斌强、郭万怀、杨俊、付栋平几位大学生所组成的学生团队。

同学组合型创业团队的优势是：团队成员都接受着高等教育，知识储备相对丰富，年龄小，思维活跃，较少受到习惯思维束缚，容易发现商机，敢想敢干，执行力强；搭配合理的创业团队，其成员专业、学科上的优势在创业项目的选择中，容易转化为创业过程中的技术优势，增强了团队的整体竞争力，减少了盈利模式复制的可能；团队成员经过了选择，自由搭配，相互之间较为熟悉和信任，减少了团队磨合时间，降低了沟通和决策成本，能够缩短决策时间。

需要注意的是，同学组合型创业团队对于团队核心人物的要求比较高，他要正确地处理创业过程中的民主决策与"专制决策"的矛盾关系。团队合作讲究尊重个体，重视个人能动性的发挥，特别是创业团队成员都是自己同学的时候，大家都是大学生，接受的同等层次的专业教育，每个人都感受到了自己的责任，渴望对项目的发展和决策提供意见，并得到采纳。这种开诚布公的意见采集过程对于团队的整体发展是必要的，也在一定程度上考验着团队核心人物的领导能力。

不过，民主决策，却有可能以效率损失作为代价。普希尔定律认为，再好的决策也经不起拖延，创业路上波诡云谲，机会稍纵即逝，一个创业项目的启动和运行，很多时候需要快速决策，一个好的大学生创业团队，无疑是在同学之间充分讨论和迅速拍板的问题上获得了良好的统一。要么，是有一个团队成员作为核心人物占据主导权，但是整个团队需要建立起良好的制衡协作机制，要么是没有成员绝对主导，但是团队机制具备了快速沟通决策的能力。

亨利·基辛格当年说过一句话，即聪明不足以使人成为企业领袖，对一个校园创业团队的核心人物来说，只有聪明还不够，眼光、魄力、勇气、魅力等诸多创业成功要素一个都不能缺。对于创意良好的创业项目来说，团队核心人物非常非常重要的职责，就是在这两种思路指导下，以自己的魄力、勇气和魅力，选择和创建工作团队，这几乎就是关乎项目成败的关键。

4.2.2 师生合作型

2008 年，第六届“挑战杯”中国大学生创业计划竞赛上传出喜讯，来自江苏技术师范学院的翔宇循环大学生创业团队凭借其完成的《江苏翔宇资源循环科技有限公司创业计划书》（现已核名为常州翔宇资源再生科技有限公司）获得风险投资公司 6000 万元投资，创下此次“挑战杯”创业计划大赛单笔最高投资签约纪录。该创业团队是依托该校副校长、中国有色工业协会再生金属分会副会长、贵金属深加工专业委员会主任周全法教授的国家科技支撑计划项目《废旧机电产品和塑胶资源综合利用关键技术与装备开发——废线路板全组分高值化清洁利用关键技术与示范》，提出利用该校在电子废物处理处置方面的科技优势，组建了常州翔宇资源再生科技有限公司，公司目标之一是建设以电子废弃物为原料，提取金、银、钯、铜等年处理量为 10000t 电子废线路板的示范生产线。

这一案例是师生合作型创业团队的典型。事实上，校园内的大学生创业、创新团队，很多都活跃着指导教师的身影。参与导师或指导教师作为创业创新团队的主要成员，出想法、出思路，把握大方向；由经过挑选的学生组成实践团队，负责实现创业目标的各项具体工作。

师生合作型的创业团队，它的优势显而易见。参与创业的指导教师往往是某一领域的权威或专家，拥有一定的人脉资源和社会公信力，对外吸引资金、投资相对容易，同时由于教师的社会形象相对正向，对创业团队也起到了宣传带动的作用，有利于公司的长远发展；有些导师既有研究课题，又参与创业项目，如果把创业项目跟研究室整合在一起，产学研相结合，优势很明显，参与课题的学生做论文，做出来的创新成果可以给用到创业产品和服务上，形成科技学术成果转化为生产力的良好模式；有利于节省教育资源，产学研结合，创业的成果可以给在校师生提供研究角度和研究工具，提高他们的学术能力和水平。

师生合作型的创业团队，相对容易得到社会各方面的关注和支持，它的发展可能减少许多弯路。如媒体报道的江南大学年轻副教授吴祐昕，利用所处无锡太湖新城科教产业园区提供的优惠创业政策，带领着一批思维活跃、专业多元的大学生注册了一家由大学师生创立的公司——无锡数字城市科技发展有限公司。该公司以科研为定位，以产学研相结合为手段，通过将所采集的建筑物、企事业单位、路口标识等详细资料以技术方式还原到网络中，构建一幅无锡城市全景三维图，虚拟的锡城在互联网上拔地而起，拥有多达 2 万余幢建筑，大量的现实生活与商业信息，其精细程度令人赞叹，甚至连一家小小的花店、一个馄饨店都被明确标出，真正实现了网民不出家门即可身临其境地“逛遍”全城。“虚拟无锡”网站浏览量最多时一天达到 48 万人次，涵盖商家企业信息量已达到 6 万条，目前已开始盈利。

大量的校园创业实践表明，参与创业的老师更多地处于掌舵的位置，把握创业方向，事实上承担了咨询者的角色，由学生负责具体的创业运营。参与创业项目太细，管得太多，可能不是很理想。如同济大学有一个项目在“挑战杯”拿了二等奖，这个项目是一个硕士研究生做的，他当过研究生学生会副主席，能力也很强，最后这个项目被他的导师给卖了，卖给一个制药集团，卖了十万块钱，他就没得做了，因为这个产品的专利主要是属于他的导师的。

因此，如何处理好创业学生同教师的关系，成为这一类型创业团队需要注重思考的问题，如果处理不当，可能会影响到创业企业的生存。

4.2.3 爱情搭档型

校园是滋生爱情的温床，校园里的爱情总是伴随着快乐和忧伤。当爱情的圣火被创业的火种点燃，当男孩子的理性务实与女孩子的细致感性通过爱情与创业的媒介结合起来，激发出的力量就十分可观。

近年来，处于恋爱阶段的大学生情侣创业呈现增长趋缓，情侣创业成为大学生校园创业的一道亮丽风景，为激烈的创业过程平添了几笔温情色彩。大学生情侣们大多以网络或实体店的形式，参与跟大学爱情相关的创业项目，如花店、餐馆、服装店、内衣店、饰品店等等。有的大学生情侣，还勇敢地走出校园，深入到农村基层，参与更为广阔领域的创业活动，并取得了不错的收益，引起了社会各界的广泛关注。如为新华社报道的福建师范大学 2007 届毕业生黄燕超和他的女朋友，就毅然回到了家乡，办起了专门针对农村生产资料供销的农机经营部，生意做得红红火火。

由于这种类型的创业团队成员是情侣关系，目标更加一致，沟通协调不存在障碍，在项目选择、经营决策、危机公关等重要创业环节中，可以有效地减少中间环节，提高管理效率，实现理念传达，达成步调一致，特别是在关键决策中，可以减少顾忌，直言了当，有助于相互启发，减少失误。由于双方对对方都比较了解，在项目的经营管理中，可以有效地发挥各自专长，合理分工，相互补充。在这方面比较成功的案例有李国庆和俞渝这对夫妻档以及他们所联手创立的“当当网”。

李国庆毕业于北大，两次创业，均以出版为主体。在图书出版领域摸爬滚打了 10 年，很了解中国传统的图书出版和发行方面的所有环节。俞渝是纽约大学金融 MBA 毕业的，在华尔街做融资，有过几个很成功的案例。她在美国生活了整整 10 年，投资者非常信任她，又有共同语言。两人从谈恋爱开始，就经常一起思考亚马逊的商业模型与传统贸易手段的根本区别。后来夫妇俩常探讨在图书这个行业中间赚钱最关键的环节是什么，有着多年图书出版运营经验的李国庆说肯定是出版社和读者的直接联系。于是他们一起去找风险投资商，说服了 IDG、

LCHG（卢森堡剑桥集团，该集团公司拥有欧洲最大的出版集团）共同投资，目标锁定在凭借发达国家现代图书市场的运作模式和成熟的管理经验，结合当今世界最先进的计算机技术和网络技术，用来推动中国图书市场的“可供书目”信息事业及“网上书店”的门户建设，成为中国最大的图书资讯集成商和供应商，成为全球最大的中文图书网站。

在公司内部，李国庆负责市场、技术、采编、运营；俞渝掌管财务和人力资源，还有战略发展和其他网上的一些战略联盟等。经过三年的辛苦积累，今天，当当网经营着全国500多家出版社出版的20万种图书、1万多种音像制品、游戏软件等商品，图书品种涵盖中国在销图书的90%，有员工100多人，销售额的月增长速度达到30%。顾客已经遍及国内各省、市、自治区和中国香港、中国澳门、中国台湾、美国、加拿大、东南亚等50多个国家和地区，成为众多的电子商务网站中的一枝独秀。

一般而言，当事业正处于起步阶段时，情侣型的创业团队在人力工资支付方面几乎没有顾虑，随着事业走上正轨，逐渐做大，情侣之间的关系会由于事业而寻找到共同语言，渐趋巩固。即便双方因为创业经营理念发生冲突时，也大都采取平等协商、积极解决的态度消除冲突，团队成员因为感情的纽带关联不会轻易选择离开。全球第一 Internet 防毒公司趋势科技创始人张明正、陈怡蓁夫妇在接受媒体采访时就曾经透漏，在创办两年后，陈怡蓁女士才领到了她的薪水，张明正先生称之为最好的“廉价劳工”。

当然，以爱情为纽带的情侣创业也面临着一些比较现实的问题，最突出的就是容易将感情混淆进事业之中。创业的现实一点也不浪漫，生意上的折磨往往不易逃脱，难免有人会将工作中不如意的情绪带进爱情之中。此外，情侣创业还面临着管理不透明等诸多疑虑，特别是因为情侣创业有可能使双方由双薪收入转为单薪收入，如果资金调度失灵，或者创业失败，不但增加双方的生活压力，严重的话更有可能造成情侣失和，在创业失败的打击中“好心分手”。

如何正确处理情侣搭档型创业团队的双方关系，首先理解沟通是基础，如果双方沟通渠道不畅、技巧欠缺，则生活与事业的互相干扰及发生冲突的可能性将大增。如此一来，不仅对事业发展大为不利，更可能因此破坏了爱情基础。其次，合理的分工与合作是关键，创业之初，双方应先确认创业过程中各自的角色与职责，以免影响事业的发展。如恋爱双方能分工互补参与经营，应是较适合的创业理念。

4.2.4 兴趣组合型

世界首富比尔·盖茨的名字几乎是家喻户晓，在这种过于刺眼的光线下很轻易忽略一个人，那就是与盖茨共同创办微软公司的保罗·艾伦。两个人是一起长大的童年玩伴，对计算机技术也有着共同的爱好。为了实现自己软件创业的梦想，保罗·艾伦在大学三年级时从华盛顿州立大学退学，并说服盖茨从哈佛大学二年级退学共同创业。盖茨曾说，“整个事件几乎是在一念之差下决定的，当时假如不是艾伦描绘的蓝图打动了我，也许我还会呆在大学里，那么以后所有的故事就不会发生了，我甚至怀疑自己当时是不是太过冲动。”

创业伊始，他们便尝试为第一台微型计算机 Altair 编写一种被称为 Basic 的程序语言。1975 年，Basic 语言在 Altair 计算机上取得成功，之后，Basic 语言被陆续应用到了苹果Ⅱ型个人电脑和 Radio Shake 公司的 TRS-80 电脑上。这一年，大名鼎鼎的微软公司成立，两位创始人进行了股权和权责划分，盖茨占有 60% 的股份，以商业为主，销售员、技术负责人、律师、商务谈判员及总裁他一人全部担当；保罗占有 40% 的股份，专注于新技术和新理念。他们用 5 万美元买下 DOS 操作系统后，终于赢得了与 IBM 合作的机会，几年后，DOS 操作系统成为个人电脑的首选，个人电脑时代也由此拉开了序幕。

这个故事是兴趣组合型创业团队的完美诠释。所谓兴趣组合型创业团队，是指由于对某些创业项目所要实现具备的技术、资源、服务等要素或创业前景志趣相投，并以之为基础自由组合构建的创业团队。

盖伦·钱德勒和斯蒂文·汉克斯在 1998 年的时候，曾经针对 12 个创业团队，以回溯个案法进行了一个初探性、归纳性研究。结果显示，公司成立时，创业团队的选择多是因为彼此间有相同的兴趣，而非团队成员的个别专业能力互补。仔细观察其结果，仅有两家公司在寻找团队成员时有考虑成员在企业功能上的互补，而这两个创业家之前都有在企业界带领其他公司的经验。有七家是因为对技术或是所提供服务有共同的兴趣。其余的创业团队，是因为在加入前认为可以增加个人财富，被企业成长的机会吸引进来的。因此，整体而言，很少团队一开始就考虑成员间企业功能上的互补性，更重要的是共同的兴趣以及对企业有高成长机会的认同。也就是说大多数创业团队组成时，并不是考虑到成员专业能力的多样性，大多是因为有相同的技术能力或兴趣。

兴趣组合型创业团队的创业目标较为集中，团队成员相对忠诚，凝聚力较强；团队成员更加重视创业过程对于个人兴趣的满足，对创业结果要求相对次要；为获得实现目标带来的愉悦感，团队成员的创业积极性更高，会千方百计调整和具备创业必须的各方面条件，从而拉高了创业成功率；团队成员由于彼此间的了解和默契，可以大大减少和降低道德风险，解决很多新创企业头疼的人与人之间的“信用”问题。此外，兴趣组合型创业团队，还有助于较有效率的决策、较高质量的决策、较高的承诺度、对决策内容较为了解、较能接受决策的流程，降低了沟通交流成本，减少了情绪性冲突。

兴趣组合型的创业团队进行创业活动，本身就是把自己的理想和愿望兑现的过程，是全面提高个人能力的过程。在这种心态下，创业团队实际上更加注重创业过程，而创业成功与否则退而求其次，过程远比结果重要得多。正如杨致远所说，如果只是为了成功和金钱创业，能接受失败吗？不能。怎样才能接受失败？是因为能坚持，对所做事情的热爱，一种固执的“笨”。在创业中，过程始终比终点更为重要。真正给人带来意义和满足感的是过程，许多人搞反了。

当然，同其他类型的创业团队一样，单纯由兴趣组合而成的创业团队，也有其不足，特别是在日益复杂多变的商业环境下，以兴趣相投为纽带的同质化的组合标准，与团队组建要求的人力资源互补理念相悖。创业的成功在很大程度上取决于团队成员之间的优势互补，基于专业、职业经验等优势互补的考虑所产生的组织成员的多元化趋势，对创业成功的影响越来越大。因此，在组建这种类型的创业团队时，创业者需要谨慎理性，切忌感情用事。

研究发现，组建创业团队时，对于相同志趣的追求应集中于团队成员的社会属性（如年龄、性别、种族等）、价值观和个人品格等先天因素方面，而对成员多元化的追求则集中于工作经历、教育背景、人力资源的角色定位等后天因素方面。如何改善创业团队存在着的同质化问题呢？以下建议可以供你参考：

一是建立一种善于沟通、协调的学习型组织的氛围和文化，团队成员可以通过“边干边学”的方式来弥补相互间的能力欠缺。二是根据团队的实际情况，通过招募形式，吸收职能互补性强的成员加盟，补齐创业团队“短板”。

4.3 创业团队的组建

创业团队的组建是一个动态过程,它应遵循“按需组建,渐进磨合”的要求逐步实现相对稳定。按照我们所提出的高绩效创业团队所应具备的四项特质,参照国内高校大学生成功创业团队的组建经验,概括来讲,大致的组建程序如图 4-2 所示。

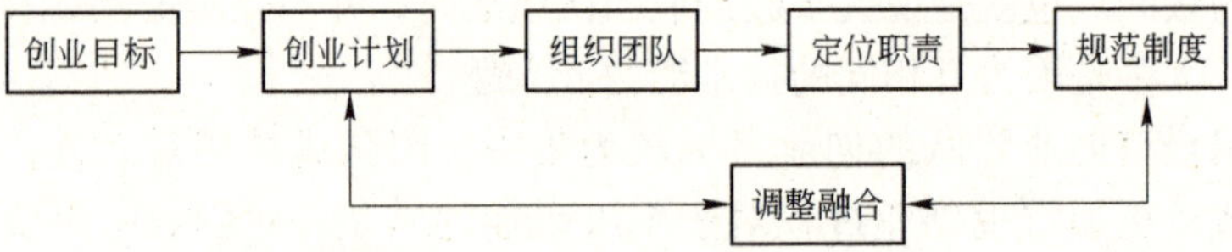

图 4-2 创业团队组建程序

（1）明确创业目标。创业团队目标的确立建立在审慎的市场分析之上，这个目标要有挑战性，可以激发未来团队成员的斗志和兴趣。总目标确定之后，为了推动团队最终实现创业目标，再将总目标加以分解，设定若干可行的、阶段性的子目标。

（2）制定创业计划。在确定了一个个阶段性子目标以及总目标之后，紧接着就要研究如何实现这些目标，这就需要制定周密的创业计划。创业计划是在对创业目标进行具体分解的基础上，以团队为整体来考虑的计划，创业计划确定了在不同的创业阶段需要完成的阶段性任务，通过逐步实现这些阶段性目标来最终实现创业目标。

（3）选择成员组织团队。选择团队成员是组建创业团队的关键一步，优秀的创业团队成员各有各的长处，相得益彰。主要应考虑两个方面问题：一是考虑互补性，即考虑其能否与其他成员在能力或技术上形成互补，一般而言，一支创业团队需要具备一个具备创新意识的人、一个具备策划能力的人和一个具备执行能力的人，规模宜控制在 3 ~ 12 人之间最佳。需要注意的是，在一个创业团队中，不能出现两个核心成员位置重复的可能性，也就是说，应着力避免有两位成员的主要能力完全一样。

（4）明确职责和角色定位。团队成员间职责的划分必须明确，既要避免职责的重叠和交叉，也要避免无人承担造成工作上的疏漏；创业团队在创业行动和市场中的定位也必须明确，要立足市场，结合实际，遵循经营管理规律和市场规律。当然，团队成员的职责和角色定位可以根据创业环境的改变和创业需要，进行动态化的调整。

（5）构建团队规范制度。无规矩不成方圆，这种规范主要是指科学的绩效考核机制，只要包括激励和约束机制。激励机制主要包括利益分配方案、考核标准、团队文化的建立等；约束机制主要包括纪律条例、组织条例、财务条例、保密条例等。通过建立完善的绩效考核机制，并形成制度化、规范化，以充分调动成员的积极性，维护团队的相对稳定。

（6）团队的渐进磨合。我们常说，希望保持创业团队的稳定，但这种稳定并不是指一成不变，而是一种“动态的稳定”。随着团队的运作，团队组建时在人员匹配、职权划分、规范制定等方面的不合理之处会逐渐暴露出来，这时就需要对团队进行调整融合。由于问题的暴露需要一个过程，因此团队调整融合也应是一个动态持续渐进的过程。团队的建设不是一步到位的，在进行团队调整融合的过程中，最为重要的是要保证团队成员间经常进行有效的沟通与反馈，培养强化团队精神，提升团队士气。

思考题

4-1 创业团队应具备哪些基本特征？

4-2 如何理解创业团队对于创业成功的重要意义？

4-3 同学合伙型创业团队的组建过程中应注意哪些问题？

4-4 如何以共同兴趣为基本，组建一支在校大学生创业团队？

5 大学生创业资金的筹措

创业之初最大的拦路虎就是资金问题。日本创业家中田修说：有钱谁都会创业，关键在于没有钱怎么创业。企业没有资金就像人没有血液，即使已经运行的企业，一旦出现资金链断裂，企业就很难逃脱寿终正寝的命运！当创业者确定了创业目标后，如何筹措资金？有哪些渠道可以顺利筹措到资金，成了困扰大学生创业的核心问题，很多打算创业的人虽都有很好的企业想法和计划，但却受制于创业资金的限制，很多潜在的小企业最终都没能运作起来，虽然依靠自有资金起步是最稳妥的办法，但自有资金往往非常有限。因此创业融资至关重要。

5.1 大学生创业融资的意义

融资决定创业行为的最终“输赢”。现在大学生创业中，最难的问题就是资金！

创业过程是一个发现机会和捕捉机会并由此创造出新颖的产品或服务，实现其潜在价值的过程，同时也是资源整合的过程。在市场经济中，成立一个企业需要有注册资本、需要缴纳注册费用、需要购买设备、需要招聘员工等，这一切都离不开资金的支持；而运营一个企业更是需要有源源不断的资金支持，如果缺乏资金等关键资源的支持，任何优秀的项目或前景好的市场机会都难以把握。创业者要么忽视融资，要么面对融资困难而束手无策，要么融到资金后不能有效地进行使用和管理，这些缺乏远见的行为直接引起资金链的断裂，最终导致创业失败。

著名经济学家乔治·斯蒂格勒说：“著名企业中没有哪家不是采用以融资为基础的资本运营手段发展起来的。这个世界上已没有任何公司能仅依靠内部扩张而成长起来。”哈特说：“在企业发展中给予经营者以控制或激励并不重要，关键是要设计出合理的融资结构，这是限制经营者不以股东利益为代价而追求自己目标的最佳保证。”

二战期间，宾夕法尼亚大学的普雷斯顿·艾克特和约翰·莫奇带领的小组于1946年开发出了第一台具有工作用途的计算机，并成立了公司，将计算机商业化，但由于该公司承担不了庞大的研究开发费用，缺乏财务资源的支持，最终被其他公司兼并。这是一个典型因缺乏创业资金支持而导致创业失败的案例。根据美国1981~1985年间的统计资料，平均每个新兴高科技企业在其创始的最初5年内，大约需要200万~1000万美元的启动资金，而10年后，这个数字又增长了一倍。可见，资金是创业企业创立、发展与壮大所必备的战略资源之一。

资金规模是影响创业成功的一个很重要的因素。创业过程是一个长期的过程，在此一段时间里存在较多的不确定性，必须要有充分的资金支持，但因创业者所拥有的财务资源有限，很难满足创业发展的需要，因此更需要有一个完善的融资计划，确保有持续不断的资金支持。

资金是创业企业的基本构成要素之一，融资是创业者的一个重要工作内容，融资规模和融资结构都会影响到创业的成功。任何一位创业者都必须站在战略制高点来理解资金对创业的战略意义，并扎实做好创业融资工作，才能扬长避短，促进创业活动的顺利进行。

5.2 大学生创业融资的渠道

一般而言，创业资金的来源可以分为债权融资资金和股权融资资金两大类型。创业者应对各种资金来源的优点与不足、获取条件、融资成本等进行详细了解，才能提高创业者的创业融资能力。

债权融资，是指从企业外部借款，按期承担还本付息的义务。需要注意的是，创业者在债权融资过程中，除了发生利息等费用外，在融资过程中会发生各种难以预料的费用，将会导致融资成本提升，主要有银行贷款、信托计划、民间贷款、发行债券、融资租赁等。

股权融资是指通过扩大企业的所有者权益，如吸引新的投资者、发行新股、追加投资等方式筹集资金，股权融资的后果是稀释了原有投资者对企业的控制权。它可从个人积蓄、亲朋好友、合伙人（企业所有者可以与一个或多个个人形成合伙关系以获得开办企业的股权资本）、成立公司（通过组建公司出售股份也可以筹得股权资本）等方式获得。创业者在股权融资过程中往往会忽视股权的控制，总认为不需要还本付息，融资不需要成本，因此，更多偏向于股权融资。在融资过程中，股权释放过快，忽视了公司控制权的问题，导致由创始人变成小股东，最后在与投资方意见不合时，被股权控制方辞退，导致创业受阻。

资金是创业企业必备的要素之一，由于创业初期风险相对较大，企业资产相对较少，使得风险基金、银行贷款等机构不愿意向创业企业投资或贷款，而创业者自身所拥有的资金难以满足创业发展的需要，因此，寻求资金来源是创业者所必须考虑的一个重要因素。融资渠道即筹措资金来源的方向与通道，体现着资金的源泉和流量。企业所有者不光可以通过自己的资金启动企业，也可以从其他渠道得到资金。认清融资渠道的种类和特点，有利于降低融资成本，充分开拓和正确选择融资渠道。融资的途径和方式是多种多样的，自有资金和向贷款机构借款是企业资金的两个主要来源，主要介绍如下。

（1）银行贷款。

银行对企业的各种贷款，是我国目前各类企业最重要的资金来源。我国银行分为商业银行和政策性银行两种。商业银行是以营利为目的，从事信贷资金投放的金融机构，主要为企业提供各种商业性贷款；政策性银行是为特定企业提供政策性贷款。银行贷款方式灵活多样，可以满足各类企业的多种资金需求。比较适合创业者的银行贷款形式主要有抵押贷款和担保贷款两种。既缺乏经营历史也缺乏信用累积的创业者，比较难以获得银行的企业贷款。目前各地也在纷纷尝试创业小额贷款，创业者在融资过程中应多跑几家银行，多了解一下有关贷款的品种，以便能够以低廉的成本获得创业贷款。

在准备向银行借款之前，首先了解银行的相关政策和申请贷款的程序，许多创业者都对向银行申请贷款存在恐惧心理，认为自己没有抵押，很难获得贷款。事实并非如此，随着外资银行的进入，尤其是银行闲置资金的增加，银行业展开了一些针对创业者的免担保贷款，如商业银行投资。西方各国商业银行在推动高技术产业化方面起到了很大的促进作用，商业银行贷款在资本市场中占有一定的比例。我国从 1994 年开始实行政策性金融业务分离，政策性银行如国家开发银行就能专门给一些创业新项目实行贷款，以扶持项目成功开发和运营。

根据我国《贷款通则》的规定，目前我国发放贷款的主要形式有：

1）自营贷款、委托贷款和特定贷款。

自营贷款，指贷款人以合法方式筹集的资金自主发放的贷款，其风险由贷款人承担，并由贷款人收回本金和利息。

委托贷款，指由政府部门、企事业单位及个人等委托人提供资金，由贷款人（即受托人）根据委托人确定的贷款对象、用途、金额期限、利率等代为发放、监督使用并协助收回的贷款。贷款人（受托人）只收取手续费，不承担贷款风险。

特定贷款，指经国务院批准并对贷款可能造成的损失采取相应补救措施后责成国有独资商业银行发放的贷款。

2）短期贷款、中期贷款和长期贷款。

短期贷款，指贷款期限在 1 年以内（含 1 年）的贷款。

中期贷款，指贷款期限在 1 年以上（不含 1 年）5 年以下（含 5 年）的贷款。

长期贷款，指贷款期限在 5 年（不含 5 年）以上的贷款。

3）信用贷款、担保贷款和票据贴现。

信用贷款，指以借款人的信誉发放的贷款。

担保贷款，指保证贷款、抵押贷款、质押贷款。

保证贷款，指按《中华人民共和国担保法》规定的保证方式以第三人承诺在借款人不能偿还贷款时，按约定承担一般保证责任或者连带责任而发放的贷款。

抵押贷款，指按《中华人民共和国担保法》规定的抵押方式以借款人或第三人的财产作为抵押物发放的贷款，主要有不动产抵押贷款、动产抵押贷款、无形资产抵押贷款。

质押贷款，指按《中华人民共和国担保法》规定的质押方式以借款人或第三人的动产或权利作为抵押物发放的贷款。

票据贴现，指贷款人以购买借款人未到期商业票据的方式发放的贷款。

（2）政策性资金。

这是一类根据国家或者地方的有关政策而得到无偿或者优惠的扶持创业的资金。各地政府部门为了调节产业导向，为了鼓励大学生或者下岗员工等个人创业，每年都会拿出一些扶持性资金。这些资金主要通过两种方式来扶持符合国家产业政策的创业者，一是加强基础设施建设，为创业者提供出创业的项目良好环境和氛围。如近年来许多城市建立了高科技园区，为有发展前途的高科技人才提供免费的创业园地。二是建立创新基金，这是国家为了扶持、促进科技型中小企业技术创新而设立一种引导性资金，其目的是通过对中小企业技术项目的支持来扶持新企业的发展，增强其创新能力。如科技部、财政部联合发布设立用于支持科技型中小企业技术创新项目的政府专项基金就是一个例子。如果创业者的项目符合以上要求，就要尽可能争取到创业资金。对于刚毕业的大学生，国家还提供更多的优惠政策，如2005年国家就出台鼓励高校毕业生自主创业的政策，为他们提供税费优惠和小额贷款，组织开展创业培训、开业指导、政策咨询、项目论证和跟踪辅导等服务。所以创业者一定要随时了解国家的相关政策，好好利用这些政策，为自己创业争取到更多的创业资金。

创业者还要善于利用政府扶持政策，从政府方面获得融资支持，他们一般利用财政补贴、贴息贷款、优惠贷款、税收贷款政策以及一些专项资金的方式对创业成长提供支持。如专门针对大学毕业生的各种创业贷款，专门针对下岗失业人员的再就业小额担保贷款，专门针对科技型中小企业技术创新基金，为鼓励青年创业推出的“中国青年创业小额贷款项目”等，还有众多的地方性优惠政策。利用相关政策和扶持，可以达到事半功倍的效果。具体如下：

1）国家各部委设立的扶持基金：科技部863计划、973计划、星火计划、火炬计划、创新基金、重点新产品、科技兴贸行动计划、软科学计划、国际科技合作计划、科技支撑计划等；国家发改委中小企业发展专项基金、产业化及示范项目资金、专项资金、技改资金等；商务部出口研发资助资金、中小企业国际市场开拓资金等；信息产业部电子发展基金以及财政部设立中小企业发展资金等部委级别设置的基金品种有几十种。

2）创业小额贷款：2006 年共青团中央、国家开发银行联合启动“中国青年创业小额贷款项目”，支持对象主要是全国 40 岁以下青年初次创业的小额贷款和 40 岁以下青年企业家二次创业的中小企业贷款。青年创业小额贷款每人单笔额度一般在 10 万元以内，最多不超过 100 万元；青年创办的中小企业贷款单户额度一般在 500 万元以下，最多不超过 3000 万元。贷款期限一般不超过 3 年。对于纳入省、地（市）、县政府信用平台、贷款本息偿还有保障的项目，可以提供在人民银行公布的同期贷款利率基础下浮动 20% 的优惠利率。

3）YBC 基金：YBC 是 Youth Business China（中国青年创业国际计划）的英文简称。它是共青团中央、中华全国青年联合会、中华全国工商业联合会共同倡导发起的青年创业教育项目。该项目参考总部在英国的青年创业国际计划（Youth Business International）扶助青年创业的模式，动员社会各界特别是工商界的力量为青年创业提供咨询以及资金、技术、网络支持，以帮助青年成功创业。YBC 项目的宗旨是：培养创业精神，提高创业能力，提倡企业社会责任，促进经济与社会协调发展。YBC 项目的业务主管单位是共青团中央，组织实施单位是中国青少年社会教育基金会。YBC 通过接受社会捐助和资助，建立青年创业专项基金，为符合条件的青年创业者提供无息无担保的 5 万元左右的启动资金和“一对一”导师辅导等公益服务。YBC 是一项公益基金，口号是“扶持一个青年，成就一个未来企业家”，自 2003 年 11 月由共青团中央、中华全国青年联合会、劳动和社会保障部、中华全国工商业联合会等 7 家机构倡导发起。截至 2008 年 10 月，YBC 已扶持青年创业项目 525 个，创造就业岗位 5000 多个，其中就业数量最多的企业员工超过 800 人。

4）再就业小额担保贷款：根据中发〔2002〕12 号文件精神，为帮助下岗失业人员自谋职业、自主创业和组织起来就业，对于诚实守信、有劳动能力和就业愿望的下岗失业人员，针对他们在创业工程中缺乏启动资金和信用担保，难以获得银行贷款的实际困难，由政府设立再担保基金。通过再就业担保机构承诺担保，可向银行申请在就业小额贷款。该政策从 2003 年初陆续在全国推行。

5）科技型中小企业技术创新基金：经国务院批准设立，用于支持科技型中小企业技术创新的政府专项基金，扶持和引导科技型中小企业的技术创新活动。根据中小企业和项目的不同特点，创新基金支持方式主要有：贷款贴息、无偿资助、免税、资本投入等。

6）中小企业国际市场开拓基金：由中央财政和地方财政共同安排的专门用于支持中小企业开拓国际市场的专项资金。参见《中小企业国际市场开拓资金管理（试用）办法》（财政部、外经贸部，2000 年）和《中小企业国际市场开拓资金管理办法实施细则（暂行）》（财政部、外经贸部，2001 年）。

（3）自我累积基金。

很多成功的创业者都是依靠最初给别人打工赚来的第一桶金和宝贵的职业经验。使用自我积累基金，可以减少创业者寻找外部投资者所需要的精力、时间，降低费用，减少投资者对初创企业的经营干扰，有利于实现创业者的创意，增加荣耀感。

（4）亲情资金。

在公司创办初期，由于公司存在着较大的经营风险。一般来说，爱着你的人和认识你的人如父母、亲戚、朋友是你创业的第一支持者，也是你最容易获得资金支持的地方，很多实际案例表明，在创业的初始阶段，朋友和亲属们在筹集资金方面起着关键的作用，在创业者的资金来源中，80%来自个人家庭积蓄或者家庭借款，朋友和亲戚应该是新企业寻求融资的首要人选，不仅仅因为他们最有可能相信你和你的创业想法，而且他们最不可能像银行那样需要个人担保来拖累你。

创业者可以通过合资、入股等方式说服他人投资，或者通过亲朋好友提供担保的方式获得所需要的资金。由于亲情、友情的关系，大家彼此之间不需要更多的信誉担保，这种资本对企业盈利的要求会有更多的耐心。尤其是对那些项目规模不大、需要资金不多，处于初期的企业，可以借助亲属、朋友的资助顺利开业。但这类资本也可能带来一些弊端，如股权稀释、不适合较大的投资项目等。

（5）民间借贷。

民间借贷被称为“草根金融”，分为低利率互助式借贷、高利率信用借贷或个人借贷、地下融资中介借贷及企业间资金融通等。它手续简便，时效性强，可用于对企业进行股票、债券，甚至创业投资等，适合于企业临时性融资。随着我国政府对民间投资的鼓励与引导，以及国民经济市场化程度的提高，这部分资金越来越大。目前，我国民间投资不再局限于传统的制造业和服务业领域，而是向基础设施、科教文卫、金融保险等领域“全面开花”。但民间借贷较易产生纠纷，在借款前，应准确评估借贷风险发生的可能性，以确保损失在企业的可承受范围之内；在借款过程中应确保借据要素齐全，利率合理，双方责任明确化、法制化；在发生纠纷时，应运用正确方式，确保在法律框架内予以解决。

（6）境外资金。

境外资金主要是指国外投资者以及我国港澳台地区投资者投入的资金，是我国外商投资企业和境内外资企业的重要资金来源。目前，境外资金也开始介入我国的创业投资领域，成为一支活跃的力量。

（7）融资租赁。

融资租赁是一种以融资为直接目的的信用方式，表面上看是借物，而实质上是借资，以租金的方式分期偿还。一般而言，租赁融资对小企业的优点：1）通过租赁，企业不必支付一笔很高的设备款项，而只需支付很低的租金就能获得某项资产。2）由于市场竞争激烈，机器设备及产品更新换代快，更新周期日益缩短，一旦产品及设备更新换代，而原有的机器设备的价值又还没有完全收回，企业就要遭受重大的损失。因而，小企业采用租赁方式获得机器设备比购买机器设备等资产要主动灵活得多。3）对于刚刚创业的小企业来说，资金十分短缺，而且借钱也很难，这时，每一件设备都由企业自己购买可能并不划算，并且难以办到，此时，租赁融资是一个很好的选择。4）租赁融资有避税的作用。根据我国财务制度规定，租金作为费用在交所得税之前可以扣除，从而能享受税收上的优惠。租赁融资的缺点：1）租金较高，租金总额往往要超出设备买价许多。在承租企业财务困难时期，固定的租金支付也会构成一项沉重的负担。2）难以改良资产。未经出租人同意，承租人不得随意改良设备。

（8）风险投资。

风险投资是由职业金融家投入到新兴的、迅速发展的、具有巨大潜力的企业中的一种权益资本，它是一种“专家理财、集合投资、风险分散”的现代投资机制。他的投资对象大多处于初创时期或快速成长时期的高科技企业，如IT、生物工程、医药等领域。它具有其他融资来源所不具有的优势：1）无需创业企业的资产抵押担保，手续相对简单；2）通过该渠道融资没有债务负担；3）可以得到专家的建议，特别是高新产业，风险投资通过专家管理和组合投资，降低了由于投资周期长而带来的行业风险。风险投资非常重视对创业企业家的考察，包括个人道德品质；经营一个处于成长阶段公司方面的经验；在所从事行业中的技术水平；在管理工作中是否有过成功记录；在所从事的行业里是否有敏锐的洞察力；能否掌握市场全貌并懂得如何去开拓市场等六方面。家喻户晓的雅虎公司，在创业计划大赛中脱颖而出，获得400万美金的风险投资而起步，从目前在纳斯达克上市公司的成功案例来看，不管是早先的三大门户网站，还是后来的携程、盛大、百度都离不开风险投资的支持。

（9）天使投资。

它是自由投资者或非正式风险投资机构对原创项目构思或小型初创企业进行的一次性的前期投资。天使投资也是权益资本的一种形式，虽是风险投资的一种，但两者有着较大差别：1）投资者不同。天使投资是一种非组织化的创业投资形式，其资金来源大多是民间资本，而非专业的风险投资商，如曾经的创业者、传统意义上的富翁、大型高科技公司或跨国公司的高级管理者；2）投资金额不同，约为50万~500万元。3）投资审查程序不同。天使投资对创业项目的审查不太严格，大多都是基于投资人的主观判断或喜好而定，手续简便，投资人一般不参与管理。4）天使投资更注重提供增值服务。对刚刚起步的创业者来说，天使投资可算是一种较好的选择。天使投资虽然是创业融资市场上的“新面孔”，但由于门槛比风险投资低许多而备受创业者的青睐，甚至大有青出于蓝而胜于蓝的势头，成为创业融资的新渠道。

（10）典当。

以财物作质押，有偿有期借贷融资。这是一种以物换钱的融资方式，只要顾客在约定时间内还本并支付一定的综合服务费就能赎回当物。原则上只要来源合法、产权明晰、可以依法流通的有价值物品或财产权利都可以典当，如房产、股票、企业债券、大额存单、车辆、金银首饰、珠宝钻石、电子产品、钟表、照相机批量物资等。

（11）商业信用融资。

企业利用其商业信用，在销售商品、提供服务的经营过程中向客户筹集资金的行为，包括收取客户的预付款、押金、订金、给客户赊账、开具商业汇票等，巧妙运用商业信用融资方式，吸引一批长期稳定的客户，还可以筹到一笔可观的无息资金。商业信用融资的优点：1）商业信用是一种“自然性筹资”，它伴随商品交易自然产生，不需办理手续，一般也不附加条件，使用比较方便。2）使用灵活且具弹性。3）若没有现金折扣或企业不放弃现金折扣，以及使用不带息应付票据，则企业利用商业信用筹资并不产生筹资成本。缺点：1）期限较短，尤其是应付账款，不利于企业对资金进行统筹运用。2）对应付账款而言，若放弃现金折扣，则需负担较高的成本；对应付票据而言，若不带息，可利用的机会就极少，若带息则成本较高。3）在法制不健全的情况下，若企业缺乏信誉，容易造成企业之间相互拖欠，影响资金周转。

（12）吸收直接投资。

小企业采用吸收个人投资的方式来获取资金的情况最为普遍，尤其是采用内部职工集资方式获得投资更为常见。因为小企业与内部职工的关系，好比在一根绳上的蚂蚱，同生共死，所以小企业的老板为扩大企业规模或者资金周转一时不灵时，向内部职工集资一般都会得到支持。当然，向职工集资，可以承诺回报以较高的利息，这实际上相当于分给集资职工红利。小企业向职工集资，有这样一些好处：1）不用受银行借款所附条件的限制，运用资金比较自由；2）职工把钱借给老板后，彼此之间的关系就更加亲近了。

目前有一些私营企业主不愿吸收直接投资，他们顾及的是：1）吸收直接投资支付的资金成本较高。由于投资者要分享企业收益，因此，资金成本通常较高，特别是企业经营状况好和盈利较强时更是如此。2）吸收直接投资容易分散企业的控制权。采用吸收直接投资的方式筹集资金，投资者一般都会要求获得与投资数量相适应的经营管理权，这是接受外来投资的代价之一。如果外来投资较多，则投资者会有相当大的管理权，甚至会对企业实行完全控制，这是吸收直接投资的不利因素。

（13）利用会计手段融资：合理避税。

利用会计手段融资的实质就是合理规避或递延税款。避税是指纳税人针对税法不完善及各种难以在短期内消除的税收缺陷，回避纳税义务的活动。合理避税能减少企业的税收支出，使得作为企业的一项现金流出量的税收得以留存在企业，从而实现筹资的目的。

合理避税的关键在于纳税人主观努力和客观经济环境。从纳税人主观努力而言，一是要研究法律知识，特别是熟练掌握与税务相关的税法知识，寻找可供自己利用的法律缺陷和征管缺陷；二是要用足税收优惠，尽可能利用合法的税收优惠政策为自己的避税活动服务；三是要掌握各种方式方法并不断在实践中参与、应用或提高。

在经营过程中筹资。有些创业者经常会走进一个误区，认为创业就得要把所有资金全部到位才能开始运行，但事实上只要第一笔资金让你的项目运作起来，接下来也可以边运作边筹资，如发放债券的方式，适合所有类型的企业，企业发行向债权人定期支付利息和到期偿还本金的债券筹资资本。债券的融资成本相对较低，风险较低，有相对稳定的利息收入。

5.3 大学生创业融资的技巧

大学生创业由于其自身的问题：规模小、资产少、负债能力有限、信誉培养、融资额度有限、易受经营环境的影响、变数大、风险大等，造成企业融资困难，资金严重不足，甚至一些非常好的项目也由于缺少资金而流产，正所谓无米不成炊。所以对于大学生创业来说，融到资金固然重要，但也要看清你所选择的投资伙伴能否给你带来效益。

5.3.1 知己：练好内功

大学生创业要想成功融资，首先必须要眼睛向内，对自己有一个清醒的认识，要知道自己到底缺少什么。因为一个企业发展遇到困难的时候，资金缺乏往往只是原因之一，可能还存在更深层次的问题，比如项目本身不具有发展潜力、经营管理存在缺陷、资金严重浪费、销售渠道不畅等，如果企业没有认识到这些问题，即使他通过包装骗得了投资银行的信赖，他所获得的资金也会被吞噬。正如木桶理论所揭示的道理那样，水桶能盛多少水完全决定于最短的那块板，企业存在的问题就是那块短板，如果不把短板提高，倒进去多少水也是白费。

除了要明确自身的问题外，企业还应分析自己是否适合融资。有些大学生创业在本身并不具备条件的情况下盲目融资，而融到资金后不能合理利用，既造成资金浪费，又给投资者带来损失。第三次创业的王志东，就曾面对媒体感慨：刚创业时，保持公司的灵活性和独立性至关重要，随着公司慢慢长大后，才应考虑融资的问题。

另外，能否吸引投资银行为其投资，关键要看企业是否具备发展潜力。首先要有科学发展观的头脑，必须具备很强的管理能力和对新事物、新知识的学习能力。其次，要看行业能否构筑进入壁垒。如果是很好的项目，但进入门槛很低，一旦你的企业取得了成功就会有大批企业纷至沓来，等你还没来得急赚钱的时候，市场就进入了白热化的残酷竞争阶段了。所以进入壁垒低的行业很难有十足的发展后劲。第三，在产业定位及发展方向上必须明确，有针对性。大学生创业由于其自身条件限制不可能和大企业相比，所以要想引起投资银行家的重视，只有选择那些高新技术项目。因为虽然投资风险大，但回报可能更大。

5.3.2 知彼：理性选择

在充分认识自己的情况下，企业就要对所选择的投资银行有一个全面透彻的了解，它的实力究竟如何，能否和自己优势互补。因为资金一旦进入企业便很难撤出，如果企业在前期和投资银行没有充分沟通的话，可能随着企业生产经营的深入发展暴露的问题也越来越多，两者之间的矛盾也会不断加剧，企业很难良性运转。

有很多企业在融资的时候，觉得只要谁给的钱多，就找谁投，这是一个很大的误区。企业选择投资者不应该只选择钱，还要看他带来的配套资源，他带来的是不是有智慧的钱。所以，找钱要找智钱。就是投资者在为企业注入资金的同时，还能利用自身的优势为企业提供配套资源，以弥补企业在某些方面的不足，如资本运营、兼并重组、拓展营销渠道等。这样的组合便可以最大限度地发挥双方的作用，共同把企业做大。

由于优秀的投资银行具备透过财务指标看问题的能力，所以在选择投资银行的时候最好先让其做财务顾问业务，这样企业就可以了解投资银行具备什么样的实力。一个好的投资银行，应该具有比其他投资银行更强的核心竞争力，包括建立完备的行业和客户数据库。不断积累投资的知识、技能和经验，这样他才能为客户做出详细、完备、有创新的项目建议书。这种创新包括融资思路的创新、融资手段的创新以及融资渠道的创新等。

创业投资的获得取决于创业企业的素质外，还需要一定的融资技巧。也就是说，获取创业资本支持的过程就是展示创业企业投资价值和发展创业企业家融资技巧的过程。

首先在准备和创业投资人洽谈融资事宜之前，应该准备四份主要文件，提前递交《商务计划书》，并争取得到创业投资人外延网络的推荐，这通常是使本企业的《商务计划书》得到认真考虑的重要一步。在大多数情况下，能够承担这种推荐任务的可以是律师、会计师或其他网络成员，因为创业投资人最容易相信这些人对业务的判断能力。

这四份文件是：（1）《投资建议书》，对风险企业的管理状况、利润情况、战略地位等作出概要描述；（2）《商务计划书》，对风险企业的业务发展战略、市场推广计划、财务状况和竞争地位等作出详细描述；（3）《调查报告》，即对风险企业的背景情况和财务稳健程度、管理队伍和行业作出深入细致调研后形成的书面文件；（4）《营销材料》，这是任何直接或间接与风险企业产品或服务销售有关的文件材料。正式和创业投资人接触之前，一般需要提前向创业投资人递交《商务计划书》及其《行动纲要》。

其次在和创业投资人正式讨论投资计划之前，创业企业家还需做好四个方面的心理准备。

（1）准备应对各种提问以考查投资项目潜在的收益和风险。

一些小企业通常会认为自己对所从事的投资项目和内容非常清楚，但是你还需要对此给予高度重视和充分准备。不仅要自己想，更重要的是让别人问。企业家可以请一些外界的专业顾问或敢于讲话的行家来模拟这种提问过程，从而使自己考虑得更全，想得更细，答得更好。

（2）准备应对创业投资人对管理的查验。

企业家千万不要认为这种查验是对管理层或个人的侮辱。比如：虽然你 10 年以来所取得的成就让你自豪，创业投资基金的经理依然可能会问你：你既没进过商学院，又不是律师或会计师，也没有毕业文凭，你凭什么认为你可以将这项业务开展得合乎我们所设想的目标？对这样的提问，大多数人可能会非常气愤并反应过激，而作为创业企业家，在面对创业投资人时，这样的提问确实很有可能会碰到，因为这已构成了创业投资人对创业企业的管理进行查验的一部分，因此需要提前做好准备。

（3）准备放弃部分业务。

在某些情况下，创业投资人可能会要求企业家放弃一部分原有业务以使其投资目标得以实现。放弃部分业务对那些业务分散的风险企业来说既很现实又很必要，因为在投入资本有限的情况下，企业只有集中资源才能在竞争中立于不败之地。

（4）准备妥协。

从一开始，企业家就应该明白，你自己的目标和创业投资人的目标不可能完全相同。因此，在正式谈判前，企业家要做的第一也是最重要的一个决策就是：为了满足创业投资人的要求，企业家自身能作出多大的妥协。一般来说，由于创业资本不愁找不到项目来投资，寄望于创业投资人来作出这种妥协是不大现实的。

第二，企业家还应该掌握必要的应对技巧。引资谈判通常需要通过若干次会议才能完成。在大部分会议上，创业投资人和企业家就企业家先前递交的《商务计划书》进行探讨、询证和分析。事前了解所谓“六要”和“六不要”两类行为准则，有利于企业家顺利地进行引资谈判。

“六要”准则：

（1）要对本企业和本企业的产品或服务持肯定态度并充满热情；

（2）要明了自己的交易底限，如果认为必要甚至可以放弃会谈；

（3）要记住和创业投资人建立一种长期合作关系；

（4）要对尚能接受的交易进行协商和讨价还价；

（5）要提前做一些了解如何应对创业投资人的功课；

（6）要了解创业投资人以前投资过的项目及其目前投资组合的构成。

“六不要”准则：

（1）不要逃避创业投资人的提问；

（2）回答创业投资人的问题不要模棱两可；

（3）不要对创业投资人隐瞒重要问题；

（4）不要希望或要求创业投资人立刻就是否投资作出决定；

（5）在交易定价问题上不要过于僵化；

（6）不要带律师去参加会议。

最后，就创业投资人的典型提问列示如下，包括产品、竞争、市场、销售、生产、供应、人员、财务等方面。

5.3.3　充分准备，巧妙借款

目前，我国中小企业贷款难已是一个不争的事实，即使是一个好的投资项目，银行也不一定会予以照顾，在机会均等和其他条件相同的情况下，借款技巧在中小企业融资中便显得日益重要了。借款技巧主要有：

（1）建立良好的银企关系。

1）企业要讲究信誉。企业在与银行的交往中，要使银行对贷款的安全性绝对放心。如何使银行对企业放心呢？首先，企业要注意抓好资金的日常管理。因为银行在对企业进行考察时往往是从企业资金的使用、周转和财务核算等方面入手。其次，企业应经常主动地向银行汇报公司的经营情况，使银行在与企业经常性的沟通中，加强对企业的信任度。最后，企业还应苦练内功，真正提高企业的经营管理水平，用实际行动建立良好的信誉。

2）企业要有耐心。在争取贷款时要有耐心，充分理解和体谅银行的难处，避免一时冲动伤和气，以致得不偿失。

3）要主动、热情地配合银行开展各项工作。如积极配合银行开展各种调查，认真填写和报送企业财务报表；贷款到期主动按时履行还款或延期手续，以取得银行对中小企业的信任等。

（2）写好投资项目可行性研究报告。

投资项目可行性研究报告对于争取项目贷款的规模大小，以及银行贷款的优先支持，具有十分重要的作用，因此，中小企业在撰写报告时，要注意解决好以下几个问题：

1）报告的项目要符合国家的有关政策，重点论证在技术上的先进性、经济上的合理性以及实际上的可行性等问题。

2）要把重大问题讲清楚，对有关问题做出有力的论证。如在论证产品销路时，必须对市场对该产品的需求、当前社会的生产能力及将来的趋势等做出分析和论证。

3）把经济效益作为可行性的出发点和落脚点。

（3）突出项目的特点。

不同的项目都有各自内在的特性，根据这些特性，银行贷款也有相应的要求。

（4）选择合适的贷款时机。

要注意既有利于保证中小企业所需要资金及时到位，又便于银行调剂安排信贷资金调度信贷规模。一般来说，中小企业如要申请较大金额的贷款，不宜安排在年末和每季季末。

（5）争取中小企业担保机构的支持。

中小企业由于自身资金少，经营规模小，很难提供银行需要的抵押、质押物，同时也难以取得第三方的信用担保，因而要取得银行的贷款非常困难，但如果能得到中小企业担保机构这些专门机构的支持，向商业银行贷款就容易得多。

5.3.4 降低融资成本的策略

许多人在创业初期往往求“资”若渴，为了筹集创业启动资金，根本不考虑筹资成本和自己实际的资金需求情况。但是，如今市场竞争使经营利润率越来越低，除了非法经营以外，很难取得超常暴利。因此，广大创业者在融资时一定要考虑成本，掌握创业融资省钱的窍门。

降低融资成本是降低创业风险，提高创业成功率的有效途径。降低融资成本的方法有贷款货比三家、合理选择贷款期限、享受银行和政府的低息待遇、向亲朋好友借款、提高资金使用效率等。

5.3.4.1 巧选银行贷款也要货比三家

按照金融监管部门的规定，各家银行发放商业贷款时可以在一定范围内上浮或下浮贷款利率。比如，许多地方银行的贷款利率可以上浮30%。相对来说，国有商业银行的贷款利率要低一些，但手续要求比较严格，如果你的贷款手续完备，为了节省筹资成本，可以采用个人“询价招标”的方式，对各银行的贷款利率以及其他额外收费情况进行比较，从中选择一家成本低的银行办理抵押、质押或担保贷款。

5.3.4.2 合理挪用住房贷款也能创业

如果你有购房意向并且手中有一笔足够的购房款，这时，你可以将这笔购房款“挪用”于创业，然后向银行申请办理住房按揭贷款。住房贷款是商业贷款中利率最低的品种，办理住房贷款曲线用于创业成本更低。如果创业者已经购买有住房，也可以用现房做抵押办理普通商业贷款，这种贷款不限用途，可以当做创业启动资金。

5.3.4.3 精打细算合理选择贷款期限

银行贷款一般分为短期贷款和中长期贷款，贷款期限越长利率越高，如果创业者资金使用需求的时间不是太长，应尽量选择短期贷款。比如，原打算办理两年期贷款可以一年一贷，这样可以节省利息支出。另外，创业融资也要关注利率的走势情况，如果利率趋势走高，应抢在加息之前办理贷款；如果利率走势趋降，在资金需求不急的情况下则应暂缓办理贷款，等降息后再适时办理。

5.3.4.4 用好政策享受银行和政府的低息待遇

创业贷款是近年来银行推出的一项新业务，凡是具有一定生产经营能力或已经从事生产经营活动的个人，因创业或再创业需要，均可以向开办此项业务的银行申请专项创业贷款。创业贷款的期限一般为1年，最长不超过3年，按照有关规定，创业贷款的利率不得向上浮动，并且可按银行规定的同档次利率下浮20%。

5.3.4.5 亲情借款成本最低的创业“贷款”

创业初期最需要的是低成本资金支持，如果比较亲近的亲朋好友在银行存有定期存款或国债，你可以和他们协商借款，按照存款利率支付利息，并可以适当上浮，让你非常方便快捷地筹集到创业资金。亲朋好友也可以得到比银行略高的利息，可以说两全其美。不过，这需要借款人有良好的信誉，必要时可以找担保人或用房产证、股票、金银饰品等做抵押，以解除亲朋好友的后顾之忧。

5.3.4.6 提前还贷提高资金使用效率

在创业过程中，如果因效益提高、货款回笼以及淡季经营、压缩投入等原因致使经营资金出现闲置，这时可以向贷款银行提出变更贷款方式和年限的申请，直至部分或全部提前偿还贷款。贷款变更或偿还后，银行会根据贷款时间和贷款金额据实收取利息，从而降低贷款人的利息负担，提高资金使用效率。

综上所述，大学生创业虽说融资难，但也要保证融资质量，不能不加分析谁的钱都要。拿人家的钱手短，一旦钱进入到企业，再产生的矛盾就很难解决了。只有大家都本着相互了解、相互信任的态度，合作才会愉快，融资才能取得成功。正如兵书所云：知己知彼，才能百战不殆。

思 考 题

5-1　寻找一下你能利用的创业融资渠道与方式，讨论吸收风险投资时的注意事项。

5-2　创业者的主要融资方式可分为哪几类?

5-3　了解一下当地对大学生创业的优惠政策，谈谈学习了本章两个案例后的感想。

5-4　你觉得当前大学生创业最大的障碍是什么？分析大学生创业成功率不高的原因。

6 大学生申办企业的流程

创业，就必须了解公司创办过程中的工作流程，掌握相关政策，预先做好计划并准备相关资料，本章从大学生创办企业相关的优惠政策、企业形式、企业名称登记、企业登记注册、工商登记注册五个方面做了简要介绍。

6.1 大学生申办企业的优惠政策

6.1.1 小额担保贷款及资助政策

《国务院关于做好促进就业工作的通知》（国发〔2008〕5号）中规定，进一步完善小额担保贷款政策，创新小额担保贷款管理模式。各地可根据实际情况适当提高小额担保贷款额度和扩大贷款范围。进一步加大对符合条件的劳动密集型小企业的贷款贴息支持力度，鼓励利用小额贷款担保基金为劳动密集型小企业提供贷款担保服务。根据这一政策，各地区制订了不同的有利于大学生创业的优惠政策，例如山东省青岛市大学生自主创业，可申请5万元以下的小额担保贷款。其中从事微利项目的，由同级财政据实全额贴息；两人及两人以上团队创业的可放宽到20万元。对本市户籍大学生从事个体经营的，符合条件的，按规定给予不超过5万元的小额担保贷款。创办企业的，贷款额度放宽到10万～20万元，其中吸纳失业人员5人以下的，贷款额度最高不超过10万元（含10万元），吸纳失业人员5人（含5人）以上的，贷款额度最高不超过20万元（含20万元）。贷款期限为两年，对从事微利项目的，由财政据实全额贴息，同时，简化创业贷款拨付流程。浙江省杭州市大学生创业项目申请无偿创业资助的，经评审可给予20万元以内的资助。同时，简化创业资助资金拨付流程，首期拨付70%，其余部分在首期资助资金通过考核或审计后再予拨付。区级配套资助资金应在市创业资助资金文件下达后1个月内到位。

为了全面促进大学生创业，各地制订的优惠政策不尽相同，但对于大学生创业提供的各项小额担保贷款和资助政策的目的都是相同的，都是为了在大学生创业初期从资金上给予帮扶。大学生创业者可根据自己创业地点及情况的不同对当地创业贷款、资助政策进行详细了解后争取相关优惠政策，帮助自身成功创业。

6.1.2 入驻大学生创业孵化基地政策

为了统筹安排大学生创业所需的生产经营场地，各地都在做好促进大学生创业的基础设施及配套建设，优先保障创业场地。在土地利用总体规划确定的城镇建设用地范围内，或利用原有经批准的经济技术开发区、工业园区、高新技术园区、大学科技园区、小企业孵化园等建设创业孵化基地，为进入基地的小企业提供有效的培训指导服务和一定期限的政策扶持，增强创业企业的经营管理和市场竞争能力，提高创业稳定率。截至2010年，青岛市建立了青岛市大学生创业孵化中心和17个高校毕业生创业孵化基地，形成了全市“一中心，多基地”的创业孵化体系，为大学生创办企业提供免费创业地点并为其提供“一站式”综合办理服务平台。大学生创业者在创业初期面临资金筹措等各类问题，如当地按照国家出台的政策建有各类孵化基地，可积极申请入驻，借用孵化基地内优惠政策，节省创业初期费用，最大限度地使企业由小到大，由弱到强。

6.1.3 放宽市场准入优惠政策

《关于促进以创业带动就业工作的指导意见》（国办发〔2008〕111号）中规定：对毕业2年以内的普通高校毕业生从事个体经营的，要按有关规定，自其在工商部门首次注册登记之日起3年内，免收管理类、登记类和证照类等有关行政事业性收费。为了更好地促进大学生自主创业，国家适当放宽了大学生创业的市场准入条件，加快清理和消除了阻碍创业的各种行业性、地区性、经营性壁垒。法律、法规未禁止的行业和领域向各类创业主体开放，国家有限制条件和标准的行业和领域平等对待各类创业主体。在法律、法规规定许可的范围内，对初创企业，可按照行业特点，合理设置资金、人员等准入条件，并允许注册资金分期到位。按照法律、法规规定的条件、程序和合同约定允许创业者将家庭住所、租借房、临时商业用房等作为创业经营场所。扩大政府采购范围，制定了促进小企业发展的政府采购优惠政策。

6.1.4 其他优惠政策

为认真贯彻落实党的十七大提出的“实施扩大就业的发展战略，促进以创业带动就业”的要求和国家关于做好大学生创业工作的有关文件精神，各地结合自身实际，为更好地促进大学生自主创业，制定了不同程度的优惠政策，例如：减免行政性管理收费、放宽注册资本登记条件、享受税收减免、给予一次性创业补贴、给予一次性岗位开发补贴、给予经营场所租金补贴、见习补贴、社会保险补贴、会展补贴等。大学生需根据自身所处地域的不同，掌握当地政府针对大学生出台的优惠政策，节约创业成本，增加创业成功率。

6.2 大学生申办何种形式的企业

大学生选择怎样的企业形式对所创办企业未来的发展意义重大，通过各方面的创业准备后，大学生创业者首先需要考虑到的是创建一个怎样形式的企业。企业的类别很多，法律形式也不一样，对于初步创业者来说，要慎重选择合适的企业形式。

6.2.1 企业的类型

企业是依法设立的经济组织。企业可以从事生产、流通、服务活动，以其生产的产品或提供的劳务满足社会需求，以获取盈利。企业是经济的基本单位。企业根据不同标准可以划分为不同的类型。按照经营性质不同，可以将企业划分为：工业企业、商业企业、农业企业、金融保险企业、交通运输企业、邮电企业、房地产开发企业、旅游服务企业、餐饮服务企业、中介服务企业等。按企业组织形式不同，可以将企业划分为：个体企业、合伙制企业、股份制企业。按经济成分不同，可以将企业划分为：国有企业、集体企业和私营企业。按资源密集程度不同，可以将企业划分为劳动密集型企业、资金密集型企业、技术密集型企业。按企业规模大小不同，可以将企业划分为小型企业、中型企业、大型企业。

6.2.2 企业的法律形式

在市场经济条件下，企业是法律上和经济上独立的经济实体。任何一个企业都要依法建立。创业者在创建一个企业时，都面临企业的法律形式选择问题。企业的法律形式有多种，主要包括：个体工商户、个人独资企业、合伙企业、中外合作企业、外商投资企业、国有独资企业、无限责任公司、有限责任公司、股份有限公司等。对于大学生创业，登记注册的企业法律形式基本上以个体工商户、个人独资企业、合伙企业、有限责任公司四种最为常见。下面重点介绍这四种法律形式。

6.2.2.1 个体工商户

A 个体工商户的概念及字号名称

个体工商户是指公民在法律允许的范围内，依法经核准登记，从事工商业活动。个体工商户的字号名称在申请登记管辖机关范围内同一行业中不得重名。字号名称一般应体现所属行业，字号名称前冠以区县地名，直接冠用市名的须经市级工商行政管理部门核准后方可使用。个体工商户的字号名称不得使用的名称为：外国国家（地区）名称、国际组织名称；以外国文字或汉语拼音组成的名称；以数字组成的名称；对国家、社会或者公共利益有损害以及有碍社会道德风尚和精神文明建设的名称。

B 个体工商户组成形式和民事责任的承担

个体工商户可以个人经营，也可以家庭经营。个人经营的，以个人全部财产承担民事责任；家庭经营的，以家庭全部财产承担民事责任。除以上形式外，个体工商户也可以个人合伙形式经营，即由两个以上公民自愿组成，共同出资，共同劳动经营，但从业人数须在限定的人数以内。个体工商户的从业人数不得超过8人。

C 个体工商户的经营期限

个体工商户的经营期限是指营业执照的有效期限。个体工商户营业执照的有效期限是四年，个体工商户临时营业执照的有效期限是六个月，具体起点时间是营业执照的批准日期。

6.2.2.2 个人独资企业

A 个人独资企业的概念及设立条件

个人独资企业是指依照《个人独资企业法》，在中国境内设立，有一个自然人投资，财产为投资人个人所有，投资人以其个人财产对企业债务承担无限责任的经营实体。投资人为一个自然人，而且只能是中国公民；有合法的企业名称。个人独资企业不能使用“有限”、“有限责任”或“公司”字样。个人投资企业的名称可以是厂、店、部、中心、工作室等；有投资人申报的出资。设立个人独资企业投资人可以用货币出资，也可以用实物、土地使用权、知识产权或者其他财产权利出资。投资人可以个人财产出资，也可以家庭共同财产作为个人出资。以家庭共同财产作为个人出资的，投资人应当在设立登记申请书上予以说明；有固定的生产经营场所和必要的生产经营条件；有必要的从业人员。

B 个人独资企业的法律特征及对投资人的人数限制

在组织结构形式上，个人独资企业是个人创办的独资企业，其投资者是一个自然人。国家机关、国家授权投资机构或者国家授权的部门、企业、事业单位等都不能作为个人独资企业的设立人。在责任形式上，投资者个人以其个人财产对企业债务承担无限责任。投资人若以家庭共同财产作为个人投资的，以家庭共有财产对企业债务承担无限责任。这是个人独资企业区别于有限责任公司和股份有限公司等企业形式的基本特征。个人独资企业没有独立的资产，企业的财产就是投资人的财产，企业的责任就是投资人的责任。因此，个人独资企业无独立承担民事责任的能力。个人独资企业虽然不具备法人资格，但是却是独立民事的主体，能够以自己的名义从事民事活动。个人投资企业必须是一个自然人投资设立。

C 个人独资企业的经营方式

个人独资企业的经营方式是指经登记机关核准登记的个人独资企业经营活动

所采用的方式或者方法。一般有：自产自销、代购代销、来料加工、来样加工、来件加工、来件装配、零售、批发、批零兼营、客运服务、货运服务、代客储运、装卸、修理服务、咨询服务等。代理销售、连锁经营是新产生的经营方式。国家允许个体工商户和私营企业采取的经营方式，个人独资企业均可采用。

D　个人独资企业可以从事的业务行业

个人独资企业是私营企业，凡是个体工商户和私营企业可以从事的行业，个人独资企业均可从事；凡是国家禁止个体工商户和私营企业从事的行业、经营的商品，个人独资企业也不得从事和经营。个体工商户和私营企业可以从事的行业有工业、交通运输业、建筑业、商业、饮食服务业、修理业、科技咨询以及文化娱乐等，个人独资企业也可以从事这些行业。国家有关法律、行政法规规定，个体工商户和私营企业不得从事下列行业：军工业、邮电通讯业、铁路运输业、金融保险业等，个人独资企业也不可以从事这些行业。根据《个人独资企业法》规定，法官、检察官、警察、公务员、现役军人不能作为个人独资企业投资人。

E　个人独资企业对投资人出资的规定

个人独资企业是无限责任形式的企业，企业投资人不仅要以其出资对企业承担责任，还要以个人的其他财产承担无限责任。《个人独资企业法》规定，设立个人独资企业应当有投资人申报的出资即可。个人独资企业的出资额由投资人自愿申报，投资人不必向登记机关出具验资证明，登记机关也不审核投资人的出资是否实际缴付。个人独资企业投资人应当在申请设立登记时明确是以个人财产出资还是以其家庭财产作为个人出资。

6.2.2.3　合伙企业

A　合伙企业的概念及主要特征

合伙企业是指依照《中华人民共和国合伙企业法》在中国境内设立的，由各合伙人订立合伙协议，共同出资、合伙经营、共享收益、共担风险，并对合伙企业债务承担无限连带责任的营利性组织。合伙企业是一种古老而富有生命力的共同经营方式，它以自身的特点和优势大量存在于世界许多国家的诸多行业之中，有许多国际知名的大企业在创业阶段甚至已经成长为大规模企业后都采用了合伙企业的组织形式。合伙企业以合伙协议作为成立的法律基础。合伙协议是调整合伙关系、规范合伙人相互权利义务、处理合伙纠纷的基本法律依据，对全体合伙人具有约束力，是合伙得以成立的法律基础。合伙企业须由全体合伙人共同出资，合伙经营。出资是合伙人的基本义务，也是其取得合伙资格的前提条件。合伙人必须合伙参与经营活动，从事具有经济利益的营业行为。合伙人共负盈亏，共担风险，对外承担无限连带责任。合伙人既可以按其对合伙企业的出资比例分享合伙盈利，也可按合伙人约定的其他办法来分配合伙盈利。当合伙企业财产不足以清偿合伙债务时，合伙人还需要以其个人财产来清偿债务，即承担无限责任，而且任何一个合伙人都有义务清偿全部合伙债务，即承担连带责任。合伙制企业的数量不如个人独资企业和公司制企业多，一般在广告、商标、咨询、会计师事务所、法律事务所、股票经纪人、零售商业等行业较为常见。

B　合伙企业的设立

合伙企业设立应具备的条件是：有两个以上合伙人，并且都是依法承担无限责任者。人数上限没有限定。合伙人只能是自然人，不能是法人；有书面合伙协议。合伙协议应当载明的事项有：合伙企业的名称和主要经营场所的地点；合伙目的及合伙企业的经营范围；合伙人的姓名及其住所；合伙的出资方式、数额和缴付出资的期限；利润分配和亏损分担办法；合伙企业事务的执行；入伙与退伙；合伙企业的解散与清算；违约责任。有各合伙人实际缴付的出资。可以是货币、实物、土地使用权、知识产权或其他财产权利出资，甚至可以用劳务出资。对出资的评估作价可以由合伙人协商确定，无需投资；有合伙企业名称。合伙企业在其名称中不得使用“有限”或“有限责任”字样；有经营场所和从事合伙经营的必要条件。

6.2.2.4　有限责任公司

A　有限责任公司的概念及组成方式

有限责任公司是指股东以其出资额为限对公司承担责任，公司以其全部资产对公司的债务承担责任的法人企业。股东会是由全体股东组成，是公司的权力机构。股东会行使下列职权：决定公司的经营方针和投资计划；选举和更换董事，决定有关董事的报酬事项；选举和更换股东代表出任的监事，决定有关监事的报酬事项；审议批准董事会的报告；审议批准监事会或者监事的报告；审议批准公司的年度财务预算方案、决算方案；审议批准公司的利润和弥补亏损方案；对公司增加或者减少注册资本，做出决议；对发行公司债券做出决议；对股东向股东以外的人转让出资做出决议；对公司合并、分立、变更公司形式、解散和清算等事项做出决议；修改公司章程。

B　董事会的组成及权利

董事会是股东会的执行机构，由3~13名董事组成。董事会设董事长1人，可以设副董事长1~2人，董事长为公司的法定代表人。股东人数较少和公司规模较小的有限责任公司可以只设1名执行董事，不设董事会。股东会会议由董事会召集，董事长主持，董事长因特殊原因不能履行职务时，由董事长指定的副董事长或者其他董事主持。董事会对股东会负责，行使下列职权：负责召集股东会，并向股东会报告工作；执行股东会的决议；决定公司的经营计划和投资方案；制订公司的年度财务预算方案、决算方案；制订公司的利润分配方案和弥补亏损方案；制订公司增加或者减少注册资本的方案；拟订公司合并、分立、变更公司形式、解散方案；决定公司内部管理机构的设置；聘任或者解聘公司经理

(总经理)，根据经理的提名，聘任或者解聘公司副经理、财务负责人，决定其报酬事项；制定公司的基本管理制度。

C　监事会的组成及权利

有限责任公司经营规模较大的，设立监事会，其成员不得少于 3 人。监事会应在其组成人员中推选 1 名召集人。监事会由股东代表和适当比例的公司职工代表组成，具体比例由公司规定。监事会中的职工代表由公司职工民主选举产生。有限责任公司，股东人数较少和规模较小的，可以设 1 ~2 名监事。董事、经理及财务负责人不得兼任监事。监事的任期每届为三年。监事任期届满，连选可以连任。监事会或者监事行使下列职权：检查公司财务；对董事、经理执行公司职务时违反法律、法规或者公司章程的行为进行监督；当董事和经理的行为损害公司的利益时，要求董事和经理予以纠正；提议召开临时股东会；公司章程规定的其他职权。

D　经理的聘任及权利

有限责任公司设经理，由董事会聘任或者解聘。经理对董事会负责，行使下列职权：主持公司的生产经营管理工作，组织实施董事会决议；组织实施公司年度经营计划和投资方案；拟订公司内部管理机构设置方案；拟订公司的基本管理制度；制定公司的具体规章；提请聘任或者解聘公司副经理、财务负责人；聘任或者解聘除应由董事会聘任或者解聘以外的负责管理人员；公司章程和董事会授予的其他职权。经理列席董事会会议。

6.2.3　选择企业法律形式的因素

6.2.3.1　创业资金准备情况

在我国根据相关法律规定，个体工商户、个人独资企业、合伙制企业注册资金实行申报制，没有最低限额要求。对于有限责任公司，法律规定资本最低限额为 3 万元；一人有限责任公司为 10 万元。公司资本可以用货币、实物、工业产权、非专利技术、土地使用权出资，但不能以其他方式出资。鉴于这些情况，创业者在选择企业法律形式时就要考虑自己创业资金的准备情况，当资金充足时，可以考虑创办有限责任公司；资金不足时可以考虑从其他三种企业法律形式中选择一种。企业发展初期，规模可以小一些，待企业发展壮大以后，还可以根据自己的实力重新创建、注册新的公司。在现实中有不少企业，都曾经重新注册过自己的企业或公司。

6.2.3.2　创办企业名称的要求

根据《企业名称登记管理实施办法》的规定，个体工商户、个人独资企业、合伙企业不属于法人，所以非法人不得使用属于法人字样的名称。个体工商户、个人独资企业、合伙企业可以在“厂”、“经营部”、“店”、“工作室”等字样中自由选择。鉴于此，创办什么样的企业，事先要考虑好企业的名称，企业名称与企业法律形式有直接关联，并且有法律上的规定，这些规定创业者有所知晓。

6.2.3.3 税费因素

国家为了鼓励一些行业的发展或者限制一些行业的发展，在制定税法时，分别采取了不同的法律规定，由于企业规模大小不一样、行业不一样，企业的税负也不一样。创业者在创办企业初期一定要考虑企业的税负。国务院宣布从2001年1月1日起对个人独资、合伙企业停征企业所得税，只对其投资者的生产经营所得征收个人所得税。由于投资经营的行业不一样，导致不同形式的经济组织间税负不同。通常情况下，不同的行业需要缴纳不同的税种。比如从事工业和商业活动的，要缴纳增值税（有的还要缴纳消费税），从事建筑安装、交通运输、社会服务等的，要缴纳营业税等。有些税种，因为组织形式不同，有的经济实体就不需要缴纳，比如个体工商户、个人独资企业、合伙企业不用缴纳企业所得税。税负对于一个企业来说，产生的影响是非常大的，在经营过程中，企业经常涉及纳税问题，所以企业在创办初期就应该进行纳税筹划。

6.2.3.4 经营风险

企业法律形式不同在经营过程中所承担的风险也就不同。有限责任公司比私营企业风险要小。因为有限责任公司对外承担有限责任，不会以企业以外的个人资产抵债，而承担无限责任的私营企业，如个人独资企业、合伙企业，一旦经营失败，不但要以企业的全部资产用于抵债，同时企业以外的个人资产也要用于抵债。合伙企业的合伙人也要承担无限连带责任。鉴于这种情况，创办企业要权衡利弊，充分考虑经营风险。

6.2.3.5 技术因素

创业者往往掌握着不同的专业技术，所注册的企业如果符合注册高新技术企业的条件，可以充分利用国家对高新技术企业政策的扶持，注册高新技术企业，使企业更快地发展起来。在我国各省、市、地区对高新技术企业划定的条件不完全一样，创业者一定要了解当地对高新技术企业的规定。同时还规定了一些具体标准：从事高新技术领域范围内的一种或多种高新技术及其产品的研究开发、生产和技术服务，单纯的商业贸易除外。具有企业法人资格。具有大专以上学历的科技人员须占企业职工总数的30%以上，其中从事高新技术产品研究开发的科技人员占企业职工总数的10%以上。从事高新技术产品生产或服务为主的劳动密集型高新技术企业，具有大专以上学历的科技人员应占企业职工总数的20%以上。企业每年用于高新技术及其产品研究开发的经费应占本企业当年总销售额的50%以上。高新技术企业的技术收入与高新技术产品销售收入的总和应占本企业当年收入的60%以上；新办企业在高新技术领域的投入占总投入60%以上。企业的主要负责人应是熟悉本企业产品研究、开发、生产和经营，并重视技术创新的本企业专职人员。

6.3 大学生申办企业名称登记

大学生创业要申请注册公司，就必须了解公司注册方面的法定程序和工作流程，然后针对每一个程序和流程的要求预先做好计划并准备相关资料，这样可以省去许多麻烦，避免走弯路，在节省宝贵时间的同时，又可以保障提交资金的准确性。

6.3.1 企业名称登记

企业名称即企业的名字、字号，是企业区别于其他企业或其他社会组织，被社会识别的标志。

名称一般由四部分依次组成：行政区划+字号+行业+组织形式。

6.3.1.1 行政区划

行政区划指本企业所在地县级以上行政区域的名称或地名。

具备下列条件的企业法人，可以将名称中的行政区划放在字号之后，组织形式之前。一是使用控股企业名称中的字号。二是使用外国（地区）出资企业字号的外商独资企业，可以在名称中间使用（中国）字样。

6.3.1.2 字号

企业名称中的字号应当由两个以上汉字组成，行政区划不得用做字号，但县以上行政区划地名具有其他含义的除外。企业名称可以使用自然人投资人的姓名作字号。

6.3.1.3 行业

企业名称中的行业表述应当是反映企业经济活动性质所属国民经济行业或者企业经营特点的用语。名称中的行业特点应与主营行业相一致。企业经营活动性质分别属于国民经济行业不同大类的，应当选择主要经济活动性质所属国民经济行业类别用于表述企业名称中的行业。

企业名称中不使用国民经济行业类别用于表述企业所从事行业的，应当符合以下条件：

（1）企业经济活动性质分别处于国民经济行业5个以上大类。

（2）企业注册资本（或注册资金）1亿人民币以上或者是企业集团的母公司。

（3）与同一工商行政管理机关核准或者登记注册的企业名称中字号不相同。

（4）企业为反映其经营特点，可以在名称中的字号之后使用国家（地区）名称或者县级以上行政区划的地名。以下地名不视为企业名称中的行政区划。

（5）企业名称不应当有或者暗示有超越其经营范围的业务。

6.3.1.4 组织形式

依据《中华人民共和国公司法》、《中华人民共和国中外合资经营企业法》、《中华人民共和国中外合作经营企业法》、《中华人民共和国外资企业法》申请登记的企业名称，其组织形式为有限公司（有限责任公司）或者股份有限公司；依据其他法律、法规申请登记的企业名称（如合伙企业、个人独资企业等），组织形式不得申请为“有限公司（有限责任公司）”或“股份有限公司”，非公司制企业可以申请用“厂”、“店”、“部”等作为企业名称的组织形式。

6.3.2 名称登记管辖

工商行政管理机关对企业名称实行分级登记管理。

6.3.2.1 国家工商管理局管辖范围

（1）冠以“中国”、“中华”、“国家”、“国际”字样的。

（2）名称中间使用“中国”、“中华”、“国家”、“国际”字样的。

（3）不含行政区划的。

6.3.2.2 市工商局登记管辖范围

（1）市人民政府批准设立或者行业归管理部门审查统一由政府各部门设立的企业。

（2）企业集团。

（3）专业从事进出口业务、劳务输出业务、对外承包工程的企业或者资产评估机构、验资机构、审计机构、典当机构、中小企业信用担保机构、工商注册代理机构、专业经济组织、因私出入境中介机构、境外就业中介机构、征信机构。

（4）股份有限公司。

（5）国有独资公司。

（6）注册资本3000万元（含）人民币以上的有限责任公司。

（7）出资额在3000万元（含）人民币以上的个人独资企业。

（8）外商投资企业。

6.3.2.3 区县工商分局登记管辖范围

受理上述企业以外的其他企业、内资企业分支机构及个体工商户的名称登记，分局根据市局复核意见进行核准。

6.3.3 其他内容

（1）股东（出资人）的资格证明。

股东（出资人）为企业的，出具加盖本企业公章的《营业执照》复印件；

股东（出资人）为事业法人的，出具加盖本单位公章的《事业法人证书》；股东（出资人）为社会团体的，出具加盖本单位公章的《社会团体法人证书》；股东（出资人）为自然人的，出具本人的身份证或其他合法身份证明的复印件。

（2）名称保留期。

预先核准的企业名称保留期为3～6个月。预先核准的企业名称保留期内，不得用于从事经营活动，也不得进行转让。

（3）企业名称不得含有下列内容和文字：

1）有损于国家、社会公共利益的。

2）可能对公众造成欺骗或者误解的。

3）外国国家（地区）名称、国际组织名称。

4）政党名称、党政军机关名称、群众组织名称、社会团体名称及部队番号。

5）其他法律、行政法规规定禁止的。

（4）企业名称应当使用符合国家规范的汉字，不得使用外国文字、汉语拼音字母，阿拉伯数字。

（5）在名称中间使用“国际”字样的，“国际”不能用做字号或者经营特点，只能作为经营特点的装饰语，并应符合行业用语的习惯，如国际贸易、国际货运代理等。

（6）使用自然人姓名作字号的，该自然人应是企业的投资人或股东。需要注意的是，所用投资人姓名与党和国家领导人或老一辈革命家的姓名相同的，不得使用。

（7）以商标做字号应提交商标所有权人出具的同意函，以及国家有关部门对该商标的认定证明。工商行政管理机关的工作人员审核申请人提交的书面材料后，符合条件的，当场发放《企业名称预先核准通知书》。

6.4　大学生创办企业登记注册

6.4.1　法人、企业法人

法人是指具有民事权利能力和民事行为能力，依法独立享有民事权利和承担民事义务的组织。根据我国《民法通则》的规定，法人必须具备四项条件：（1）依法成立；（2）有必要的财产或者经费；（3）有自己的名称、组织机构和场所；（4）能够承担民事责任。从法人的设立性质上讲，通常的法人主要包括企业法人、事业法人、机关法人等。

企业法人是具有国家规定的独立财产，有健全的组织机构、组织章程和固定场所，能够独立承担民事责任、享有民事权利和承担民事义务的经济组织。

确立企业法人制度的好处是：使具备法人条件的企业取得独立的民事主体资

格，真正成为自主经营、自负盈亏的商品生产者和经营者，在法律上拥有独立的人格，像自然人一样有完全的权利能力和行为能力。《民法通则》规定："依照法律或者法人组织章程规定，代表法人行使职权的负责人，是法人的法定代表人。"法定代表人必须是法人组织的负责人，能够代表法人行使职权。法定代表人可以由厂长、经理担任，也可以由董事长、理事长担任。法定代表人的权力，是由法人赋予的，法人对法定代表人的正常活动承担民事责任。但是如果代表人的行为超出法人授予的权利范围，法人就可能为其承担责任。

6.4.2 经营场所

6.4.2.1 企业法人住所和经营场所的概念

企业法人住所指企业法人的主要办事机构所在地，主要办事机构是指首脑机构或主要管理机构。经营场所指企业法人主要业务活动、经营活动的处所。企业法人住所和经营场所的法律意义是不同的，但实际工作中，企业法人住所和经营场所往往是同一地点。

6.4.2.2 住所和经营场所主要登记事项

住所和经营场所作为企业法人的主要登记事项，是构成企业法人的基本条件，也是企业法人进行民事活动不可缺少的条件，没有住所和经营场所的企业是不允许存在的。企业只有固定住所才能使经济往来，业务活动正常进行。企业法人住所是企业法人承担民事责任的前提条件。一旦发生需承担经济和法律责任时，如无固定住所，就可能找不到企业在什么地方，企业也就无法承担经济责任和法律责任。这不但损害第三者的利益，而且给经济秩序和监督管理工作造成混乱。企业住所也是确定登记主管机关和司法机关管辖的依据及企业开展诉讼的需要。经营场所是企业进行生产、经营、服务的基本条件，厂房、店堂的大小是确定企业经营规模的依据之一，所以必须把住所和经营场所作为企业法人的主要登记事项。住所使用证明包括产权证明、房屋租赁协议。房屋租赁的期限必须在1年以上。公司住所证明是指能够证明公司对其住所享有使用权的文件。公司住所和经营场所是租赁用房的，需提交房主的《房屋产权登记证》的复印件或有关房屋产权归属的证明文件、使用人与房屋产权所有人直接签订的房屋租赁协议书或合同。公司的住所是股东作为出资投入并为公司所使用的，则提交股东的《房屋产权登记证》或有关房屋产权证明的文件及该股东出具的证明文件。

6.4.3 注册资本

注册资本是公司登记注册事项之一，是投资人对企业的永久性投资，是经国家确认的公司独立财产的货币形态，包括流动资金和固定资产以及无形资产，也叫法定资本。注册资金是国家授予企业法人经营管理的财产或者企业法人自有的数额体现。

注册资本与注册资金的概念有很多差异。注册资金所反映的是企业经营管理权；注册资本则反映的是公司法人财产权，所有的股东投入的资本一律不得抽回，由公司行使财产权。注册资金是企业实有资产的总和，注册资本是出资人实缴的出资额的总和。注册资金随实有资金的增减而增减，即当企业实有资金比注册资金增加或减少20%以上时，要进行变更登记。而注册资本非经法定程序，不得随意增减。

依照《中华人民共和国公司法》规定，公司的注册资本必须经法定的验资机构出具验资证明，验资机构出具的验资证明是表明公司注册资本数额时的合法证明，依照国家有关法律、行政法规的规定，能够出具验资证明的法定验资机构是会计师事务所和审计事务所。

新《公司法》规定，有限责任公司注册资本为在公司登记机关登记的全体股东认缴的出资额。公司全体股东的首次出额不得低于注册资本的20%，也不得低于法定的注册资本最低限额，其余部分由股东自公司成立起两年内缴足；其中投资公司可以在5年内缴足。有限责任公司注册资本的最低限额为人民币3万元。法律、行政法规对有限责任公司注册资本的最低限额有较高规定的，从其规定。一人有限责任公司的注册资本最低限额为人民币10万元，股东应当一次足额缴纳公司章程规定的出资额。

6.4.4 经营范围

经营范围指国家允许企业法人生产和经营的商品类别、品种及服务项目，反映企业法人业务活动的内容和生产经营方向，是企业法人业务活动范围的法律界限，体现企业法人民事权利能力和行为能力的核心内容。《民法通则》规定："企业法人应当在核准登记的经营范围内从事经营。"这就从法律上规定了企业法人经营活动范围。经营范围一经核准登记，企业就具有了在这个范围内的权利能力，企业同时承担不得超越范围经营的义务，一旦超越，不仅不受法律保护，而且要受到处罚。核定的企业经营范围是区分企业合法经营与非法经营的法律界限。

根据《公司法》的规定，对公司的经营范围有以下要求：公司的经营范围由公司的章程规定，公司不能超越章程规定的经营范围申请登记注册。公司的经营范围必须进行依法登记，公司的经营范围以登记注册机关核准的为准。

6.4.5 验资证明

验资证明是会计师事务所或者审计师事务所及其他具有验资资格的机构出具的证明资金真实性的文件。依照《公司法》规定，公司的注册资本必须经法定的验资机构出具验资证明，验资机构出具的验资证明是表明公司注册资本数额的合法证明。依照国家有关法律、行政法规的规定，法定验资机构是会计师事务所和审计师事务所，具体由在会计师事务所工作的注册会计师或在审计师事务所工作的经依法认定为具有注册会计师资格的注册审计师担任。

委托人委托验资机构验资需按规定办理委托手续，填写委托书，并提交下列文件：

（1）公司章程。

（2）公司名称预先核准通知书。

（3）投资单位上月末资产负债表。

（4）投资人的合法身份证明。

（5）各类资金到位证明：以货币出资的应提交银行进账单。以非货币出资的，应提交经有法定评估资格的机构评估的报告书和财产转移手续；以新建或新购入的实物作为投资的，也可以不经过评估，但要提供合理作价证明。

（6）验资机构要求提交的其他文件。验资后，验资机构应出具验资报告，连同验资证明材料及其他附件，一并交与委托人，作为申请注册资本的依据。

6.4.6 营业执照

营业执照指工商行政管理机关发给工商企业、个体工商户的准许从事某项生产经营活动的凭证。其格式由国家工商行政管理局统一规定，主要包括企业名称、企业地址、负责人姓名、筹建或开业日期、经营性质、生产经营范围、生产经营方式等。没有营业执照的工商企业或个体工商户一律不许开业，不得刻制公章、签订合同、注册商标、刊登广告，银行不予开立账户。

根据创办企业不同的法律形态，企业的营业执照分别为《个体工商营业执照》、《个人独资企业营业执照》、《合伙企业营业执照》、《企业法人营业执照》等。

“电子执照”是指各类经济组织的营业执照副本，是根据《中华人民共和国公司法》、《中华人民共和国企业登记管理条例》、《中华人民共和国公司登记管理条例》等有关登记注册法律、法规，由依法成立的具有认证机构认证，以数字证书为基础，由工商行政管理部门制作、核发、载有企业注册登记信息的电子信息证书。“电子执照”是企业营业执照副本，是企业营业执照的表现形式之一，用于办理网上名称查询、网上注册登记、网上信用查询、网上年检、网上广告数据填报、网上投诉、法律法规咨询、工商业务表格下载等工商业务，还可以享用与税务、质检等部门的证照互动、网上报税、网上报关、网上采购、网上竞标等其他服务。

6.4.7 公司章程

公司章程是公司设立的最主要条件和最重要的文件。公司的设立程序以订立公司章程开始，以设立登记结束。我国明确规定，订立公司章程是设立公司的条件之一。审批机关和登记机关要对公司章程进行审查，以决定是否给予批准或者给予登记。公司没有公司章程，不能获得批准；公司没有公司章程，也不能获得登记。

公司章程是确定公司权利、义务关系的基本法律文件。公司章程一经有关部门批准，并经公司登记机关核准，即对外产生法律效力。公司依公司章程，享有各项权利，并承担各项义务，符合公司章程的行为受国家法律的保护；违反章程的行为，有关机关有权对其进行干预和处罚。

公司章程是公司对外进行经营交往的基本法律依据。公司章程规定了公司的组织和活动原则及其细则，包括经营目的、财产状况、权利与义务关系等，为投资者、债权人和第三人与该公司进行经济交往提供了条件和依据。凡依公司章程而与公司经济进行交往的所有人，依法可以得到有效的保护。

鉴于公司章程的上述作用，必须强化公司章程的法律效力。这不仅是公司活动本身需要，也是市场经济健康发展的需要。公司章程肩负着调整公司活动的责任。这就要求股东和发起人在制定公司章程时必须考虑周全，规定得明确详细，不能做各种各样的理解。公司登记机关必须严格把关，使公司章程做到规范化。从国家管理的角度，对公司的设立进行监督和保证公司设立以后能够进行正常的运行。有限责任公司章程由股东共担制定，经全体股东一致同意，由股东在公司章程上签名盖章。修改公司章程，必须经代表2/3以上表决权的股东通过。有限责任公司的章程，必须载明下列事项：公司名称和住所；公司经营范围；公司注册资本；股东的姓名和名称；股东的权利和义务；股东的出资方式和出资额；股东转让出资条件；公司的机构产生办法、职权、议事规则、公司的法定代表人；公司的解散事由与清算办法；股东认为需要规定的其他事项。

6.5 大学生创办企业工商登记注册

大学生创办企业多数是结合自己专业而建立，符合高新技术企业的要求，而高新技术企业法律形式要求为有限责任公司，因此介绍有限责任公司的创建程序与相关手续，为大学生创业提供一次实践的机会。

6.5.1 登记注册

由工商行政管理部门负责对企业的开业、变更、停业及其经营活动进行监督。

6.5.1.1 名称预先核准

由全体股东指定的代表或者共同委托的代理人，向公司登记机关申请公司名称预先核准。

申请公司名称预先核准，应提交下列文件：

（1）全体股东签署的公司名称预先核准申请书。

（2）股东的法人资格证明或者自然人身份证明。

（3）全体股东指派的代表或者共同委托的代理人的证明；受委托人的证明，受托代理机构及代理人的资质证明。

（4）公司登记机关要求提交的其他文件。

（5）公司登记机关自收到上述所列文件之日起10日内，做出核准或者驳回的决定，公司登记机关决定核准的，即发给《企业名称预先核准通知书》。

（6）预先核准的名称保留期六个月，预先核准的公司名称在保留期内，不得用于从事经营活动，不得转让。

6.5.1.2 高新技术企业认定程序

（1）企业提出书面申请。

（2）创业服务中心对申请企业进行初审。

（3）初审合格后上报高新区科技经济发展部。

（4）科技经济发展部和创业服务中心考查企业。

（5）通知合格企业准备资料、填报申请表。

（6）材料初审、签署推荐意见。

（7）发证、授牌。

6.5.1.3 申请设立登记

由全体股东指定的代表或者共同委托的代理人，向公司登记机关申请设立登记。

申请设立有限责任公司，应提交下列文件：

（1）公司董事长签署的设立登记申请书。

（2）全体股东指定代表人或者共同委托代理人的证明；受委托人的身份证明；受托代理机构及代理人员的资质证明。

（3）公司章程。

（4）具有法定资格的验资机构出具的验资证明。

6.5.2 刻制印章

（1）公司刻制印章包括公章和法定代表人章。

公章指刻有单位名称、一经加盖即代表单位名义的印章。

（2）我国法律法规还规定任何机关、组织、社会团体、企事业单位、公司及其他法人等刻制公章，必须经主管部门同意，凭有关证明文件向当地公安机关申请，经公安机关审查同意后，到指定的刻制单位刻制。完成后，还应在公安机关及相应的主管部门进行印鉴备案，方可正式使用。

（3）刻制印章的程序。

1）领取并如实填写《申请刻制印章审批表》，统一报公安机关审批。

2）公安机关审批同意后，由工商局指定刻字公司承刻。

3）刻制完成后进行印鉴留底备案。

6.5.3 办理组织机构代码证

（1）统一代码标识制度。统一代码标识制度，是由各级代码主管部门给每个企事业单位、社会团体、党政机关赋予一个在全国范围内唯一的、始终不变的、符合国家关于机构代码编制规则的法定代码标识，在赋予代码的同时采集了该单位的信息，其主要信息项均按国家规定标引了供检索之用的分类代码。这样，每一个代码不仅代表一个唯一的单位，而且也表达这个单位的一些基本的要素。这些以统一代码为特征的标准信息单元经技术处理后，形成分层级的代码信息网络系统，从而为实现信息共享提供了技术手段。

（2）组织机构代码。组织机构代码是由组织机构代码主管部门根据国家关于实行统一代码标识制度的规定，给每个企事业单位、社会团体和党政机关颁发一个唯一的、始终不变的、符合国际标准化组织有关机构编码规则的法定代码标识。

该代码由8位字符本体代码和一位字符校验码组成，表示形式：

12345678-8，本体代码（8位）和校验码（1位）。

（3）办理组织机构代码证时间。新开办企业办理完工商登记，凭工商执照、介绍执照、介绍信、技术监督局办理企业代码证书应立即向技术监督部门申请领取企业代码证。企业首先领取申请表，如实填写，加盖单位公章，并附营业执照副本复印件、法人代表身份证复印件、经办人身份证复印件等，送交技术监督部门，经审核后，发给企业代码证。

6.5.4 建立银行账户

银行账户是各单位为办理结算和申请贷款在银行开立的户头，也是单位委托银行办理信贷和转账结算以及现金收付业务的工具，它具有监督和反映国民经济各部门、各单位活动的作用。根据《银行账户管理办法》，银行账户分为基本存款账户、一般存款账户、临时存款账户和专用存款账户，各类账户均有不同的设置和开户条件。

开立银行账户应注意：企业与银行的往来业务主要包括开设账户、购领结算凭证、办理结算及借款。新开办的企业应先向中国人民银行办理银行开户许可手续，取得银行开户许可证。取得开户许可后，企业应选定开户银行，向该银行领取开户申请书，如实填写并有主管部门审核盖章后，并附银行开户许可证、营业执照正本、企业代码证正本及复印件，交开户银行审核。银行同意开户后，送交预留印鉴，包括企业财务专用章、法人代表章，领取银行账号后，可刻印账号章。按结算要求，企业只能开设一个基本账户。购领结算凭证，企业根据结算业务的需要，向开户银行购领有关结算凭证，如现金缴款单、信汇单、支票等，所需款项可用现金支付，也可由银行转账。购领支票，则须提交预留印鉴。

6.5.5 涉税业务

企业会计人员与税务部门的往来最为频繁，会计人员往往兼任办税人员。开办期间涉税业务主要包括税务登记、购领发票、纳税申报。

6.5.5.1 办理国税、地税开业登记

从事生产、经营活动的企业单位和个人，自领取营业执照或有关部门批准成立之日起30日内，持以下证件和资料向办税服务厅“税务登记”窗口提出申请办理税务登记：

（1）营业执照复印件；

（2）法人代码证复印件；

（3）公司章程复印件；

（4）验资报告复印件；

（5）开户许可证复印件；

（6）法人身份证复印件；

（7）会计从业资格证书复印件；

（8）开业申请书；

（9）从业人员名单；

（10）注册地和经营地场所使用证明，其中包括：自有房屋需附房屋产权或使用权证明；租用房屋须房屋租赁协议；

（11）《税务登记表》一式三份；

（12）税务机关要求提供的其他有关证件和资料。

税务登记机关核准后，发给《税务登记证》，企业持《税务登记证》和税务机关的专用介绍信刻制发票专业章。《税务登记证》用于申请减免退税、购领发票、办理外出经营活动证明等税务事项。

6.5.5.2 发票购领

需要使用增值税专用发票的企业，应事先办理一般纳税人认定。机关资料发售处领取购票申请，如实填写并加盖公章，并附税务登记证副本、办税人员证件交资料发售处。经税务机关审核后，发给发票领购簿。企业凭发票领购簿，根据税务机关核准的发票种类、数量向有关发票购领点购领发票。购领增值税专用发

票，实行验旧售新办法。首次购票，应提交加盖有增值税一般纳税人确认章的税务登记证副本、财务专用章或发票专用章印模。

企业经营业务的发生都应向付款方开具发票，并加盖财务专用章和发票专用章。有条件的企业应向税务机关申请电脑开票，购买、安装经税务机关认可的应用软件，购领电脑版专用发票，利用软件中的电脑开票模块，将开票数据录入系统并打印专用发票。

企业应建立发票登记和保管制度加强对专用发票的管理。增值税专用义务的其他发票购领与开具，其手续和要求与增值税发票大致相同。

6.5.5.3 纳税申报

企业无论有无经营收入、无论是否享受税收减免，都应在规定的申报期限内办理纳税申报。企业办税人员在规定的期限内，持有关报表及其他纳税资料，向主管税务机关办理纳税申报。税务机关申报处经审核无误后，加盖“已申报”戳记，退回申报表一联给企业留存。实行电脑开票的企业，可利用软件中的纳税模块，将以录入的开票数据及录入的扣税数据，自动生成纳税申报表及其他申报资料，并将其复制到申报数据软盘一并上报税务机关。

为提高效率，企业可以向税务机关申请网上申报，通过网络，经签字及数据加密后，直接将申报数据发送给税务机关的纳税数据接收系统。企业必须依法接收税务机关的税务检查，准备好有关证件、凭证、账册、报表及其他纳税资料，如实反映情况并给予税务检查必要的协助与配合。

6.5.5.4 增值税一般纳税人的申请认定

增值税一般纳税人是指年应征增值税销售额超过《中华人民共和国增值税暂行条例》及其《实施细则》规定的增值税小规模纳税人标准的纳税人。凡符合增值税一般纳税人条件的纳税人，必须主动提出申请，向增值税征收机关申请办理一般纳税人的认定手续。

申办一般增值税纳税人的程序：

增值税一般纳税人的申请认定，由各区、县国家税务局和直属分局负责实施。按要求填写《增值税一般纳税人申请审批表》后，需一并提供书面申请、工商执照、税务登记证副本及其复印件以及税务机关需要提供的其他资料，报主管税务机关申请办理增值税一般纳税人申请认定手续。主管税务机关收到《增值税一般纳税人申请审批表》工商执照、税务登记证副本退还给纳税人。认定为增值税一般纳税人的纳税人应带回税务登记证副本和《发票领购簿》到税务机关，由税务部门在两证上加贴年检合格的标识。

增值税一般纳税人的认定范围包括符合规定标准的企业、企业性单位及个体经营者。从事货物销售、加工、修理修配劳务的纳税人，必须符合以下条件，方可申请办理增值税一般纳税人认定。已开业的小规模企业，连续 12 个月内累计应税销售额达到规定标准的次月，须申请办理增值税一般纳税人认定手续。对符合增值税一般纳税人条件，但不申请办理增值税一般纳税人认定手续的，应按销售额依照增值税适用税率计算应纳税额，不得使用增值税专用发票。已认定为增值税一般纳税人的纳税人，应按规定参加每年一次的增值税一般纳税人资格年度检验。

思 考 题

6-1 寻找一位你身边的创业者，通过访谈了解他的创业动机和创业过程。

6-2 寻找几个创业案例，划分其创业过程的不同阶段，讨论每一阶段的特点。

6-3 请了解并分组讨论不同新创企业的申办流程。

7 大学生创业与企业管理

管理是一门科学，也是一门艺术，有强大的力量和功效。每一位企业的管理者，都应该充分认识到自己的责任和使命，通过科学有效的管理，为企业发展寻找更多的商机，创造更多的财富。任何企业只要从本企业实际出发，通过合理的体制模式、组织形式、经营方式等，就能把企业的潜能最大限度地调动并发挥出来，从而让企业充满朝气与活力，提高企业的竞争能力，并在不断变化的市场中取得属于自己的生存空间。

管理是通过计划、组织、控制、激励和领导等环节来协调人力、物力和财力资源，以期更好地达成组织目标的过程。企业管理要点是要建立企业管理的整体系统体系。企业管理，主要指运用各类策略与方法，对企业中的人、机器、原材料、方法、资产、信息、品牌、销售渠道等进行科学管理，从而实现组织目标的活动，由此对应衍生为各个管理分支：人力资源管理、生产流程管理、物流管理、信息流管理和资金流管理等。

7.1 企业的人力资源管理

7.1.1 选人

招聘新员工对应聘者和创业者来说都非常重要，它既可能是一种互利关系的开始，也可能是一系列错误的开端。因此，我们就需要认真地做好识才工作，把握三个方面：做好岗位分析，准确确定所需人才的任职资格和条件；竭尽所能吸引最适合的人才，不惜高价；重视内部晋升，适当使用“空降部队”。

具体工作如下：

做好人力资源管理战略规划，使用科学分析工具，有效进行人员供给和需求分析。

分析我们所需求的人才类型，拟好招聘启事（切忌拷贝其他公司的招聘条件和要求，必须根据本公司的职位说明书和实际情况）。

针对所需人才的层次，选择适当的收集简历的方法。一般地，招聘中、高级职员通过猎头公司、网络招聘收集；招聘初级职员通过人才市场、报纸或者人才交流会就可以；如果需求大量的应届毕业生，储备干部，最好尝试校企合作，进行校园招聘。如果有必要还可以在校园内做一次大型的招聘说明会，扩大公司的知名度，提升企业形象，从而吸引更多的优秀学生。

认真仔细初步筛选每一份简历，改掉几十秒看完一份就做决定的不负责任的做法，重视资格审查。

进行有效的面试（时间管理和问题管理）：针对每份简历设计不同的问题，并明确每个问题具体考查的能力或知识，估计出大约需要的时间，分时段通知应聘者来参加面试。

做好招聘效果指标统计分析，便于下次招聘工作的改进和降低招聘成本。当然，公司要选好人，仅仅做好上面所说的工作是远远不够的，因为招聘前准备、招聘中实际操作、招聘后安排的每一个细节都是技术性很强的工作，都需要我们认真地对待。

通常，企业所要宣布的招聘信息有：职位名称，工作职责，胜任该职务所需知识、能力、技能和经验等；工作条件，包括工作地点、工作日程、工作时间等；工作报酬，即薪资报酬和福利条件；申请的具体方法和相关注意事项。

招聘渠道有：企业内部提拔；招聘广告；就业中介；教育机构；以前的员工推荐；在职员工推荐。

选聘程序为：接收申请材料；面试；核实应聘者的相关信息；应聘者的技能测试等步骤。

当企业选中某个应聘者时，招聘小组会发函通知应聘者，告知其具体的工作意向，包括工作权责范围、工作日程安排、薪资水平、上岗日期以及其他相关事项等，并说明应聘者确认接受该职位的时限。当应聘者确认完毕后，企业与应聘者需要签订用工协议，以法律形式明确双方权利义务。之后，被录用者携录用通知书和其他相关材料到企业人事部报到，直接上岗或参加企业的岗前培训。试用合格后双方正式签订用工合同。

选人时要树立正确的选人观念。马库斯·白金汉和柯特·科夫曼合著的《首先，打破一切常规》里提出了一个激进的观点：人是不会改变的，选人不是选学历，不是选经验，更不是选态度、爱好和意志，而是选“才干”。有合适的才干，知识、技能、经验可以学习，态度和爱好也不是问题，如果选错了才干，无论他过去有如何优异的记录，也将是噩耗的开始。在吉姆·柯林斯新著《从优秀到卓越》中，他说卓越的公司在开始时多半不知道自己将来要干什么，或者说他们也不关心这个问题，他们关心的是找到一群“合适的人”，这群合适的人自然会把公司带到辉煌的未来。他们说的事情简单而又深刻：人力不是公司的财富，合适的雇员才是。“合适的人”不是培养出来的，而是“选”出来的。也就是说要么你从一开始就对了，要么从一开始就错了。

7.1.2 用人

创业期企业的员工多半有亲缘关系或地缘、学缘关系，相互之间有着千丝万缕的社会关系，这些关系在一定程度上影响着企业内正常的工作关系。按规范行使企业管理往往比较困难，规范的制度体系缺乏必要的实施环境。因此，要树立人才为本的用人理念，避免社会关系对工作关系的干扰。

首先，树立正确的人才观。人是生产力的第一要素，也是企业第一重要资源，中国由于企业诞生的时间很短，而高校大面积培养企业人才也不过20年，所以中国企业相对国外企业人才更加匮乏。如海信的人力资源工作定位于“求人、育人、用人、晋人、留人”。“求人”就是告诉大家人才是求得的，一个企业只有自上而下端正这种认识，才可能在人力资源上创造一个好的环境，好的机制。如果没有对人才价值的正确理解，企业内部就会造成混乱。如今人力资源越来越受到企业的重视，经营企业不仅要认识到人力资源的重要性，更要认识到人力资本在企业发展过程中的不可替代性。特别多的企业家，特别是部分民营企业家还没有意识或认识不够人力资源的重要性，认为中国最多的资源就是人力资源，你走了，不知后面有多少人想来呢！殊不知一个适合的人在企业中的重要性，人是多的是，可拿过来就能全能发挥，不耽误工作，真正能够接受企业文化、管理理念的也就是适合的人又有多少呢？所以企业管理者们要有正确的人才观念。使用人性化管理的模式为主，刚性管理为辅，放低你的高度，尊重、理解、关心和爱护我们每一位员工，他们也会同样的来对待你。做到真正的“以人为本”，“士为知己者死，人为知己者用”。

其次，人尽其才，物尽其用。如何用人，充分发挥人的长处，避开人的短处，做到“人尽其才，物尽其用”，那是有很大技巧的。宋代司马光在《资治通鉴》中说：所谓“才”，是指聪明、明察、坚强、果毅；所谓“德”，是指正直、公道、平和待人。才，是德的辅助；德，是才的统帅。德才兼备称之为圣人；无德无才称之为愚人；德胜过才称之为君子；才胜过德称之为小人。

所以，管理者要真正地了解员工的优点与缺点，发挥、发扬他的优点，将他的缺点规避或转移为与其他人配合的优点。把人放到适合的岗位上，这样才能更好地发挥。比如说：“文人”要他舞大刀，这就是放错了地方。

第三，要有科学的激励机制。常用的有薪酬激励机制、满足自我需求的激励机制以及发挥企业文化的激励作用。薪酬激励是物质激励，而自我需要和企业文化的激励则是精神激励。但现在有很多企业把激励理解得过分狭窄，并把激励和奖励视为等同，造成了很大的偏差。激励离不开奖励，也可以把奖励称为激励的一种推动机制。也就是说它应该是员工通过努力后想要得到的，其中主要包括奖金、升迁机会、分权以及授权等。这是一种向上的推力，它同时也是员工努力工作的基本前提。再者，激励管理也离不开牵引机制，它是一种向上的拉力，主要有价值牵引机制。

第四，要有合理的约束机制。激励管理也需要压力，或者说需要约束机制。因为任何奖励终究会有失效的一天，而且现阶段人们的需求日益丰富多变，管理者很难持续找到适合大众的奖励方案。简单地说，前面有胡萝卜的同时，后面最好再放只老虎，这样才能跑得更快。也就是说，要约束员工发展、进步的方向以及速度。在一些重要岗位，有意识地做好人才储备，简单地说，就是“一个多岗”和“一岗多人”，一旦有人离开某个岗位，立即能有合适的人员自动补上，不会给企业带来重大的影响。企业要根据岗位变动的情况，提出岗位需求说明。同时，替代岗位人员的培养还有助于员工内部形成竞争意识，因为有一定数量的后备人才储备，个别人就不会因为岗位的重要性而产生自我膨胀的心理。

7.1.3 育人

“培训是员工最好的福利”。任何人都会渴望学到一些新知识、新技能，提高自己的技能和知识，以提高自己的价值。我们要做什么样的培训呢？这个问题好多企业都没有认真地去考量，而是看到什么培训火、认为什么培训好就对所有员工进行。这是错误的做法，所有的培训一定要从员工需要和企业发展需要出发，不如此安排，可能不但起不到效果，反而起反作用，浪费人力和财力，吃力不讨好。所以培训一定要从企业发展需要和员工个人需求来甄选课程，使课程与实际需要相符，才能起到好的效果。再以培训来引导员工向企业目标方向努力，这样员工的能力和素质才能得到更好的提高，助推企业更好地发展。

企业育人的主要目的是提高工作绩效水平，提高员工的工作能力；增强组织或个人的应变和适应能力；提高和增强员工对组织的认同感和归属感。

7.1.4 留人

企业留人的关键四步：

（1）事业留人：应努力营造良好的“事业”环境。真正的人才注重的是自己的成长和发展空间，让员工在企业有明确的发展方向，与企业一起成长、一起发展，既可增强企业的凝聚力，又可让员工为自己有良好的发展前景而不愿离开企业。这也就要求对员工有一个较好的职业生涯规划。事业对人才有非常大的凝聚力，有才华的人会把事业作为自己的第一追求，应该让想干事的人有事干，能干事的人干成大事。

在这方面，我们应该向大的跨国公司学习。例如：美国微软公司是全世界最吸引人才，留得住人才的公司。因为，公司的人力资源部制定有“职业阶梯”文件。其中，详细列出员工进入公司开始，一级一级向上发展的所有可选择职务，以及不同职务需具备的工作能力和经验，包括相对应的薪金待遇，使员工在来到公司之初，就对今后的职业发展心中有数，目标明确。

（2）企业文化留人：文化力就是竞争力，是凝聚力、环境力、素质力的结合，文化力可形成一个拴住人心的环境。企业必须拥有自身的企业文化，使人才在为企业服务的同时，除了工薪等利益之外，更重视追求的是自我发展、自我完善，使自身在企业内部有机会得到再造与升值。

（3）感情留人：现代企业的核心是对人管理，尤其是对业务人员的管理，因为业务人员流动性大，他们长期在外，企业对他们不能像放出去的小鸟，不管不问；要经常与他们保持联系，加强交流，要了解业务人员在外的困难和苦衷，比如他们在外的衣食住行，口袋里有没有钱等，尽可能做好他们的后勤工作。往往在员工的生日或过节之时，打一个问候电话，就能体现企业管理者对下属的重视和尊重。用充满温情的方法，将“以人为本”落到实处，用真情留住业务人员。

（4）待遇留人：金钱是人们生存的基本条件和工作动力，也是所有企业吸引人才、留住人才的“硬件”。越有能力和经验的人员，他们获得报酬也应当越高。薪金体现人才的价值，是人才发挥能力的物质动力。尽管薪金不是决定人才留与否的唯一因素，但是大部分人都认为工资越高越吸引人。一套有效的薪资系统可以不断激励人才的工作积极性，创造好的业绩。比如，薪资用 80∶20 理论，奖励 20% 优秀人员，中间的 60% 人员让他们有着压力，而剩下的 20% 差的人员应给予辞退，建立一个有奖有惩的薪资系统。留住优秀的人员，使企业的工作顺利地开展下去，让优秀的人才为企业做出更大的贡献。

7.1.5　减人

绩效评估是对员工工作进行绩效管理的主要手段。通过绩效评估，企业可以获得员工工作的真实信息，对绩效突出的员工予以嘉奖，对绩效不佳的员工进行惩戒，必要的时候对于考核不佳的员工予以裁减。

常见的绩效评估方法有：

比较法：评价者根据某种标准，通过比较的方式来评价员工的工作绩效，常见的比较法包括简单排序法、强制分布法、配比比较法等。

特性法：这一方法要求评估者根据个人特征评定雇员，它主要关注的是雇员在多大程度上具有某些被认为对企业成功非常有利的特性。

行为法：这是一种依据员工行为来界定绩效的评估方法，这种方法的主要实施步骤是首先利用各种技术来对这些行为加以界定，然后要求管理者对于雇员在多大程度上完成了这些行为做出评价。行为法所涉及的一些具体的处理方案包括关键事件法、行为锚定等级评价法、行为观察评价法等。

目标结果法：该方法通过使每个员工都为完成组织使命而努力来实现组织的目标，它注重的是对目标以及实施过程的管理。

质量法：这一方法是将特性法与目标结果法结合起来进行绩效评估，它的基本特征是顾客导向性以及对误差的预防性，其目标是提高客户的满意度。

7.2 企业的生产过程管理

过程管理方法具有与传统管理方法不同的哲理，其基本思想是：从“横向”视角把企业看作为一个由产品研发、生产、销售、采购、计划管理、质量管理、成本管理、客户管理和人事管理等业务过程按一定方式组成的过程网络系统；根据企业经营目标，优化设计业务过程，确定业务过程之间的联结方式或组合方式；以业务过程为中心，制订资源配置方案和组织机构设计方案，制订解决企业信息流、物流、资金流和工作流管理等问题的方案；综合应用信息技术、网络技术、计划与控制技术和智能技术等解决过程管理问题。

企业应用过程管理方法的基本步骤可大致概括为：

（1）根据市场需求和企业资源特点制定经营目标，建立企业经营目标体系。

（2）识别企业各种具有特定业务功能的业务过程，识别业务过程之间的相互关系、相互作用，识别关键的业务过程，对业务过程进行分析。

（3）按企业经营目标体系，自顶向下，先高层次的过程，后较低层次的过程，进行业务过程优化设计，简化、调整、适当归并业务过程中的操作单元（或作业单元、工序、环节），确定各业务过程的联结方式；对每一业务过程进行定义和描述，确定业务过程的功能目标、投入和产出，确定作为管理重点的关键业务过程；在此基础上建立企业业务过程模型。

（4）从信息的角度把业务过程看作为信息收集、传递和处理的过程，应用信息技术，按业务过程设计解决企业信息传输和处理问题的方案。

（5）基于业务过程网络系统进行组织结构设计和制度设计。

（6）按业务过程运行的需要合理配置资源。

（7）应用计划和控制技术，根据业务过程运行的需要制订经营计划与控制方案，对业务过程运行进行反馈控制和协调。

（8）以提高业务过程的绩效为主要目标，持续改进过程。

过程管理的主要内容包括过程策划、过程实施、过程监测（检查）和过程改进（处置）四个部分，即 PDCA 循环四阶段。PDCA（plan-do-check-act）循环又称为戴明循环，是质量管理大师戴明在休哈特统计过程控制思想基础上提出的。

过程策划（P）。从过程类别出发，识别组织的价值创造过程和支持过程，从中确定主要价值创造过程和关键支持过程，并明确过程输出的对象，即过程的顾客和其他相关方。确定过程顾客和其他相关方的要求，建立可测量的过程绩效目标（即过程质量要求）。基于过程要求，融合新技术和所获得的信息，进行过程设计或重新设计。

过程实施（D）。使过程人员熟悉过程设计，并严格遵循设计要求实施。根据内外部环境、因素的变化和来自顾客、供方等的信息，在过程设计的柔性范围内对过程进行及时调整。根据过程监测所得到的信息对过程进行控制，例如：应用 SPC（统计过程控制）控制过程输出（产品）的关键特性，使过程稳定受控并具有足够的过程能力。根据过程改进的成果，实施改进后的过程。

过程监测（C）。过程监测包括过程实施中和实施后的监测，旨在检查过程实施是否遵循过程设计，达成过程绩效目标。过程监测可包括：产品设计过程中的评审、验证和确认，生产过程中的过程检验和试验，过程质量审核，为实施 SPC 和质量改进而进行的过程因素、过程输出抽样测量等等。

过程改进（A）。过程改进分为两大类："突破性改进"是对现有过程的重大变更或用全新的过程来取代现有过程（即创新）；而"渐进性改进"是对现有过程进行的持续性改进，是集腋成裘式的改进。

7.3 企业的物流管理

事实与实践已经证明，物流能够大幅度降低企业的总成本、加快企业资金周转、减少库存积压、促进利润率上升，从而给企业带来可观的经济效益，国际上普遍把物流称为"降低成本的最后边界"，是排在降低原材料消耗和提高劳动生产率之后的"第三利润源泉"，是企业整体利润的最大源泉。所以，各国的企业越来越重视物流，逐渐把企业的物流管理当作一个战略新视角，作为现代企业管理战略中的一个新的着眼点。通过制定各种物流战略，从物流这一巨大的利润空间去寻找出路，以增强企业的竞争力。

实施物流管理的目的就是要在尽可能最低的总成本条件下实现既定的客户服务水平，即寻求服务优势和成本优势的一种动态平衡，并由此创造企业在竞争中的战略优势。根据这个目标，物流管理要解决的基本问题，简单地说，就是把合适的产品以合适的数量和合适的价格在合适的时间和合适的地点提供给客户。

物流管理主要有四个特点：以实现客户满意为第一目标；以企业整体最优为目的；以信息为中心；重效率更重效果。

物流管理的内容包括三个方面的内容：即对物流活动诸要素的管理，包括对运输、储存等环节的管理；对物流系统诸要素的管理，即对其中的人、财、物、设备、方法和信息等六大要素的管理；对物流活动中具体职能的管理，主要包括对物流计划、质量、技术、经济等职能的管理等。

物流管理按管理进行的顺序可以划分为三个阶段，即计划阶段、实施阶段和评价阶段。

物流计划阶段的管理：计划是作为行动基础的某些事先的考虑。物流计划是为了实现物流预想达到的目标所做的准备性工作。物流计划首先要确定物流所要达到的目标，以及为实现这个目标所进行的各项工作的先后次序。其次，要分析研究在物流目标实现的过程中可能发生的任何外界影响，尤其是不利因素，并确定应对这些不利因素的对策。第三，贯彻和指导实现物流目标的人力、物力、财力的具体措施方案。

物流的实施阶段管理：物流的实施阶段管理就是对正在进行的各项物流活动进行管理。它在物流各阶段的管理中具有最突出的地位。这是因为在这个阶段中各项计划将通过具体的执行而受到检验。同时，它也把物流管理与物流各项具体活动进行紧密的结合。第一，对物流活动的组织和指挥，物流的组织是指在物流活动中把各个相互关联的环节合理地结合起来，形成一个有机的整体，以便充分发挥物流中的每个部门、每个物流工作者的作用。物流的指挥是指在物流过程中对各个物流环节、部门、机构进行统一的调度。第二，对物流活动的监督和检查，通过监督和检查可以了解物流的实施情况，揭露物流活动中的矛盾，找出存在的问题，分析问题发生的原因，提出克服的方法。第三，对物流活动的调节，在执行物流计划的过程中，物流的各部门、各环节总会出现不平衡的情况。遇到上述问题，就需要根据物流的影响因素，对物流各部门、各个环节的能力做出新的综合平衡，重新布置实现物流目标的资源力量。这就是对物流活动的调节。

物流评价阶段的管理：在一定时期内，人们对物流实施后的结果与原计划的物流目标进行对照、分析，这便是物流的评价。通过对物流活动的全面剖析，人们可以确定物流计划的科学性、合理性如何，确认物流实施阶段的成果与不足，从而为今后制定新的计划、组织新的物流提供宝贵的经验和资料。按照对物流评价的范围不同，物流评价可分为专门性评价和综合性评价。按照物流各部门之间的关系，物流评价又可分为物流纵向评价和横向评价。应当指出无论采取什么样的评价方法，其评价手段都要借助于具体的评价指标。这种指标通常表现为实物指标和综合指标。

每个企业因为所在行业不同、经营业务不同，其物流模式也不同。创业企业要根据自己的特点寻找适合自己的物流模式。

海尔集团的物流管理经验值得我们创业型企业学习和参考。海尔集团从1999年初开始实行物流改革，将物流重组、定位在增强企业的竞争优势的战略高度，希望通过物流重组有力地推动海尔的发展。因为零部件库的管理不太先进，库存资金占用比较大，甚至有些呆滞，所以海尔集团首先选择零部件作为首要的突破点，建立了现代化的立体库，开发了库存管理软件，使其达到最先进水平。之后，发现车间、分货方和经销商的管理水平跟不上，于是又向他们推荐先进的作业方法。立体库带动了机械化搬运和标准化包装，采用标准的托盘和塑料周转箱，符合国际标准。因海尔生产的零部件种类繁多，所以就用标准的容器将其规范化，便于机械化搬运，便于管理。这些搞好后，又发现检验是一个薄弱环节。检验时间长，造成大量库存积压，于是又把检验集中起来，尽量集中到分供方和第三方仓库去检验。这样企业中的物流就没有检验这一环节，减少了大量的库存。目前只有3天的库存量，库存资金也大大减少。海尔从1999年初开始实施物流发展计划，不到一年的时间，效果就已很明显。后来，海尔利用第三方物流进行内部配送，企业物流把社会力量整合起来了。当然，在实施物流的过程中，海尔也遇到了一些困难，其中最主要的是人们头脑中的习惯性思维问题，观念还不适应整合后总的效果，只从自身是否方便来考虑问题。为解决这个问题，海尔成立了物流推进本部，专业从事物流改革的推进工作，由集团见习总裁亲自负责。该事业本部下属的采购、配送、运输三个事业部，专业从事海尔全集团的物流活动，使得采购、生产支持、物资配送从战略上一体化。当时国内研究物流的专业公司还不多，大部分从事的还只是物流中的某个部分，可以借鉴的经验很少。因此，海尔在短时间内，摸索出了一套海尔独有的物流管理模式，创立了海尔独特的物流体系。

7.4 企业的信息流管理

信息管理是企业管理活动的一项重要内容，是实现组织目标、满足组织要求、解决组织环境的问题而对信息资源进行开发、规划、控制、继承、利用的一种战略管理。信息只有及时准确地送到需要者的手中才能发挥作用，企业的管理系统越大，结构就越是复杂，对信息的渴求就越加强烈。任何一个组织要形成统一的意志、统一的步调，各要素之间必须能够准确快速地相互传递信息。管理者们对企业的有效控制和管理，都必须依靠来自组织内外的各种信息。

信息管理有六大内容：市场信息、企业内部的各种动态信息、科技进步动态信息、有关企业国家政策法律的动态信息、本行业的市场竞争信息和经营地人文及环境信息。采集、加工、处理信息的目的在于找出经营管理中的动态发展规律，以利于正确决策，这是信息流管理的根本任务。

信息流管理的趋势是：企业在产品开发、生产、销售、服务等各个领域，实现信息的采集、加工和管理的系统化、集成化、高效化和适时化。

企业信息流管理可以分步实施。第一步，运用计算机自动控制技术，在工艺设计和生产过程中实施微机控制和管理。第二步，以财务的微机管理为核心，逐步建立企业全面的计算机信息管理系统。第三步，顺应社会信息化的要求，实现电子商务管理。

信息管理的主要作用：

（1）信息传递速度和质量的提高以及信息量的增加，能够提高企业正确决策的概率，降低错误决策的风险。

（2）企业内部信息的充分利用，可以使企业管理向纵深方向发展，减少中间管理环节，提高企业运营的效率。

（3）信息的充分利用可以在一定程度上减少简单重复的劳动，提高效率，帮助企业在降低成本、提高质量、改善服务方面取得更大的进步。

（4）信息的有效利用可以为企业参与电子商务和电子政务提供必要的基础，帮助企业获得更多的发展机遇和更大的发展空间，提高企业竞争力。

创业之所以能够成功，在很大程度上是依赖于市场，没有市场需求也就没有创业。因此，创业之前要充分正确的估计市场，有一些产品，尽管它是一种创新，而且也很管用，但是它可能因为高昂的价格而无人问津。在现代社会里，任何一个行业都存在着激烈的竞争，大学生要充分利用信息采集的优势，正确分析市场的现有状况，以及现有的、潜在的竞争对手情况。因此，你要创业，必须对市场情况进行综合考察，确定现有的消费规模能否支撑为该市场服务的大量企业和公司。即了解市场信息，了解竞争者信息，做好市场调查、制订销售计划。许多创业者容易犯的错误就是对市场信息和周边信息缺乏必要的了解，过分乐观地估计了市场的需求，在市场经济社会，谁掌握信息，谁就最有可能获得先机。信息包括动态、未来趋势、顾客需求等多个方面，创业者一定要争取掌握尽量多的顾客需求信息，以帮助自己正确决策。创业不仅需要勇气，更需要踏踏实实的市场调研；要做好市场营销，首先需要生产出适销对路、可以满足顾客需求的产品。作为创业者应该能了解辨别消费者及其需求，具体如下。

7.4.1 信息类别

营销信息：（1）原料、货物与服务的供应商；（2）顾客的购买力；（3）来自其他企业的竞争；（4）产品分销渠道；（5）货物与服务的定价；（6）促销策略；（7）市场机会。

技术信息：（1）设计经营场所、产品、办公用品、网站等；（2）你所需要的工具与设备；（3）生产过程所需要的原料；（4）技术选择等。

信息与通信技术（ICT）：（1）硬件、软件及网络；（2）会计与生产包装；（3）企业的网站；（4）适合企业的数据库；（5）互联网；（6）联系方式。

财务信息：（1）所需资金；（2）企业资金来源；（3）经济形势与行业发展趋势；（4）管理与财务控制；（5）账目和簿记系统；（6）软件包装；（7）审计

需要；（8）纳税问题；（9）企业购买设备；（10）储蓄与贷款的结合。

法律信息：（1）企业的法律形式；（2）知识产权；（3）合同。

7.4.2 信息的获取途径

营销信息：顾客、供应商、商业期刊和目录、图书馆、行业协会、商品交易会、互联网。

技术信息：朋友与同事、标准局、制造商协会、产业研发协会、互联网。

信息与通信技术（ICT）：本地企业网、商业杂志、参考资料、商业期刊。

财务信息：风险资金、银行和其他金融机构、微型金融机构、供应商和来自其他企业主的信用、互联网。

法律信息：律师事务所、相关政府部门、图书馆、互联网、商业发展服务的提供者、劳动法规、行业协会、雇主组织、工人组织。

7.4.3 信息的来源

行业数据。对比一个企业与其他相似企业时，行业数据是很有帮助的，这些数据可以从行业协会或者政府机构获得。数据包括下面几个比率：存货周转率、现金贴现率、价格上涨率及月平均销售额。

会员组织。会员组织提供下列服务，比如政治游说、开展研究、组织教育和培训项目、采用新技术、向会员提供咨询并通过简讯、杂志和特别报告传播信息。

行业报纸和杂志。订阅行业报纸和杂志也是很有必要的。创业者应该抽出时间阅读文章，从中了解与企业相关的新趋势，这对企业发展尤为重要，还要保存相关文章以备查询。

培训项目。培训项目能帮助创业者制定正式的计划，以改进其管理效能。培训课程和成人教育项目是由众多团体机构和协会共同设计而成，创业者应该认识到并充分利用这些个人发展的可能性。

咨询顾问。咨询顾问能提供直接或间接的帮助。要特别留意咨询顾问解决企业问题的方法和技巧。这样当企业再出现问题时，你就可以将自己视为咨询顾问并采取相同的技巧来解决问题。

图书馆。图书馆是获得信息的主要来源。政府机构发布众多可能有用的文件；一些大专院校拥有资料室，可能专门设有对公众开放的区域；研究所和一些大公司都有自己的图书馆，主要关注特定主题。行业协会也可能有图书馆，有与特定主题相关的内容。书、期刊、报告和报纸可能包含一些能帮助企业解决经营问题的信息。

网络。通过网络进行研究，找出有用信息与数据。可以通过电子邮件与那些在互联网上提供信息的人进行交流。

企业发展提供商。很多行业发展服务的提供商能够为企业经营提供多方面的指导。

7.4.4 信息分类

7.4.4.1 免费信息

（1）雇员。创业者很难事必躬亲，他们需要合格的雇员将其从日常企业经营中解放出来，这样他们才有时间专注于较长期的问题。雇员能够为企业提供一些具体问题的解决方案，比如，创业者可能向雇员征询关于存货或顾客态度方面的建议和帮助。如果珍视雇员的建议和意见，他们就会积极地提出有价值的建议。

（2）顾客。顾客能够为所购买的产品和服务提供非常特殊的信息，应该关注顾客关于企业优缺点的看法，因为他们是优秀的信息来源。

（3）供应商。由于大多数供应商的成功依赖于他们所服务的企业，所以他们对创业者的成功非常感兴趣。很多供应商能够提供很好的管理建议，因为他们能够解释其他成功的企业是如何运作的，并能够提供改进企业的具体建议。

（4）其他企业主。创业者普遍希望互相讨论他们之间存在的共性问题，然而，企业竞争的本质阻碍了这种坦诚的交流。如果不同企业的业务毫不相干并且没有相同的顾客群体，那么企业主们就愿意分享解决问题的办法。这样，所有的企业主都能从这种交流中获益并且改进其企业运作。

7.4.4.2 付费信息

（1）专业人士。借助专业人士解决企业问题，他们是：网络设计者、IT专家、财务顾问、银行家、管理咨询顾问、保险代理人、会计和记账员、房地产中介、调研员和律师等。应努力提高提问技巧以便从这些专业人士那里获得尽可能多的建议和信息。每个专业人士都是潜在的资源，但是创业者必须能够清楚地解释他们的需求，并且提出与其需求相关问题，这样专业人士才能提供有价值的建议。

（2）创业发展服务提供者。通过创业发展机构提供的联络方式向他们咨询。

（3）免费网站。向信息和通讯技术专家咨询，他们能指导你使用免费网站。

7.4.5 中小企业信息化的优劣势分析

与大企业相比，中小企业具有众多自身的特质，其信息化建设之路也具有明显的特点，对于中小企业的信息化建设不能完全套用大企业的思路，要想让中小企业的信息化建设尽快步入坦途，就必须对其与大企业信息化建设的异同、优势、劣势等做一个详细的比较分析，并在此基础上确定中小企业信息化建设的策略和思路。

7.4.5.1 优势

(1) 企业规模较小，业务范围小，投资少。大企业信息化投资动辄数百万上千万，并且涉及的管理环节众多，运作复杂；小企业投资少，项目涉及环节较少，项目运作相应的也较简单。

(2) 所需人员较少，培训任务轻。小企业信息化建设所需人员较少，不需要有大量的从事信息化建设的员工，因此培训任务较轻，培训工作容易进行。

(3) 企业大多处于成长期，易于接受新的管理思想。中小企业大多处于生命周期的成长阶段，员工思想活跃，容易接受新生事物。

(4) 信息化投资见效快。虽然系统规模小，但能够解决企业的实际需求，有助于实现企业发展的目标。

7.4.5.2 劣势

(1) 中小企业没有太多的富余资金，处在成长过程中的中小企业对资金的需求是巨大的。作为信息化建设的软硬件投资，由于预期回报不如生产、营销、研发的投资那么明显，因此中小企业在进行这方面的投资时会显得犹豫不决。

(2) 中小企业的信息化人才缺乏。目前市场供求关系的不平衡导致 IT 人才的高收入和高流动性。由于中小企业的薪酬、IT 人才的发展空间等受到企业本身规模和经营业务的限制，因此在对 IT 人才的吸引力方面经常处于明显的弱势地位。

(3) 中小企业从业人员的信息素质普遍较低，对信息技术的理解与认识参差不齐，信息系统在实践中发挥作用有限。

(4) 中小企业信息化整体基础建设薄弱。由于信息产业属基础产业，在我国起步较晚，尽管一些行业、部门的信息化建设取得了一定成效，但中小企业在这方面总体比较差。

由以上的分析可知，对于目前急于进行信息化建设的中小企业来说，与大企业相比既有优势又有劣势。中小企业要想通过信息化提升自己的管理和经营水平，提高自己的竞争力，必须选择与大型企业不同的导入策略。

7.4.6 基于竞争优势的中小企业信息化导入策略

根据中小企业信息化的特点，应当选择基于竞争优势的信息化导入策略，即从企业竞争优势角度入手，确定企业的发展战略，考虑重点业务流程和组织的优化，并在此基础上集成信息架构。基本依据有以下两点：

(1) 相对于大型企业把管理信息化作为提高效率的手段，中小企业则更把信息化作为维系企业迅速成长的生命线，这也是国内中小企业跨过“潜水式”企业的重要筹码。对众多经营战略不明的中小企业而言，迅速成长和发展才是其第一要务，能否快速成长和发展已经成为衡量中小企业经营能力、管理水平的综合指标，中小企业如果不能迅速成长起来，在激烈的竞争中就难逃灭顶之灾。而中小企业成长的关键在于“扬长避短”，即充分发挥自己优势而在竞争中占有主动地位。因此信息技术在企业中的应用也必须服从和服务于这一目标，以拓展企业的竞争优势、增强企业的竞争能力为切入点和重点，专注于关键业务流程的整合，以迅速达到企业各业务部门的紧密协作，从而提高运作效率，帮助中小企业迅速成长。

（2）从信息化项目建设来说，信息化建设不是一劳永逸的，而是一个不断更新和递进的漫长的过程，而这正是中小企业所难以忍受的，他们要求短期内就要见到信息化的成效，如果他们不能切实地感受到这种成效，进一步投资的积极性就会降低，整个信息化规划也只能是纸上谈兵。因此，从企业最具竞争优势的业务入手，可以规避资金和项目实施的风险，发挥中小企业信息化项目规模小、见效快的优势，在短期内提高企业的经营和管理水平，增强企业进一步深入开展信息化建设的信心。

7.4.7 不同类型中小企业信息化导入策略比较

根据目前中国中小企业的竞争模式可将企业分为以下三种：资源竞争式、产品竞争式、销售与渠道竞争式。每种企业的竞争能力和所需要的竞争资源都不相同，因而其信息化的重点和切入点也不尽相同。

总之，中小企业信息化与大企业信息化具有完全不同的特点，其切入点的选择不能完全照抄大企业的成功经验，要根据企业自身的情况，从企业竞争优势角度入手确定信息化的导入策略，只有这样才能使中小企业信息化建设尽快步入坦途。

天津金太阳纸业有限公司成立于1998年，是天津地区最大的纸制品经营公司。公司的发展方向是打造为一个集纸张销售、印刷、广告出版、物流配送于一体的集团化企业。金太阳纸业总经理张捷讲述了一个真实的故事：

有一天早晨，一名财务人员怯怯地跟我说：“张总，今天有一笔200万元的承兑汇票到期!”当时我的头皮发麻，头发都立起来了！大家都知道如果不给兑现，企业会是什么结果，这个企业肯定是完蛋了！这名财务在家照顾孩子给忘了，突然那天早晨起来一看到期了，才意识到问题。而这意味着我11点钟以前必须有200万元的现金填进去，支票都来不及了！那以后的一段时间，我每天过的日子就是一下班就问明天咱有到期的吗？自从实施了商业智能系统以后，现在我全部掌控着运营情况，应收、应付是多少，自己一清二楚。

7.4.7.1 信息化使企业管理变得轻松

金太阳主要是一个贸易公司，物流、资金流、信息流是最关键的地方。作为总经理，需要分析大量的管理报表，如每天的应收、应付、进销以及每天纳税的预期值等等，才能对公司整个的税务以及资金有真实的感觉。

纸行业是一个资金密集型的行业，每天的资金链对整个公司的结算、信用管制非常严，因此资金链动态数值的准确度非常关键。企业采用了多种融资方式，比如汇票、仓单质押等很多方式。在这种情况下，库存的准确度、资金准确度、资金什么时候到位以及采购订单的数据等等，都是非常关键的管理数据。如果没有商业智能系统的支撑其困难程度是无法想像的。

7.4.7.2 商业智能扭转传统管理理念

张总说，企业的老总有时会产生错觉，觉得自己资产无数，但是实际上一算账一身冷汗，手心也冒汗，一算账才知道那真的是钱，自己想像的不是钱。

以前每天算利润的时候怎么算？一吨纸赚 200 元，今天卖了 300 吨纸，就有这个利润，每天是这样算，然后到月底的时候就觉得这个月应该赚 100 万元。而实际最终财务一结账，发现连 40 万元都没有赚到，产生了巨大的心理落差。为什么？因为这里有质量问题、折扣问题、销售费用问题等等，很多问题没有体现，因为我看不见。现在通过商业智能系统对毛利进行分析，数据非常准确。

通过商业智能对业务员的分析，包括汇款多少排行榜、计划完成率排行榜、签单排行榜，管理层可以给业务员提供准确的分析数据，如何分析客户，销售任务的确定是怎么来的，我可以拿出 5 年来的客户数据，因此我们的业务员对下达的销售任务指标都心服口服，因为我们是凭数字说话。

7.4.7.3 信息化效果显著

自从上了信息系统后，金太阳纸业的订单准时率超过了 96%，库存占用资金降低了 20% ~30%，资金周转速度提高了 5% ~10%，采购成本降低了 2% ~3%，产品不合格率降低了 2% ~3%，管理成本降低了 3% ~7%。

7.5 企业的资金流管理

具有阅读和分析财务报表的技术和能力，是企业管理者们的一项基本功力，企业陷入财务大困境，非一日之事。财务衰败是个渐变的过程，可长可短，但所有迹象，无不清晰地呈现在财务报表上。企业管理者或投资者，如能通过阅读和分析财务报表，得出企业管理运作方面的明显缺陷，甚至发现潜在的隐患，及时做出判断和决策，实行相应的措施，将有效地防患于未然。

资金流管理以财务管理为基础，核心是使企业获得最大利润。现代资本管理有两大任务三项职能。两大任务是：规避经营风险，提高资本运行质量；加速资金周转，提高使用效益。三项职能是：研究企业资本如何适应银行、股市、期货、信托、保险、债券等中介市场动态，寻找融资及投资机会，安全地提高企业资本的运营效益：在企业改制、兼并和重组过程中，规范企业资金管理；企业在参加国际竞争与合作中，如何通过资本管理，运用信息流管理带动物流管理，提高资本的使用效益。

从资本角度考虑，创业就像一场考试。在创业阶段的资金往往比较匮乏，如果一开始在固定资产、原料存货上投入过多，更容易造成资金匮乏，因为公司必须有足够规模的销售量发生之后，才会有资金的回流。稳健的财务管理是企业长期发展经营的根本。从财务角度，企业的安全比盈利更重要，盈利比规模更重要。

7.5.1 几个概念

7.5.1.1 资金的时间价值

资金的时间价值，即今天一元钱的价值不等于明天一元钱的价值。因为一元钱在 24 小时内产生的利润不可估计。表现形式就是利息和利润。掌握资金时间价值理论有助于企业科学合理地使用资金，企业的任何资产只有参与资金运动才可能作为资金实现其价值，而闲置资产不但不能创造时间价值反而会随着时间的推移丧失其原有价值。具体体现就是“出钱的事慢点，进钱的事快点”。

明确了这个观念就可以督促创业者节约使用资金，充分提高资金的使用效果，使资金在有限的时间和空间内获取最大价值。无论进行什么样的经济活动，都必须考虑资金时间价值，千方百计缩短建设周期，加速资金周转，节约资金占用数量和时间，提高资金的经济效益。

7.5.1.2 机会成本

机会成本，即为了从事某件事情而放弃其他事情的价值。在企业经营过程中，经常要面临一些选择，掌握机会成本，会使我们做决策前多做一些分析，企业的本质是逐利，企业家的决策在规避风险的基础上永远倾向于利润最大化。机会成本越低，风险系数越小。

7.5.1.3 现金流

现金流是企业经营所得与同期经营之初的一个差额，是衡量企业收入的指标，不反映盈利情况，只反映企业的还贷能力。关注现金流，就是关注企业资金的周转能力。创业初期，务必注意资金不要被固定资产占用太多，进而失去太多流动资金。现金流在企业经营中至关重要。

研究表明，许多初创企业在一年内就倒闭的直接原因是因为财务管理不善，因此，创业者要特别注重财务监控问题，不能简单地把财务管理视作记账，要由有专业技能的专人负责，并且有相应的激励机制和评估体系。

7.5.2 税收筹划：让企业在税收测算中获益

所谓税收筹划，又称纳税筹划，是指在国家税收法规、政策允许的范围内，通过对经营、投资、理财活动进行的前期筹划，尽可能地减轻税收负担，以获取税收利益。税收筹划所取得的是合法权益，受法律保护，所以它是纳税人的一项基本权利。

税收筹划的方向主要有以下三个方面。

（1）税收政策筹划。

影响应纳税额的因素通常有两个，即计税依据和税率。计税依据越小，税率越低，应纳税额也越小，因此，做税收筹划，无非是从这两个因素入手。

例如，企业所得税种，计税依据就是应纳税所得额，税率有3档，即：应纳税所得额3万元以下，税率18%；应纳税所得额在3万~10万元，税率为27%；应纳税所得额在10万元以上的，税率为33%。在进行该税种税收筹划时，如果现在仅从税率因素考虑，那么就有税收筹划的空间。

（2）办税费用筹划。

办税费用包括办税人员费用、资料费用、差旅费用、邮寄费用、利息等。尽管办税费用在纳税成本中占的份额不大，但仍有筹划必要。比如对企业财会人员进行合理分工，由财会人员兼任办税员；通过网上申报降低资料费用等等。对于利息费用的降低途径可以采取递延纳税的办法。

（3）额外税收负担筹划。

额外税收负担，是指按照税法规定应当予以征税，但却完全可以避免的税收负担。对于额外税收负担，纳税人可以通过加强财务核算，按规定履行各项报批手续，履行代扣代缴、代收代缴义务，认真作好纳税调整等方法来解决。

7.5.3 做好账目记录

作为创业者，必须了解资产、负债和所有者权益的概念，同时要明白收入、支出、成本、利润等会计基础知识，知道每天做了多少生意，挣了还是赔了，以便及时调整经营策略和营销方式。这就要求企业建立会计账簿，一是法律上要求所有企业都必须建立的某种形式的会计账簿；二是全面的账簿记录有助于解决利润、企业价值、负债、税款等问题。会计账簿记录内容如下：

（1）应发工资额记录。企业应支付的工资额需要单独列出，记录要准确无误，而且要按一定顺序记录下来，以便核查。

（2）现金余额记录。明确企业的现金金额，以决定能否付清账单，这就要求对现金的流入和流出进行及时记录，随时了解其支付能力。

（3）应收款记录。在某种情况下，创业者也会向客户赊账。客户所赊欠的账款就叫应收款。应收款的记录十分重要。

（4）应付款记录。企业欠别人的账款（比如欠供货商的钱）就叫做应付款。应付款需要及时结清，原因有两个：第一，及时结账有时候可以得到现金折扣，而逾期付款则要支付违约金；第二，及时结账有利于维护自己的信誉，有利于与贸易伙伴保持良好的业务关系。

（5）存货记录。企业要想赚到钱，必须对存货情况进行准确记录，并且要根据销售情况随时更新所记录的信息。

（6）纳税记录。税收是根据企业所赚取的利润来计征的。

（7）财务报表。

企业会计账簿的记录和保存可由企业主自己亲手做或指派一名会计助理，也可以聘请一名全职会计或委托会计公司办理。初具规模的企业一般应设立财务会计部门。

7.5.4 财务报表

财务报表可以用以确定企业财务状况的好坏、偿债能力的强弱、盈利水平的高低和现金流量的大小。投资者最关心的是企业的获利能力和投资的风险情况，从而做出对该企业是否增加或减少投资的决定；债权人最关心的是企业的偿债能力，从而做出对该企业是否继续进行借款或赊销的决定；经营者最关心的是企业的现金流量的大小，从而确定企业的经营活动是否能正常进行下去。在一个企业中，盈利能力和偿债能力是密切相连的。如果企业获利能力强，一般可按期偿还债务；如果获利能力弱，甚至连年亏损，势必造成偿债的困难。

企业主至少应该一年完成一份关于企业经营状况的综合财务报表，就像一个人每年去做一次全面的体检一样。从销售总额方面看，企业做得如何？企业的开支项目有哪些？税前利润和税后利润分别是多少？下个年度企业主应该采取什么措施来改善企业经营情况？当企业向银行申请贷款时，创业者必须向银行提供这样一份财务报表；当企业者准备出售自己的企业时，他们必须向那些有意向购买的人说明企业的财务状况，这也需要使用财务报表。因此，应着重了解资产负债表和利润表。

资产负债表是反映企业存续期间某个特定日子财务状况的报表，包括反映企业所拥有的资产和所承担的债务，以及投资者或创业者在企业所拥有的权力的一种财务报表。资产负债表的功能除了企业内部除错、经营方向、防止弊端外，还可以使阅读者在最短时间内了解企业的经营状况。

计算公式如下：

$$资产 = 负债 + 净资产(所有者权益)$$

资产：资产是由于过去的交易或事项形成并由企业拥有或者控制的资源，该资源预期会给企业带来经济利益。包括企业所拥有的现金、设备、厂房和存货等。企业资产按照流动性可分为流动资产和固定资产。

（1）流动资产是指可以在一年或者超过一年的一个营业周期内变现或者耗

用的资产，包括现金、银行存款、短期投资、应收账款、待摊费用、存货等。

（2）固定资产是指同时具有下列特征的有形资产：为生产商品、提供劳务、出租或经营管理而持有的，使用寿命超过一个会计年度。

负债：负债是指过去的交易或者事项形成的现时义务，履行该义务预期会导致经济利益流出企业。如短期贷款、应付账款、应交税金和抵押贷款等。企业负债又可分为短期负债和长期负债。

（1）短期负债：通常指那些需要在短期内（如12个月内）偿还的债务，包括应交税金、短期借款和各种应付款。偿还短期负债需要动用企业的流动资产。

（2）长期负债：是指那些偿还期限在1年以上的债务，如长期借款。

净资产：净资产也叫所有者权益，指企业所有者在企业资产中享有的经济利益，其金额等于资产减去负债后的余额。包括业主的初始投资和留存盈余。

如果企业家发现财务报表中企业年初及年末的负债较多时，则说明企业每股的利息负担较重，应及时调整经营策略，加大利润收益。但如果企业在这种情况下仍然有较好的盈利水平，说明企业产品的获利能力较佳、经营能力较强，管理者经营的风险意识强，魄力大。

利润表反映公司在一定期间（如一个月或一年）经营成果实现的财务报表，是动态报表，报表编制的越经常越能及时地了解企业的盈亏状况。损益表可为企业提供经济决策的依据，可以分析利润增减变化的原因、公司的经营成本和做出投资价值评价等。可以评价企业的经营效率和经营成果，评估投资的价值和报酬，进而衡量一个企业在经营管理上的成功程度。损益表可分析企业的获利能力、预测企业未来现金流量；可作为经营成果的分配依据；能综合放映生产经营活动的各个方面，可以有助于考核企业经营管理人员的工作业绩。

制作利润表共有5个具体步骤：

（1）计算出企业的销售收入，包括现金销售和赊销两部分；（2）计算出已售产品的成本，计算时可以把销售期间购进的商品价值加到期初库存中去，然后，再减去期末库存品价值；（3）计算出销售毛利，即销售收入减去销售成本之差；（4）计算出企业的各项经营性支出，即不构成销售成本的各种成本费用；（5）计算出企业的利润总额和净利润。

7.5.5 预算管理

预算管理是指企业围绕预算而展开的一系列管理活动，包括预算编制、预算执行、预算分析和预算调控、预算考评等方面。预算管理的具体作用有：落实企业战略目标；完善企业管理机制；明确各部门的工作目标；协调各部门的工作；控制各部门的具体活动；考评各部门的业绩。

思考题

7-1 选择一个你感兴趣的行业，并根据该行业当前的发展状况，陈述你对一个起步阶段的中小企业的管理与发展的基本思路。

7-2 请分组讨论中小企业人力资源管理的特点。

7-3 请简要列举在生产管理中要做的主要工作。

7-4 如何分析一家企业财务状况的好坏？

7-5 请分组讨论在企业行政管理中如何体现管理、协调和服务三大职能。

7-6 收集资料并分组讨论企业信息化建设的阶段与目标。

8 大学生创业与市场营销

如何在激烈的市场竞争中立于不败之地，这是每一个期待发展的企业必须面对并严肃对待的问题。如何使自己的企业在瞬息变化的市场环境中生存下来，则是每一名创业者亟待解决的问题。进行市场分析，把握市场需求，开发适应市场需求的产品，建立畅通的销售渠道，开展有效的市场营销等，则是解决上述问题的基本环节。市场营销不是企业成功的唯一因素，却是其中的关键因素之一。因此，企业生存、发展、壮大，必须重视并做好市场营销工作。

8.1 把握市场的需求

企业要生存并发展下去，必须以产品（或者服务）销售出去或者满足消费者的需求为前提，把握市场需求的过程实际也是市场开发的过程。市场开发通常分为市场细分、目标市场选择和市场定位三部分。通过市场细分，把握市场需求，合理选择目标市场，进行科学的市场定位，是企业科学决策、合理研发、有效销售（或服务）、成功发展的前提。

8.1.1 市场细分

市场细分是企业根据消费者需求的不同，把整个市场划分成不同的消费者群的过程。通过市场细分可以深刻又全面地认识市场，及时、准确地发现属于自己的市场机会，合理优化资源配置，制定适用的经销策略，及时调整营销策略，实现企业的健康运行与发展。

进行市场细分需遵循一定的程序，通常要按照以下三步开展：

第一，进行市场调查。“没有调查就没有发言权”，因为市场细分其实是对消费者的需求进行分类，而每个人的消费需求、购买欲望和动机可能都大不相同，因此必须通过问卷调查、直接走访等方式与消费者进行各种交流，从他们的语言和行为中了解其态度、行为和观点，从而为科学的市场细分奠定基础。

第二，进行资料分析。在市场调查基础上，企业管理者或者研究人员要运用统计学等有关知识，对收集的各种资料进行研究，进一步梳理、整合信息。

第三，进行市场细分。在进行了调查数据及信息的分析之后，根据消费者不同的态度、行为、人口变量、心理变量和消费习惯等因素进行客户群体的划分。

8.1.2 目标市场选择

企业的目标市场是企业营销活动所要满足的市场需求，是企业决定要进入的市场。企业的一切营销活动都是围绕目标市场进行的。选择和确定目标市场，是企业制订营销战略的首要内容和基本出发点。目标市场选择的恰当与否，对企业来说至关重要。因此这不仅直接关系着企业的经营成果以及市场占有率，而且还直接影响到企业的生存。因此，企业在选择目标市场时，必须认真评价目标市场的营销价值，分析研究是否值得去开拓，能否实现以最小的消耗取得最大的营销成果。

企业应选择哪些市场作为自己的目标市场呢？企业应选择的目标市场应符合以下三个标准：

第一，具有一定的规模和发展潜力。就创业企业而言，应该选择具有一定规模和成长空间的市场，如果市场规模狭小或者趋于萎缩，企业进入后将难以获得发展。

第二，市场结构具有吸引力。这主要体现在细分市场内激烈竞争的威胁、新竞争者的威胁、替代产品的威胁、购买者讨价还价能力增强的威胁和供应商讨价还价能力增强的威胁较小或者增加缓慢，如果这些方面的威胁较大或者增长很快，则是市场缺乏吸引力的表现。

第三，符合企业的目标和能力。只有选择那些企业有条件进入并能充分发挥自身资源优势的市场作为目标市场，企业才会立于不败之地。如果企业的资源条件不适合于某一市场，就要选择放弃该市场，不能将其作为目标市场。

“浪莎”入市时，国内袜业市场正经历一个断层期，市场上充斥着牌杂质次的低档袜，而高档袜市场则被日本及中国香港、中国台湾的袜子占领。但是翁荣兄弟分析发现这里面蕴藏着巨大的商机，而且可以发挥“地利”优势，依托义乌小商品市场把产品销售出去。于是，翁氏兄弟瞄准了高档袜子市场，并要做中国最好的袜子。他们请来著名设计师设计了“浪莎”商标，又全面导入 CI 形象策划，成立了袜子模特表演队，从意大利引进了先进袜机。他们还从全国各地聘请了百余名设计、管理、营销方面的高级人才。最终，翁氏兄弟成功进入并占领了市场，时至今日，浪莎已成为该行业的领军企业。

企业选择的目标市场范围不同，营销策略也就不一样。针对不同的目标市场，选择适当的市场策略是工作的决定性一环。可供选择的市场策略主要有：

（1）无差异市场策略。企业把一种产品的整体市场看作一个大的目标市场，营销活动只考虑消费者或用户在需求方面的共同点，而不管他们之间是否存在差异，从而企业只推出单一的标准化产品，来吸引范围很广的购买群体中的大多数人，并使用统一的广告宣传和广泛的分销路线为产品打开销路。由于忽视了市场实际存在的需求差别，在今天，这种策略对多数企业已经不适用了。麦德龙实施的就是无差异市场策略，在全球，麦德龙采用的是会员制，其销售的对象锁定在会员范围内。

（2）差异性市场策略，又叫差异性市场营销。这是一种以市场细分为基础的目标市场策略。这种策略是将整个市场划分为若干个小市场，从中选择两个以上或者全部细分市场作为目标市场，根据不同的目标市场采用不同的市场营销组合策略。即对不同的市场部分，推出不同的价格，采用不同的分销渠道，施展不同的广告宣传及推销方式。

（3）密集性市场策略，又叫集中性市场营销。企业不是面向整体市场，也不是把力量分散使用于若干个细分市场，而是集中力量进入一个细分市场，为该市场开发一种理想的产品，实行高度专业化的生产和销售，这就是集中性营销。

8.1.3 市场定位

市场定位是根据竞争者或其产品在市场上所处的位置，针对消费者或用户对某种特征、属性等的重视程度，强有力地塑造出本企业或本企业产品明确的、有别于竞争对手产品的、符合消费者需求的形象，并把这种形象生动地传递给顾客，从而把产品定位在未来顾客的心中。企业或产品在顾客心目中留下印象、树立形象的过程就是市场定位的过程。

进行市场定位要慎重，要反复比较和调查研究，要找出最合理的突破口，要避免定位混乱、定位过度、定位过宽或定位过窄的情况。因此，企业进行定位时必须充分考虑产品特点、顾客特征以及市场环境等因素。

不同的企业经营不同的产品，面对不同的顾客，并处于不同的竞争环境之中，因而企业应采取不同的市场定位方法与策略。目标市场定位的方法可以归纳为如下几种：

（1）根据企业本身产品特点进行定位。从产品质量、功能、档次、款式等方面的差别入手，寻求产品特征，进行市场定位。

（2）根据竞争者与其产品情况进行定位。针对竞争者在市场中的地位及产品特点，向目标市场（顾客）提供与竞争者不同的优异服务进行定位，或者在产品的核心部分与竞争者雷同的情况下，塑造不同的产品形象以获取差别优势。

（3）根据消费群体的特征和需求进行定位。从消费群体的年龄、性别、民族、收入等方面的差异入手进行产品市场定位。

（4）根据企业经营理念与企业文化进行定位。把企业的经营理念和企业文化的核心内容融入市场进行定位。

在进行市场定位时要采取相应的策略，不可盲目进行定位。一旦定位不准，企业将错失时机，陷入发展困境甚至退出市场。当前，常用的市场定位策略有：

（1）避强定位策略。企业要避免与实力最强的或较强的其他企业直接发生竞争，将自己的产品定位于另一市场区域内，使自己的产品在某些特征或属性方面与最强或较强的对手有比较显著的区别。优点：避强定位策略能使企业较快地在市场上站稳脚跟，并能在消费者或用户中树立形象，风险小。缺点：避强往往意味着企业必须放弃某个最佳的市场位置，很可能使企业处于最差的市场位置。例如，美国七喜汽水的定位策略就是一个避强定位策略的典型案例。由于可口可乐和百事可乐是市场的领导品牌，占有率极高，在消费者心中的地位不可动摇。所以，将产品定位于“非可乐型饮料”就避免了与两大巨头的正面竞争。成功的市场定位使七喜在龙争虎斗的饮料市场上占据了老三的位置。

（2）迎头定位策略。企业根据自身的实力，为占据较佳的市场位置，不惜与市场上占支配地位的、实力最强或较强的竞争对手发生正面竞争，而使自己的产品进入与对手相同的市场位置。优点：竞争过程中往往相当惹人注目，甚至产生所谓轰动效应，企业及其产品可以较快地为消费者或用户所了解，易于达到树立市场形象的目的。缺点：具有较大的风险。例如，与美国七喜汽水不同，娃哈哈集团推出“非常可乐”则是迎头定位策略的具体运用。在可口可乐和百事可乐雄霸中国市场的形势下，娃哈哈推出了“中国人自己的可乐”——非常可乐。非常可乐上市之初，不少学者认为非常可乐“非死不可”。然而10多年后的今天，非常可乐不但没有“死”，反而越活越好，走出了一条适合自己发展的道路。

（3）创新定位策略。寻找新的、尚未被占领但有潜在市场需求的位置，填补市场上的空缺，生产市场上没有的、具备某种特色的产品。采用这种定位方式时，公司应明确创新定位所需的产品在技术上、经济上是否可行，有无足够的市场容量，能否为公司带来合理而持续的盈利。例如，宁夏红集团慧眼独具，在充分研究枸杞资源现状和产业发展的基础上，大胆开发了葡萄酒以外的果酒市场，创新推出了宁夏红枸杞酒，并成为第一个打造“中国波尔多”果酒第一品牌、第一个提出“健康饮酒、饮酒健康”理念的酒类企业。

（4）重新定位策略。公司在选定了市场定位目标后，如定位不准确或虽然开始定位得当，但市场情况发生变化时，如遇到竞争者定位与本公司接近，侵占了本公司部分市场，或由于某种原因消费者或用户的偏好发生变化，转移到竞争者方面时，就应考虑重新定位。重新定位是以退为进的策略，目的是为了实施更有效的定位。凤凰光学原先的主要产品是照相机，其生产的“凤凰303”单反相机甚至引起日本人的不安。现在“凤凰”的主导产品是手机、相机镜片和手机、相机镜头。这是因为“凤凰”的企业家了解到：跨国公司掌握的数字相机核心技术，“凤凰”即使用几十年的时间，也赶超不了，所以凤凰光学进行了重新定位，凭借在光学元件、光学镜头方面的优势发展壮大光学制造业，做大做强光学配套产业。这样使得其避开了与跨国公司的正面冲突，与他们融为一体，成为全球光学生产链条中的一个环节。

8.2 开发合适的产品

产品是企业发展的基础，产品没有市场竞争力，企业也就没有生存的基础。对企业尤其新的创业企业而言，生产满足客户要求的好产品是企业立足生存的法宝。不能提供消费者所需的合适产品，就意味着产品无销路，企业无盈利，继而亏损倒闭。因此，把握好产品的开发设计，开发满足客户需求的合适产品变得相当关键。

8.2.1 什么是产品

产品是企业能够提供给消费者以满足其需求和欲望的任何东西。产品不仅是实体商品，还可以是服务、体验、技术、信息和创意等等。

此外，产品包括三个层次，即产品核心、产品形式和产品外延。产品核心是产品提供给消费者的基本效用；产品形式是产品核心借以实现的载体，包括材料、商标、声音、式样、外观、包装、色彩、环境等；产品外延是独立于产品形式之外的价值，包括技术附加、文化附加、心理附加、服务附加等。

什么样的产品才是合适的好产品呢？应满足以下几个条件：市场所需、构思独特、设计新颖、技术先进、性能稳定、顾客满意等。

8.2.2 合适产品的开发

产品开发是创业企业进入市场最基本，也是最关键的一步。通常，一个完整的产品开发过程要经历构思形成、构思筛选、概念的形成和测试、市场营销战略设计、商品分析、产品开发、产品试销以及正式上市共八个阶段。

那么如何开发出合适的好产品呢？

第一，做好正确的产品设计。

(1) 必须进行科学的市场调研。“市场上什么产品赚钱就做什么”，这是不可行的。任何产品都有其生命周期，过了这周期，企业就没什么市场效益可言。所以，必须通过科学的市场调研，把握市场阶段特征，进行有效产品设计。

(2) 形成并筛选好的构思。在进行市场定位的基础上，把握目标消费群体的消费需求与目标要求，结合企业内部人员与竞争者、销售商等方面的意见与信息，系统地形成产品构思。对市场规模、产品价格、开发时间与成本、制造成本和回收率等进行初步估计，缜密考虑产品是否可以真正满足消费者需求？是否符合目标和战略？是否有成功实行这个构思所需的人员、技术和资源？它提供给顾客的价值是否具有竞争力？它的买点和卖点分别是什么？然后找到好的构思放弃坏的构思。

（3）确定好的产品概念。就是将产品构思具体化，为产品确定一个合适的名称，并恰当地描述出产品的性能、具体用途、形状、优点、价格等，让消费者能一目了然地识别并记住产品。

第二，做好设计好的产品。

（1）做好市场营销战略设计。通过科学的市场营销战略把确定好的产品概念推向市场。

（2）进行商品分析。根据初期的市场营销战略设计，考察产品的预计销售、成本和利润，评估是否满足企业的目标。一旦发现满足，就可进行产品的实际开发。

（3）进行产品实体开发。企业将产品概念转化为产品实体。通常包括对产品实体的设计、试制、测试和鉴定四个阶段。这是产品开发最关键的一环，是确保产品质量的核心阶段。

（4）进行产品试销。通过市场试销将产品投放到有代表性地区的小范围的目标市场进行测试，以了解该产品的市场前景。如果试销成功，则意味着产品可以全面上市了。

（5）做好产品正式上市工作。产品正式上市，实际上是产品在目标市场上全面销售的阶段。因此，企业必须建立畅通的销售渠道，采用多种形式的营销手段，保障产品的销售，不断扩大市场份额，满足消费者的消费需求与目标要求，在消费者中树立良好的口碑与形象。我们必须明确：消费者对产品的满意度与忠诚度是判断产品好坏的核心标准。

由于企业和产品都有其生命周期，所以企业必须时刻以市场为导向进行产品选择，集中企业优势，用最短的时间进行成功产品开发并投放市场，这样企业才能保持持久的生命力与竞争力。

创立于1987年的杭州娃哈哈集团，在短短的二十多年内已由一家校办工厂发展成为中国最大的食品饮料企业。目前，其产品包含六大类30多个品种，其中瓶装水、含乳饮料、八宝粥罐头多年来产销量一直位居全国第一。

娃哈哈产品开发的成功要素有三：一是在模仿中创新，不做第一创新者，但紧跟并超越第一创新者。AD钙奶跟进乐百氏，跟进时加上了“吸收”的概念。茶饮料跟进康师傅和统一，推出时强调其个性“天堂水，龙井茶”。娃哈哈非常系列中，非常可乐跟进可口可乐和百事可乐，针对男性市场；非常柠檬模仿雪碧，针对女性市场；非常橙汁模仿芬达，针对儿童市场。二是掌握投放时机，在规模化市场形成的时候投放。三是讲究速度。娃哈哈具有统一、集中的组织构架与决策机制以及网络优势。因此可以快速推出产品，并迅速形成规模优势，进而转化为成本优势和竞争优势。

娃哈哈集团跟进模仿的产品开发模式，节省了大量的前期费用，减少了市场风险，提高了新产品推出的成功率。

8.3 制定合适的价格

当企业开发出合适的产品后，如何给产品确定一个合适的价格，是企业的一项重要工作。产品的价格合适与否不仅关系着企业产品销量与利润，同时也关系到一个产品能否生存或成功。

那么如何给一个产品定一个合适的价格呢？一般认为，产品价格的确定通常包括定价目标选择、定价影响因素分析、定价方法与策略选择和最终价格确定四个基本环节。

8.3.1 定价目标的选择

企业的定价目标既是企业定价策略和定价方法依据，又是企业实现企业经营总目标的保证和手段。无论企业选择生存、销量、市场、利润、竞争等中的哪一项作为定价目标，都必须以满足市场需要和实现企业盈利为基础。

企业要进行科学的定价目标选择，通常应遵循以下四项原则：

（1）利益性原则：企业进行定价目标选择时应保证企业能够获取利润。

（2）安全性原则：企业进行定价目标选择时应保证企业以该产品价格顺利进入目标市场。

（3）竞争性原则：企业进行定价目标选择时应保证企业以此产品价格竞争中避免处于劣势，要保持市场竞争力。

（4）持续性原则：企业进行定价目标选择时要立足长远，避免“近视”行为，以保证持续发展。

8.3.2 定价影响因素分析

由于产品价格受到企业内外部诸多因素的影响，因此企业在进行产品定价时必须充分考虑这些影响因素。从企业内部看，企业营销目标、营销组合战略、生产成本、产品性质和企业组织等都会对产品价格产生影响。从企业外部看，市场和需求的性质、竞争和其他环境因素也会对企业产品价格产生影响。正是由于这些内外因素的共同作用，才使产品定价成为一项系统工作。

企业必须确定合适的产品价格。产品价格过低，企业便不足以获取利润；产品价格过高，便会导致市场需求不足，没有销路。在影响价格的因素中，最核心的是成本因素，成本决定了价格的底线，而消费者对产品价值的看法决定了最高价。企业必须在此基础上统筹考虑其他因素，才能确定合适的价格。

8.3.2.1 产品成本

产品成本是企业产品价格的根本依据。正如前面所言，产品成本决定了产品价格的底线。简而言之，产品价格不能低于成本，产品价格低于成本即意味着亏损。

产品定价过程中考虑的成本应为单位产品的平均成本。平均成本由固定成本分摊和变动成本两部分构成。固定成本是指在短期内不能随企业产量和销售收入的变化而变化的生产费用，如产房设备的折旧费、租金、利息等，固定成本与企业的生产水平无关。变动成本是指随生产水平的变化而直接变化的成本，如原材料费、工资等，如果企业不开工生产，可变成本即为零。

8.3.2.2 市场需求

在市场经济条件下，产品价格要接受“无形的手”的调节。价格与市场需求相互影响，在正常情况下，市场需求与产品价格成反向相关。产品价格上升，市场需求减少；产品价格降低，市场需求增加。特殊情况下，需求可能与价格正向相关。例如奢侈品，香水提价后其销售量却有可能增加。

因此，企业在进行产品定价时必须考虑产品的市场需求弹性，即了解市场需求对价格变动的反应。价格变动对需求影响大，则叫做需求有弹性。价格变动对需求影响小，这种情况称为需求无弹性。需求弹性大的产品，价格过高就会导致需求量减少。当产品的需求有弹性时，在不考虑竞争者的情况下，新产品入市可以用略低的价格，以刺激需求，促进销售，增加销售收入，增强企业的盈利能力。

在一些条件下，如替代品很少或者没有，消费者对价格不敏感，改变购买习惯和寻找较低价格时反应迟缓等，需求可能缺乏弹性。此时进行产品定价时可以确定较高些的价格。

8.3.2.3 竞争者的产品与价格

除生产成本与市场需求外，竞争者的产品和价格也影响着企业的产品定价决策，即产品定价还与市场竞争度有关。产品竞争激烈时，企业很难将产品维持在一个较高的价格水平上。因此，企业在有市场竞争的情况下进行产品定价，应首先考虑最相近的竞争者的产品和价格，尽可能地让消费者感到自己企业的产品性价比比竞争对手高。性价比，实际上就是质量和价格比，在市场竞争中，同类产品质量相当，就要通过价格优势取胜，正所谓物美价廉。

8.3.2.4 目标消费群的消费水平与习惯

产品目标消费群的整体消费水平与消费习惯也是影响产品定价的重要因素。比如，进行产品定价时要考虑企业的产品是哪一个人群使用，儿童还是老人？男性还是女性？高收入阶层还是低收入阶层？家庭消费还是团体消费？豪华型消费还是普通消费等等。一般来讲，用于儿童、女性、高收入阶层、团体消费或豪华型消费的产品价格相对较高，企业多是采用高价位，反之亦然。

除了以上影响因素外，产品价格还会受行业发展阶段、市场环境状态以及企业自身、品牌、市场地位、推广费用、渠道建设情况、产品的包装、产品规格等因素的综合影响，因此在进行产品定价时也必须予以考虑。

8.3.3 定价方法选择

在明确了产品价格目标并进行了影响因素分析的基础上，要选择合适的定价方法。通常的定价方法有以下三种：

（1）市场撇脂定价法。当产品质量高、形象好，并且竞争者不能轻易进入该产品市场时，可以采用该方法。在产品上市之初，将价格定得较高，在短期内获取厚利，尽快收回投资，然后再降低价格。采用此定价方法需具备一定的条件：一方面，在此价格下能够有足够数量的购买者；另一方面，生产较小数量产品的成本不能高到抵消高价格所获取的超额利润。

（2）市场渗透定价法。当新产品没有显著特色、竞争激烈、需求弹性较大时宜采用渗透定价法。在产品投放市场时，价格定的应尽可能低一些，其目的是获得最高销售量和最大市场占有率。通过该方法，产品能够迅速为市场接受，打开销路，增加产量，使成本随生产发展而下降；低价薄利，使竞争者望而却步，减缓竞争，获得一定市场优势。

（3）满意定价法。这是一种介于撇脂和渗透之间的价格方法，又称“君子价格”或“温和价格”。所定的价格比撇脂价格低，而比渗透价格要高，是一种中间价格。这种定价方法由于能使生产者和消费者都比较满意而得名。

苹果 iPod 是近几年来最成功的消费类数码产品之一。第一款 iPod 零售价高达 399 美元，即使对于美国人来说，也是属于高价位产品，但是有很多“苹果迷”既有钱又愿意花钱，所以纷纷购买。苹果认为还可以“撇到更多的脂”，于是不到半年又推出了一款容量更大的 iPod，定价 499 美元，仍然销路很好。苹果的撇脂定价大获成功。

此后，根据外部环境的变化，苹果 iPod 主动改变了定价方法。2004 年，苹果推出了 iPod shuffle，这是一款大众化产品，价格降低到 99 美元一台。之所以在这个时候推出大众化产品，一方面市场容量已经很大，占据低端市场也能获得大量利润；另一方面，竞争对手也推出了类似产品，苹果急需推出低价格产品来抗衡，但是原来的高价格产品并没有退出市场，而是略微降低了价格而已，苹果公司只是在产品线的结构上形成了“高低搭配”的良好结构，改变了原来只有高端产品的格局。苹果的 iPod 产品在几年中的价格变化是撇脂定价和渗透式定价交互运用的典范。

可以看出，撇脂定价法即使取得了成功，也很快会由于竞争加剧而变得不合时宜，企业需要做的是：敏感地认识到市场的变化，主动从撇脂定价的高台阶上走下来，否则，一旦竞争对手在产品接近的情况下采取渗透性定价，企业就会付出巨大代价。

8.4 开拓合适的渠道

对于企业而言，建立运转畅通的销售渠道至关重要。销售渠道是企业把产品向消费者转移的过程中所经过的路径。通俗地讲，只有建立畅通的销售渠道，将产品卖给消费者，企业才能获得收益。因此，没有建立销售渠道或者渠道不畅通，企业将面临产品卖不出去的尴尬境地，从而导致企业最终不得不“关门大吉”。

每一个企业，都无法用一套同样的方案来运作市场。创业企业在创业初期，其产品或品牌缺乏知名度，要想在激烈的市场竞争中争得一席之地，就要按照由点及面、循序渐进的原则认真、谨慎做好企业产品销售渠道的规划工作。扎扎实实地从一个网点到一个城市，再由一个城市到一个地区，再进一步进行区域拓展，最终占领国内市场乃至在国际市场上占有一席之地，从而建立起属于自己的销售领地，这是创业企业在发展初期的明智之举。那么创业企业如何来规划或建立自己的销售渠道呢?

8.4.1 建立销售渠道应遵循的原则

企业建立合适的销售渠道必须遵循以下几项原则：

第一，畅通高效原则。以消费者需求为导向，通过最短的途径、最优惠的价格尽快地将产品送到消费者方便购买的地点。

第二，覆盖适度原则。企业建立销售渠道时，不仅要考虑速度与成本，还要考虑能否有效占领目标市场。

第三，稳定可控原则。企业不可轻易更换调整渠道成员，或者转换渠道模式。只有保持渠道的相对稳定，才能进一步提高效益。同时，销售渠道还要根据市场的新情况、新变化进行适时调整，以保持适应力与生命力。

第四，协调平衡原则。企业在追求自身效益最大化的同时必须要考虑渠道成员的利益，形成和谐共赢的局面，避免因利益问题发生冲突与矛盾，确保企业整体营销目标的实现。

第五，发挥优势原则。企业在建立营销渠道时，要将渠道模式的设计与企业的产品开发策略、定价策略、促销策略结合起来，增强营销组合的整体优势。

8.4.2 选择合适的经销商

在现实中，绝大多数企业都会把经销商引入企业的销售渠道。对于创业企业而言，在建立初期，由于缺乏经济能力，无论在产品整体推广还是与渠道经销商的谈判筹码上，均占不了主动权。所以，创业企业选择合适的经销商并与之合作，就显得尤其重要。

那么创业企业怎样才能找到合适的经销商作为合作伙伴呢？企业首先要做好招商策划。企业招商，往往是建立销售渠道的第一步，所以对企业来说，招商的成功，也预示着好的开头。

无论经销商的规模如何，其必须能够积极参与配合企业制定的市场推广策略，也就是说其必须愿意销售企业的产品，否则一切均是空谈。通常比较有想法或者想有所作为的经销商比较注重企业以下五个方面的表现：一是企业的实力；二是企业营销管理人员的素质；三是推广方案的可操作性；四是产品市场需求的潜力；五是经营该产品的盈利情况。

客观分析，如果是大而强的经销商，其要求必然也高，作为新建立的创业企业而言，很难有效控制他们。因此，那些起步不久，经济实力和市场运作能力较一般，但信誉良好的经销商应该是不错的选择。这类经销商在现阶段非常需要企业的支持，因此一旦合作，这类经销商对合作企业的忠诚度也会比较高。在销售渠道建立之后，如果企业的销售政策完善，能够用有效的销售渠道控制管理，使他们看到企业的美好发展远景，就能吸引他们，形成稳固的销售渠道网络。

然而不容忽视的是，由于这类经销商的资金实力和运作市场的能力均有限，需要企业保持高度的警惕和具备强劲的市场管理团队予以指导和协销，使经销商与企业一同成长。

8.4.3 选择合适的渠道模式

渠道模式的选择或者规划，是企业建立销售渠道的必然步骤。创业企业一般品牌知名度和企业的经济实力以及市场管理能力都比较弱，因而市场初期的渠道模式选择非常关键。

根据有无中间商参与销售过程，企业销售渠道模式可分为两种基本类型：直接销售渠道模式和间接销售渠道模式。

8.4.3.1 直接销售渠道模式

这种模式是生产者-消费者模式，即生产者直接将产品供应给消费者，不经过任何中间环节。这是最简单、最直接、最短的销售方式，其特点是产销直接见面，产品的技术支持和服务到位，产品流通费用低，便于企业及时了解市场情况。该模式适合技术服务要求高，单位产品价值大的产品（工业产品、机械制造产品等)。

8.4.3.2 间接销售渠道模式

这种模式中生产者利用中间商将商品供应给消费者，中间商在销售过程中发挥重要作用。根据中间商的性质不同，又可具体分为四种具体模式。

(1) 生产-零售商-消费者模式。该模式特点是中间环节少、渠道短，企业可以充分利用零售商的力量扩大企业产品的销量，增加企业市场份额。

(2) 生产-批发商-零售商-消费者模式。该模式是销售渠道的传统模式，其特点是销售环节多，渠道长，有利于企业大批量生产，减少销售费用，但不利于企业准确了解市场行情。

(3) 生产-代理商-零售商-消费者模式。该模式的特点是代理商不承担经营风险或风险较低，代理商积极性较高，有利于企业产品迅速打开市场。但企业销售完全交给代理商，企业承担风险较大。

(4) 生产者-代理商-批发商-零售商-消费者模式。这种模式是第二和第三种模式的交叉结合。

8.4.4 做好渠道控制管理

在企业初步建立起营销渠道之后，要充分发挥销售渠道的作用，必须切实做好营销渠道的控制管理工作。

(1) 利益控制管理。无论对于企业还是经销商，利益的获取是企业运行和参与经营的直接目的。在整个营销过程中，必须保障两者都能获取满意的收益，否则任何一方就会选择退出。经销商获利愿望的满足，能够提升其销售积极性，提高产品销量，从而使企业增加盈利。反之，产品销售就会出现困难，销量下降，减低收益。尤为重要的是要让经销商看到企业的发展前景，增加其长期盈利的信心。

(2) 品牌控制管理。在产品同质化的时代，品牌作为产品唯一特性，成为企业重要资产。中间商非常看中企业品牌产品，因为品牌产品的推广难度较小，推销成本低，同时还可以带动其他产品的销售，可以获得较高的销量与利润。作为经销商也要树立自己的品牌，经销商的品牌在销售渠道中起重要作用。而经销商的品牌往往是附加在所代理企业产品的品牌之上的，没有企业产品品牌的支持，经销商的品牌价值就会大打折扣。因此树立良好的企业品牌也是销售渠道的有利控制手段。

(3) 关系控制管理。企业要努力使经销商时刻与自己的市场战略保持一致，融合企业文化，形成共同发展意识。因为在营销过程中，经销商根据自身的企业形象与营销实力可以选择这种产品，也可以选择那种产品。而对厂商而言，根据自身的品牌形象与产品的可销程度和获利能力也会进行经销商选择。只有二者互为重视，并互为依赖，才能达成统一，结为同盟，形成长期的合作关系。

（4）服务控制管理。一般来说经销商的管理能力要比企业弱，经销商的人员素质要比企业差。企业可以通过协助经销商或者终端进行促销、公司宣传以及客户培训和咨询等帮助经销商提升管理、营销能力和人员素质。

（5）市场控制管理。企业要通过终端员工培训、举行促销活动、建立零售店会员体系和企业零售点等措施有效控制市场终端。在此基础上建立起强大的基础市场，开展有针对性的拜访和举行直达终端的各项活动，增强与渠道客户的谈判能力，有效控制渠道。

8.5 进行有效的促销

企业在开发出好的产品，制定好合适的价格，建立畅通的渠道之后，要想更为顺利地将产品销售到消费者手中，还要采取有效措施把自己的产品告知消费者，甚至在与消费者的沟通中去教育、吸引和诱导他们，使他们认知自己的产品，接受并购买产品。这种有效的方式就是进行产品促销。企业通常采取的促销手段主要有广告宣传、公关营销以及促销活动等。

8.5.1 广告宣传

俗话说，货好还得宣传巧。实践证明，广告在传递经济信息方面，是最迅速、最节省、最有效的手段之一。广告宣传可以帮助顾客感受产品的特点，有助于树立企业和产品的形象，支持有关营销策略的推行，为企业创造良好的发展环境。

任何企业所围绕的中心是营销，而营销的窗口就是广告宣传，所以广告宣传成为企业推销产品的首选手段。常用的广告宣传媒介与形式有电视、广播、报纸、刊物、视听资料、宣传册、广告牌、海报、传单等等。随着互联网技术的发展，网络也成为重要的广告宣传媒体。

企业广告宣传是为了带动销售，提升企业形象，不是为了炫耀。广告宣传运用的好坏直接影响到产品的推广效果。广告宣传如过于夸张其效果可能会适得其反，而太过平淡则可能缺少冲击力度。同时，广告宣传也并不是越多越好。因此，企业必须恰当运用广告宣传，注意方式方法，否则会过犹不及。

第一，广告宣传必须明确目标群体。

广告宣传的目的是为了吸引企业目前的和潜在的顾客，因此进行广告宣传前必须把握公众的特点与需求，这样才有针对性，保障宣传效果。

第二，广告宣传必须客观实际。

企业在广告宣传中必须把商品的质量、价格、特性、优点、功能等内容如实地告知受众，以取信于广大消费者。而不能随意夸大甚至杜撰产品的功能与优点，以诱导迷惑消费者，使顾客产生不切实际的期望，尽管在短期内可能效果较好，但当顾客明白服务的真相时，就会因失望而不再光顾。因此广告必须客观实际，注意长期效果，进行长期规划，以维护企业的形象和声誉。

第三，广告宣传必须选择合适的方式。广告宣传媒介与形式广泛，有电视、广播、报纸、刊物、视听资料、宣传册、广告牌、海报、传单等等。企业必须根据自身产品特点与目标群体选择相应有效的广告宣传媒介与形式，否则将图做无用功或收效甚微。

第四，广告宣传必须量力而行。广告宣传是企业促销的有效手段，但不是只有进行广告宣传才能促进销售。进行广告宣传需要进行资金投入，因此不能盲目脱离企业的经济能力进行广告宣传。同时，也不能盲目追求广告效应，否则不但取得不了预期效果，反而会事与愿违。

8.5.2 公关营销

当今，公关营销作为一种营销策略，已被广泛地运用到企业的经营活动中。尤其在企业营销过程中，公关营销大有与广告宣传平分秋色，甚至超越广告宣传之势。

公关营销活动可以帮助企业在公众心目中树立良好的企业和产品信誉与形象；了解公众需求、对产品和服务的态度、对企业形象评价等信息，为企业决策提供服务，可以在企业内部凝聚人心、沟通关系、协调工作，形成良好的内部效应；可以在企业或产品面临危机之时，扭转乾坤，摆脱困境。同时，公关营销更是一种良好的促销手段，有利于帮助企业低成本打开市场，促进产品的销售。

在企业与产品的不同生命周期阶段，应采取不同的公关营销策略。

第一，在企业创业和产品引入阶段，公关营销应以树立企业和产品的形象为主，让消费者认识企业、接受产品。

第二，在企业和产品成长阶段，公关营销应该以提高企业和产品知名度为主，建立自身强大的竞争优势。

第三，在企业和产品成熟阶段，公关营销应该以与时俱进、不断创新为主，使企业不断进步，适应科技和潮流的发展。

第四，在企业和产品衰退阶段，公关营销应该以回归本真、贴近顾客为主，在维系原有顾客群的同时，努力培养新顾客。

第五，在企业和产品出现危机时，企业要进行及时的危机公关，主动承担责任，真诚沟通，扭转局面，摆脱困境。

8.5.3 促销活动

促销活动是企业或商家直接刺激消费以求短期内达到促进销售效果的营销活

动。由于促销活动具有相对投入较低、方式灵活、效果直接、过程可控等优点，因而被广泛应用。

根据促销对象的不同，促销活动分为对消费者的促销、对经销商的促销和对销售员的促销三种类型。

（1）针对消费者的促销。这是针对消费者开展的促销活动，也是最直接和最广泛应用的促销方式，主要有优惠券、价格折扣、印花、赠送样品、奖品、附加赠送、竞赛抽奖、售点促销、派发、积分卡（券）等手段。

（2）针对经销商的促销。正如前面所言，多数企业采取的是有经销商借助的间接销售渠道模式。因此，对企业而言，开展针对经销商的促销活动，提高其销售积极性，也是非常必要的。主要有广告技术合作、业务会议和贸易展览、现场演示、交易推广、经销商竞赛、企业刊物发行等手段。

（3）针对销售员的促销。在企业内部，通过对销售人员进行知识、技能、态度等业务培训，开展销售竞赛活动等提高销售人员的工作积极性，促进企业产品销售。

没有最好的促销方式，只有最适合的促销手段。因此，企业应当灵活运用并进行促销方式的创新，捆绑销售、联合促销出现就是在激烈的市场竞争中出现的新促销模式与手段。

对于产品销售，促销活动同广告宣传一样，是把双刃剑。在现实市场操作中，往往发生“成也促销，败也促销”的无奈慨叹。因此，要想保障促销活动效果，就要重视促销策划与控制，量力而行，多大的执行力做多大的促销事。

王老吉是依靠有效的促销实现成功的典型企业之一。为更好地唤起消费者的需求，促进产品销售，红罐王老吉积极进行广告宣传活动。广告宣传主要锁定覆盖全国的中央电视台，并结合原有销售区域（广东、浙南）的强势地方媒体，在2003年短短几个月，一举投入4000多万元广告费，销量立竿见影，得到迅速提升。同年11月，企业乘胜追击，再斥巨资购买了中央电视台2004年黄金广告时段。正是这种急风暴雨式的投放方式保证了红罐王老吉在短期内迅速进入人们的头脑，给人们一个深刻的印象，并迅速红遍全国大江南北。

在广告宣传的同时，加多宝还围绕着“怕上火，喝王老吉”这一主题进行促销活动。如在一次促销活动中，加多宝公司举行了“炎夏消暑王老吉，绿水青山任我行”刮刮卡活动。消费者刮中“炎夏消暑王老吉”字样，可获得当地避暑胜地门票两张，并可在当地度假村免费住宿两天。这样的促销，既达到了即时促销的目的，又有力地巩固了红罐王老吉“预防上火的饮料”的品牌定位。

此外，王老吉先后在温州、北京等地开展“学子情”活动，资助困难学生，帮助完成学业，承担社会责任。这种活动的开展帮助其在消费者心中树立了良好的企业形象，获得了消费者的支持与信赖。

"怕上火，喝王老吉"的广告与促销以及营销活动，直击消费者需求，及时迅速地拉动了销售，为其带来了巨大的效益：2003 年红罐王老吉的销售额比 2002 年同期增长了近 4 倍增至 6 亿元，并以迅雷不及掩耳之势冲出广东；2004 年，全年销量突破 10 亿元；以后几年持续高速增长，2008 年销量突破 100 亿元大关。

8.6 提供满意的服务

在新的市场背景下，企业要想进入市场并在竞争中立足、发展，就必须想顾客之所想，急顾客之所急，以顾客的需求为导向，以让顾客满意为落脚点。企业实施服务营销策略，让顾客满意，不仅仅是服务行业的内容，而且也是所有企业应遵循的营销理念。尤其是随着科技的迅猛发展，产品间的差异越来越小，几乎是同质化产品，因此，如何在众多的产品中脱颖而出，服务就成为企业制胜的有力武器。

8.6.1 进行一体化服务

企业要做好顾客满意的服务工作，必须进行一体化服务，全方位、立体式让顾客从心理上感到满意。根据营销专家 Joe Girard 的理论，当一个顾客由于不满意而离你而去时，同时你还将切断与至少 250 个潜在顾客和客户的联系，并有可能导致一个重大的损失以至于你的事业在刚刚走上轨道的时候就跌一大跤。进行一体化的服务，不是只在产品售后进行服务，还要在产品售前、售中提供满意服务。不是在一时提供单一的服务项目，而是在整个产品生命过程中提供多种形式、多方面的服务内容。向顾客提供单一的服务，或许能在一时吸引顾客，但要真正抓住顾客的心，使其形成忠诚度并吸引潜在客户，则依赖于健全、良好的一体化服务策略。

8.6.1.1 售前服务

售前服务是指企业在销售产品之前为顾客提供的一系列的服务活动，如市场调查、产品设计、提供使用说明书、提供咨询服务等。售前服务在整个营销过程中起着先导作用，是帮助顾客认识自身需要、唤起需要、激发兴趣、产生购买欲望的重要步骤。

8.6.1.2 售中服务

售中服务是指在产品销售过程中为顾客提供的服务，如热情地为顾客进行展品介绍与展示，详细说明产品使用方法，耐心地帮助顾客挑选商品，解答顾客提出的问题等。售中服务与顾客的实际购买行动相伴随，是促进商品成交的核心环节。

8.6.1.3 售后服务

售后服务是指在产品售出之后为顾客提供的服务，如产品运输、安装、调试、维修和退换等各种保证、产品使用和维修方法培训等。售后服务可以使顾客放心地购买和使用，免除后顾之忧，获得整体满意，成为企业稳定的服务技能并带动潜在顾客加入购买。

8.6.2 一切以顾客为中心

要使客户对企业的服务满意，企业必须坚定不移地树立服务客户的思想。企业所做的一切，都要以消费者的需求为最终的出发点和落脚点。坚持为他们提供一流的产品、一流的服务。市场是需求的体现，顾客是需求的源泉。只有本着对产品负责、对经销商负责、对消费者负责的态度，才能提高产品质量，增加公司吸引力，提高竞争力，与客户共同进步，共同得益，实现共赢。

要实现这一目标，企业必须在服务营销过程中保障“顾客关注”工作质量，从而确保服务营销整体方案的效果。为此，企业必须明确以下几个方面：

第一，留住一个已有顾客的成本要比发展一个新顾客成本低得多。

企业在拓展市场、扩大市场份额的时候，往往会把更多精力放在发展新顾客上，但发展新的顾客和保留已有的顾客相比花费将更大。因为新顾客的期望值普遍高于老顾客。所以，对待任何一个顾客都不能轻言放弃，一旦失去将永久失去。

第二，要对不满意的顾客投入比满意的顾客更多的关注精力。

不满意的顾客往往会发现产品或者服务存在的问题与不足，这正是企业下一步要改正和提高的地方。而且竞争对手会利用顾客的不满情绪，逐步蚕食其忠诚度，同时在你的顾客群中扩大不良影响。所以，要建立畅通沟通渠道，及时处理顾客投诉，以提高顾客的满意度，避免顾客忠诚度的下降。

第三，不要相信自己比顾客更聪明。

企业在向顾客推荐新产品或是要求顾客配合进行一项合作时，必须站在顾客的角度，设身处地考虑。如果自己觉得不合理，就绝对不要轻易尝试。因为所有的消费者都具有很强的判断力和自主的选择权。

第四，提高现有客户的满意程度而不让他们投入竞争对手的怀抱是最简单和最安全的收入增长方式。

市场竞争是激烈的，竞争对手对彼此的顾客都时刻关注。企业必须对自己的顾客定期沟通了解，解决顾客提出的问题。忽视你的顾客等于拱手将顾客送给竞争对手。

8.6.3 树立服务品牌

企业满意服务的最高层次就是树立服务品牌，使其成为企业产品附加甚至是企业文化的组成部分。因此，企业应积极构建服务品牌。

第一，树立顾客至上的服务意识。这就是一切以顾客为中心，以顾客满意为宗旨，随时解决顾客的困难与提出的问题。

第二，建立健全的服务渠道体系。建立包括人员服务渠道（销售服务人员主动服务）、电话服务渠道（电话中心或呼叫中心）、网络服务渠道（专业服务网站）、媒体服务渠道（专业平面服务刊物、声光电媒介服务资料等）、店面服务渠道（如特许授权服务店）、会议服务渠道（组织客户俱乐部）、24 小时在线服务等多方面内容的服务体系，以为顾客提供快速便捷的服务。

第三，全面提高服务人员综合素质。企业要对企业员工尤其是服务一线员工进行礼仪、技能及素质培训，全面提升综合素质，以便其能更好地做好服务环节各项工作，赢得顾客的认可，树立良好口碑。

第四，进行服务品牌宣传。服务品牌塑造需要传播，企业要通过广告、公关等手段将服务品牌信息、服务活动等内容传达给消费者，以引起他们认知。

第五，做好对服务品牌的动态管理。在服务品牌的塑造过程中，需要及时发现并及时解决出现的问题，将品牌做实。避免将服务口号化，只说不做，否则不但不能树立良好的持久品牌，还将会丢失先前的服务积累。

在产品同质化日益严重的今天，售后服务作为销售的一部分已经成为众厂家和商家争夺消费者的重要领地，良好的售后服务是下一次销售前最好的促销，是提升消费者满意度和忠诚度的主要方式，是树立企业口碑和传播企业形象的重要途径，在这方面海尔无疑是做得最出色的，也是做得最早的。1995 年，海尔提出“星级服务”，宗旨是：用户永远是对的，即用户就是衣食父母，只要能够不断给用户提供最满意的产品和服务，用户就会给企业带来最好的效益。

8.7　打造卓越的品牌

企业在经历口水战、概念战、价格战、广告战等低层次商战手段后，最终要进入高层次商战阶段——品牌战阶段。因此，企业打造出属于自己的产品品牌，是企业在品牌战中取得优势的关键。树立品牌意识，并积极实施品牌战略，打造品牌尤其是知名品牌是企业进行深入发展的必然选择。

8.7.1　树立品牌意识

随着社会的发展，人们越来越看重企业的品牌。人们的生活水平不断提高，同时由于生活的快节奏与信息的不对称，消费者在消费时可能不会再进行货比三家，而更倾向于选择名牌，吃名牌、用名牌、穿名牌，因为他们相信名牌有保障。

所以，在消费者如此看重品牌的情况下，企业必须树立品牌意识。企业领导层树立品牌决策和领导意识，员工要树立品牌生产与服务意识，形成全员关注、全员参与的浓厚品牌创建氛围。创业者如果不努力打造有价值的品牌，创业企业将很难生存发展下去。品牌时代已经来临，塑造品牌并不只是那些大企业的专利，中小企业更需塑造自己的品牌，突出自己的特色和与众不同。

8.7.2 选择品牌战略

品牌战略的选择，是企业塑造品牌的重要环节。品牌战略形形色色，没有一种品牌战略适用于所有的企业。品牌战略需要根据企业和产品特性进行选择。只有选择适合企业的品牌战略，才能成功塑造自己的企业品牌或产品品牌。品牌战略主要有以下几种。

8.7.2.1 多品牌战略

多品牌战略就是一个企业同时经营两个以上相互独立、彼此没有联系的品牌。在此战略下，不同的品牌有不同的目标市场，而且各品牌的经营具有相对独立性。因此，该战略适合于拥有较强综合实力的大企业，对于一般的中小企业而言并不适用。在全球实施多品牌战略最成功的企业当数宝洁公司，拥有海飞丝、潘婷、飘柔、沙宣等知名洗发护发品牌以及汰渍、碧浪等清洁剂品牌。

8.7.2.2 单一品牌战略

单一品牌战略是相对于多品牌战略而言的，它是指企业只有一个品牌。使用这种战略，品牌下的产品可以共享品牌，降低营销成本，但产品间不宜出现太大反差。例如佳能公司生产的照相机、传真机、复印机等产品都统一使用“佳能”品牌。采用单一品牌战略也有其明显不足之处，如果品牌下某一产品出现问题，极有可能产生连锁反应累及其他。

8.7.2.3 一牌多品战略

一牌多品即多种产品使用同一个品牌的情形。它可分为两种情况：一种是企业有多个品牌，每一品牌下有多种产品，众多的品牌及产品组成一个庞大的品牌家族；另一种是企业只有一个品牌，而在这一品牌下有多种产品。采用这种战略：企业的多种产品或全部产品共用一个品牌。比较通行的做法是进行品牌延伸，把已有的成功品牌用到新的产品上。

8.7.2.4 一牌一品战略

一牌一品战略是指一个品牌下只有一种产品的情形。一般来说，它有两种情形：多品牌战略下，每一品牌只有一种产品；单一品牌战略下，每一品牌下只有一种产品。前者如松下公司，其音像制品以 Panasonic 为品牌，家用电器产品以 National 为品牌，立体音响则以 Technics 为品牌。“金嗓子喉宝”则属于后一种情形。

此外，还有副品牌战略、背书品牌战略、品牌联合、品牌特许经营、品牌虚拟经营等战略。无论对于哪一种战略，企业必须结合自身实际进行选择，选择适合自身企业发展的品牌战略，并积极实施。

8.7.3 实施品牌战略

塑造品牌的过程实际就是实施品牌战略的过程。为保障企业品牌战略的实现，塑造出企业品牌尤其是知名品牌，在品牌战略实施过程中，应着重以下几点。

8.7.3.1 以品牌战略引领企业发展战略

在企业建立初期，就应该制定品牌战略目标，并以品牌战略引领企业发展。品牌的塑造是一项长期而复杂的系统工程，不可一蹴而就，也不能孤立进行，与企业的整体发展紧密相关。所以，企业各项决策必须以品牌战略的实施与品牌的塑造为落脚点。

8.7.3.2 永葆产品品质恒定如一

企业无论在什么情况下，都要保证产品优秀的品质。没有恒定如一的质量保证，产品就没有稳定的顾客满意度与忠诚度。一个品牌成长为名牌靠的是质量，一个品牌在市场上倒牌也大多是因为质量出了问题。因此，企业要树立起并使自己的品牌在市场中屹立不倒，就必须牢固树立“质量第一”的理念。

8.7.3.3 努力提高品牌认知度

进行品牌宣传，提高品牌认知度，是巩固并提升品牌的重要方式。好的品牌不但需要依靠好的质量去“俘获”顾客的心，还要通过多样的营销手段介绍给顾客，以使他们更快地认识、了解，进而认可品牌。需要注意的是，要赢得消费者对品牌的信任和满意，企业必须做好长期的努力。

8.7.3.4 将服务品牌与产品品牌相结合

企业服务品牌与产品品牌密切联系，相互影响。好的服务可以为产品品牌的塑造发挥重要的推动作用，而好的产品则可以为服务品牌的树立奠定基石。没有好产品，就不可能树立起好的服务品牌，因为顾客消费的是产品，服务与产品相比，顾客更看重产品质量。没有好的服务，企业的产品品牌就会受到影响，甚至损坏产品品牌形象。所以，企业既要提供优质的品牌产品，又要提供优质的品牌服务，这样才能相得益彰。

8.7.3.5 要积极巩固并保护自己的品牌

塑造品牌难，而巩固并保护好品牌也非易事。企业要积极打击侵权、假冒行为，这是巩固并保护品牌不可缺少的一项重要工作，也是维护企业良好品牌形象的重要工作。

总之，企业在创立品牌的过程中，既要树立起对品牌的正确认识，又要真正重视企业的品牌战略工作，只有这样，企业才能保持顽强的生命力。

波司登，最初只是一个十几个人的缝纫组，而今已经变成了工业园，产销量已称雄世界。那么，波司登成功的品牌之路是如何实现的呢?

1992 年，当企业发展起来面临究竟是继续代工还是自创品牌的时候，高德康选择了自创品牌，他正式注册“波司登”品牌，这是一个由美国城市名称“波士顿”谐音演变而来的名字。当时的中国正处于改革开放前期，高德康借助时代的特色，利用消费者“崇洋媚外”的心理注册了波司登这个品牌。

1998 年，高德康决定实施多品牌战略，在波司登之外又推出了雪中飞。2000 年时，市场上突然出现了一个“杀手品牌”，该品牌不停地降价，而且降得幅度很大。高德康说这好办，雪中飞可以降价同时保持波司登价位不动。最后的结局是，雪中飞一路和这个品牌抗战到底，而波司登没受任何损失，波司登在这场“战役”中大获全胜。再加上冰洁、冰飞和康博，高德康手中有了五张牌可以打，“市场上稍有风吹草动，波司登便有组合拳伺候”。同时，高德康强调要使多品牌战略做到协同作战而不是各自为政。

为了解决消费者的信任和对品牌的认知，波司登从一开始就不断地策划事件。1998 年以来波司登先后赞助中国科考队登上珠峰、南北极，与《同一首歌》建立了战略合作伙伴关系，赞助短道速滑世界杯比赛、世界花样滑冰大奖赛、2006 年冬奥会等体育赛事，开展保护母亲河活动，连续几年冠名《夫妻剧场》电视栏目等等。通过系列事件的持续传播，波司登传递给消费者的各种利好信息，经过企业的策划整合和时间的沉淀之后，逐渐转化成为产品的印象和品牌的认知，而这些事件本身的社会责任、环保、高科技渐渐地被转移到产品身上，成为波司登的品牌形象。

8.8 创造合适的模式

营销不仅是一门学问，更是一门艺术。只有正确认识，并采用合适的营销模式，才能在市场竞争的舞台之上呈现精彩的演出，赢得“观众”的掌声。不同的企业，可能处于不同的地区，不同的行业领域，生产或提供不同的产品，因此企业的发展有着不同的轨迹。营销模式没有好坏之分，适合的就是最好的。正所谓“条条大路通罗马”，只要企业找到并按照适合自身的营销模式运行，都可以走入成功之门。

营销模式就是企业根据市场竞争态势、行业市场环境等确立有机的、结构化的营销策略组合，并围绕着营销策略的重点来配置资源的营销运作方式。当前主要的营销模式主要有以下几种。

8.8.1 代理营销模式

此模式是指由流通企业在代理权限内代理生产企业销售商品，并取得收益的销售方式，代理制是一种高透明度、直达式的营销方式。此模式在产品市场发展初期具有明显的优势，但随着公司经营规模的扩大和公司市场份额与市场地位的不断提升，代理销售模式所存在的固有不足之处也逐渐显现。国内服装品牌企业在发展初期由于经济实力不强、销售网络不健全，大多采用了以代理制为主的间接销售模式。

8.8.2 外包营销模式

这种模式是将企业的营销业务外包给有能力、有实力、有专业背景和成功案例的第三方管理咨询公司，由第三方派人进行整合营销资源，进而制订营销战略帮助企业实现营销目标的。对于企业规模尚小，销售业绩一般，获利能力欠佳，暂时没有市场营销的人才和能力的中小企业而言，这种模式是尚佳选择。

8.8.3 连锁营销模式

连锁营销是指经营同类商品或服务的若干个企业，以一定的形式组成一个联合体，在整体规划下进行专业化分工，并在分工基础上实施集中化管理，把独立的经营活动组合成整体的规模经营，从而实现规模效益。连锁经营包括三种形式：直营连锁、特许经营和自由连锁。

8.8.4 虚拟营销模式

美国耐克的发展便是“虚拟营销”成功的典范。耐克是一个既无生产车间又无销售网络的企业，只拥有在全球具有核心竞争力的运动鞋设计部门和营销部门，生产和销售全部虚拟化，通过外部组织来完成。

8.8.5 联合营销模式

单就个体而言，中小企业都具有自身的特色，但是其抵御市场风险的能力远差于大企业，在市场竞争中与实力强劲的大企业抗衡，必是力不从心，然而企业联合起来形成一个命运共同体，情况就不同了。这种联合模式分两种情形，一种是竞争企业的联合，另一种是互补企业的联合。

8.8.6 网络营销模式

随着互联网迅速发展与广泛应用，以互联网为基本手段的网络营销成为一种新型的、互动的、更加人性化的营销模式。企业可以利用网络为顾客提供个性化的服务，充分发挥企业与客户相互交流的优势，迅速拉近企业和消费者的情感距离。当前，很多企业都把网络营销作为企业的营销战略选择。

8.8.7 直销模式

这是一种生产商企业省去中间渠道，直接将产品销售给终端顾客的营销模式。只有获得在国家直销经营许可的企业才能进行直销经营活动。直销企业必须具有自主开发、自主研制、自主生产、自主销售、技能培训等机构，以及相应的注册资金和市场保证金等规定条件。当前只有极少数的一些企业运用这种方式，安利是直销经营模式的典型代表。

同处一个行业的企业可以采取不同的营销模式，同一个企业在不同发展阶段可以采取不同的营销模式，同一个企业在不同竞争环境下可以采取不同的营销模式。一个企业在商业领域中取得成功，一个重要的前提就是找到适合自己的营销模式。合适有效的营销模式必须能够在外部市场环境的动态变化下，给企业带来持久的竞争优势。

思考题

8-1 把握市场需求通常分为几个环节，大学生创业应如何准确把握市场需求？

8-2 什么是合适的产品，大学生创业应如何开发合适的产品？

8-3 基本的定价方法有哪些，大学生创业应如何为产品确定合适的价格？

8-4 通常有哪些渠道模式，大学生创业应如何建立畅通的销售渠道？

8-5 常用的促销方式有哪些，大学生创业应如何进行有效的促销？

8-6 大学生创业应如何为顾客提供满意的服务，如何树立服务品牌？

8-7 品牌战略的意义何在，大学生创业应如何实施品牌战略打造自己的光辉品牌？

8-8 什么是营销模式，通常的营销模式有哪些，大学生创业应如何创造自己合适的营销模式？

9 大学生创业与持续发展

9.1 大学生创业持续发展的内涵

研究者和企业家们都认为，企业应该被作为一个能动的有机体来看待，和所有的有机体一样，企业也有自己的生命周期，从诞生、成长、壮大、衰退、直至死亡，是企业命运的里程，一般无可回避。据统计，在10年前的《财富》500强中，将近40%的企业已经销声匿迹；而30年前的《财富》500强中，60%的企业已经被收购或破产。欧洲以及日本的企业的平均寿命为12.5年。国际经理人联合会中国区首席专家，清华大学、中国人民大学客座教授史永翔先生在2005年苏州市举办的“企业效益增长大型经济论坛”上说，中国每一年民营企业成立11万家，而倒掉的却达到10万家之多。

企业存在生命周期，有长有短，想要做到兴旺发达，长久发展，甚或成为“百年老店”、“长寿企业”，作为企业领导者在一定阶段必然要面临这样的选择——如何根据企业发展状况和阶段，通过对技术、管理的不断创新，深入挖掘现有产业领域里的利润空间，同时找到引导企业继续成长的新产品和服务，不断给企业注入新鲜血液和打造企业的核心竞争能力，促使企业进入良性循环和持续发展的轨道，形成一个具有较强传承性的企业文化与企业品牌，最大限度地避免企业生命周期由兴到衰的宿命，这是每一个创业者在解决创业期的“生存大计”，进入企业成长期后必然面临的问题。

企业成长期的持续发展谋求的是长期发展而不仅是维持生存，企业在原有规模上运作，从事简单生产，尽管能有效生存却不符合持续发展的要求，持续发展追求的是几代人相传的成功，是百年的基业，是在可预见的未来，企业能在更大规模上支配资源，谋求更大的市场份额，不断战胜和超越自我，从而取得良好发展。复旦大学芮明杰将企业持续发展的基本内涵概括为以下几个方面。

（1）持续发展是以可预见的未来为时间跨度的。

“可预见的”说明持续发展所涉及的时间是有期限的，这一时间跨度在企业的经营中是可控的。不可预见的未来对于企业的可持续发展而言是没有意义的，因为不可预见的未来是难以被了解认识，更不可能对其做出事前的规划。

企业的持续发展要求企业能够更大规模地支配资源，这里所说的资源不仅包括企业自身所拥有的资源，还包括对企业发展有用的，属于他人所有的资源。企业除了可通过内部开发及内部管理水平的提高来扩大自身资源的支配规模，还以通过资产运作的手段进一步利用、支配他人所有的资源。

（2）企业的持续发展以取得更大的市场份额为目的。

企业的发展要求市场空间的配合，市场占有率的提高是企业发展得以持续的支撑条件。市场占有率的提升一方面表明企业实现了发展，另一方面更大的市场份额为企业带来更高的发展需求，使企业的运作形成良性循环，为企业日后的发展奠定坚实的基础。

（3）企业的持续发展要求企业不断超越自我、不断进取。

发展的内在本质就在于超越自我，发展的持续性则要求企业不满足于一次自我超越带来的成果，而是能够不断地自我超越，不断进取，从而使企业的发展势头得以保持。

（4）企业的持续发展是一种良性的发展。

所谓“良性发展”体现为企业所有要素生产效率的提升以及由此带来的良好的财务业绩，任何有失偏颇的生产效率的提升对企业的发展而言都是暂时的，甚至可能给企业日后的发展带来隐患。要使企业的发展得以持续，发展的全面性与均衡性是不容忽视的。

综合以上论述，企业持续发展可以概括为：企业在生产经营活动中能够适应市场变化，生产与经营规模逐步扩大，企业内部要素不断改善和提高，企业市场竞争能力与盈利能力持续增强，企业最终达到在综合经济效益最佳的生产经营规模下运行。

9.2 大学生新创企业持续发展的问题与误区

9.2.1 大学生新创企业持续发展的问题

在前面章节中我们介绍过大学生新创企业在创业初期的主要任务是求得生存，在市场上站稳脚跟，然而经历了创业期的艰难，进入成长阶段后，表面上看应该是企业成功的再续，处于初创企业走向长青企业的坦途，但一系列的问题和挑战隐藏在其辉煌背后。作为大学生新创企业，此时企业创业初期原有的资源，包括物质、非物质资源都被利用到了极限，接下来的持续发展往往会受到市场、内部管理能力以及资金等多方面的制约，面临诸多障碍。

9.2.1.1 市场容量的限制

市场是企业得以生存与发展的土壤，大学生创业往往基于创新，包括向消费者推出全新的产品和服务，或对现有产品或服务进行明显改进，一旦企业由此取得初期成功，很快就会有其他的企业跟进，他们或者进行简单模仿，或者像前面创业的企业家一样予以改进和创新，可以说，先进入的企业成长速度越快，跟进的企业就越多，企业家就会在更短时间内面临激烈的竞争，信息社会和市场开放使这种规律更加明显。

众多竞争对手的加入使顾客及供应商有了更多的选择，迫使成长中的新创企业不得不调整市场战略以赢得新顾客和维持已有顾客，快速进行地域扩张；同时对于企业自身，新创企业普遍是在行业内的细分市场创业与经营，随着企业规模的扩大，初期的目标市场容量将无法支撑企业快速发展的需求，企业也必须寻求扩张，而地域扩张必然会受到各地文化、法律和市场环境的影响。这些情况都增加了企业活动所面临的不确定性，进而使企业面临的经营环境变得更加复杂。如果企业家不能很好地解决这些问题，市场的局限性就会变得明显，最终像一堵墙一样阻碍企业继续扩张和成长。

9.2.1.2 管理能力的制约

进入成长关键期的大学生新创企业，市场开始逐渐扩张、部门增多、规模扩大，企业的生产人员和销售人员也大量增加，靠创业者个人或几个人维持企业运行的粗放式或友谊加亲情式的管理模式已经不能再适应企业的发展，最初的人力资源开始枯竭，短期内这种匮乏可能会被企业快速增长的收入所掩盖，但由于专业管理人员的缺失而导致创业者长时间埋头处理日常业务，无暇顾及公司的长期发展，事事亲力亲为又使得其他管理人员甚至所有雇员都把其当做“超人”，形成对其的过度依赖。如果这时创业者未及时形成规范专业的人力资源管理制度，招募专业管理人士，对员工不能实施合理有效的绩效考核，那么企业成长过程中维持其持续发展的人力资源将难以满足需要，其管理能力将对发展形成制约。

9.2.1.3 后续资金的缺乏

企业成长除了人力资源外，如何获得资本资源十分重要。大学生创业初期鉴于学生身份和相关国家政策的倾向，融资渠道相对较多。一旦创业成功，生存下来，创业者的能力得到认可，按理说，此时应该能获得更多的社会资源了，但事实并不如愿。原因有三：第一，新创企业自身缺陷导致融资困难。据调查，大部分新创企业在刚刚度过生存期的挣扎之后，往往还没有建立起规范完善的现代企业管理制度，财务管理混乱，财务制度不健全，现金流较易发生危机，财务账表数据缺乏可信度，使风投或银行对其实施投资的信用降低。第二，挖到第一桶金之后，创业者止步于初期成就，对企业持续发展没有良好规划，企业核心竞争力不明显，无法再用创业之初的市场稀缺创意和独家产品来吸引继续投资。第三，社会支持偏软导致持增后续发展资金难度较大。目前，社会对新创企业这等中小型企业提供的投资环境并不优越，银行硬件不硬、软件偏软、服务不到位现象，已经成为小企业获得贷款的一个“瓶颈”。再加上新创企业本身往往实物资产少，负债能力有限，经营易受外部环境影响，这些原因都不可避免地抑制了企业对持续发展资金的进一步需求。

9.2.2 大学生新创企业持续发展的误区

一旦企业取得了一定程度的成功，创业者们不可避免地会进入有关企业成长定位的狂想当中，有学者称之为“鸡头情结”，他们希望企业能以之前成功的势头一直发展下去，尽快成为本行业中的领头羊，因而会形成一个较高的目标定位和一套宏大的发展计划，这实际上是已经陷入了企业成长发展的误区。南开大学张玉利、徐海林等对这一问题进行了研究，他们认为创业企业成长发展的误区主要有以下几个方面：

误区一，企业要越做越大。任何企业都是为了获取利润的回报，在某些特定市场上，大企业未必能产生高效益。尽管我们常说“船大好航海”，但是决定企业成败的关键却不是企业的大小，而是其企业运营效率或资本盈利能力，是企业的杰出性。一般说来，企业的规模取决于市场容量与行业的特点，同时更取决于企业内部的组织运行状况，如果企业内部不能产生一加一大于二的协同效果，规模的扩大只会形成企业成长的障碍。

误区二，企业发展越快越好。企业的成长也有其不以人的意志为转移的规律，其健康的成长需要企业内外资源协同作业，追求快速成长的企业往往在内部管理能力上落后于其市场的增长。在这种情况下，企业应把握成长的节奏，努力突破管理能力的瓶颈，拔苗助长只能是欲速则不达，可持续性的成长是建立在企业竞争优势基础之上的。

误区三，多元化经营可以降低风险。风险与利益都是相伴而生的，当企业的资源有限的时候，在一个领域内做大做强应该是最佳选择，多元化如果超出企业能力的范围只能给企业带来更大的风险，比如万科和金田两家企业 20 年前同时在深圳上市，作为当地龙头企业，上市股票代码分别为 0002 和 0003，同样主营业务都是房地产业，但经过 10 余年的发展，万科成为国内房地产业的一面旗帜，而金田却亏损了 6 亿人民币，戴上了 PT 的帽子。它们在战略管理上最大的不同就是，万科主张“减法理论”，而金田坚持“加法理论”。前者是对非核心业务关停并转，后者是不断地超出自己经营能力的拉长战线，即房产-纺织-磁盘-零售-能源-运输，疲于奔命。

误区四，什么赚钱干什么。很多小企业没有形成自己具有优势的经营方向，希望能在其他企业成功的领域也取得成功。如果这一领域不是企业的专长，那么失败的可能性要大于其赚钱的可能。在市场发育早期，什么赚钱就干什么的策略也许会获得成功，但随着我国市场经济体制的发展与成熟，在许多领域都已经形成了一批有相当实力的企业，如果还是本着什么赚钱就干什么的思路来运作企业的话，成功的机会会越来越小，风险会越来越大。

误区五，成功会带来成功。大学生创业，凭借激情、勇气、灵活，加之机遇的垂青获得成功，但是一时的成功可能会带来一连串的新问题：迅速扩大规模，急于跨入新的领域，组织机构迅速膨胀等，成功者往往过高估计自己的能力，永远应该记住——成功是多种因素综合作用的结果，有时甚至是随机的因素起到了关键的作用。正因为如此，成功的经验是不可能简单地复制到一项新事业中的。

误区六，有了好的产品就有了一切。产品的定位不等于企业成长的定位，产品有自己的生命周期，一个好的产品或暂时独有的技术并不足以支撑一个企业的持续成长。企业应该在这些好产品提供的短暂优势的基础上，确立自己的核心能力，对市场认真研究积极开发，只有这样，企业才能在瞬息万变的市场上创造越来越多的新产品，拓展自己的能力与竞争优势，从而进入良性发展的轨道。例如深圳的比亚迪公司，电池技术是它的核心技术（电池的核心技术主要在中国），它就基于这种优势去开发高度相关的产品——电动车，继而又像汽车市场进军，今天，它已经成为汽车行业一个优秀的民族品牌，形成了与核心技术高度相关的多种“企业生命线”，使经营风险降低并取得成功。

误区七，要从产品经营上升到资本经营。这是目前企业成长发展中的一个热点误区，成功企业在资本市场的神话往往容易使人们误以为在资本市场上企业更容易获得成功。资本是一种特殊的商品，资本经营与产品经营的性质是完全不同的，资本经营是以产品经营为基础的，企业要首先在产品经营方面做精、做强，再考虑利用资本市场为企业的产品经营创造条件。

成长发展中的误区产生的原因是多方面的，对竞争形势的错误判断、管理能力的欠缺、领导失败、控制不力等等是这些误区产生的主要原因。对成长中的大学生新创企业而言，练好内功，理性成长是至关重要的。

9.3 基于可持续发展定位的大学生新创企业发展观

可持续发展是20世纪80年代随着人们对全球环境与发展问题的广泛讨论而提出的一个全新概念，是人们对传统发展模式进行长期深刻反思的结晶。1992年在里约热内卢召开的联合国环境和发展大会（UNCED）把可持续发展作为人类迈向21世纪的共同发展战略，在人类历史上第一次将可持续发展战略由概念落实为全球的行动。1987年Barbier等人发表了一系列有关经济、环境可持续发展的文章引起了国际社会的注意。同年，布伦特兰夫人（Ms，Gro Harlem Brundtland）在世界环境与发展委员会的《我们共同的未来》中正式提出了可持续发展的概念，标志着可持续发展理论的产生。此时的研究重点是人类社会在经济增长的同时如何适应并满足生态环境的承载能力，以及人口、环境、生态和资源与经济的协调发展方面。其后，这一理论不断地充实完善，形成了自己的研究内容和研究途径。随着可持续发展的提出，人们对可持续的关注越来越密切，而且从环境领域渗透到各个领域中。中国政府也非常重视可持续发展的观点，并提出了自己的科学发展观：以人为本，全面、协调、可持续的发展观，把可持续发展提到一个非常高的地位。

企业可持续发展理论是诞生比较晚但发展相对迅速的一个领域。随着社会环境的变化，企业面对着变化迅速的环境很难适应，随着众多企业失败现象的出现，如何使企业保持目前已经取得的良好发展势头，越来越引起企业的重视。近年来随着第一批“政策型、暴发型”企业发展的日趋平静，而且很多企业都成了“流星”，现存的公司利润很难再有大的发展，企业发展面临新的“瓶颈”期。中国企业所面临的一个基本问题是持续性发展问题。从某种意义上讲，这些“流星”企业都是产品成功型企业，也就是凭借企业家的胆略和敏锐，抓住中国经济发展过程中的某个机遇、某个产品、某个项目、某种稀缺资源使企业迅速做大，但这种成功并不等于企业的持续成功。一些目前“如日中天”的企业是否在激荡的环境中仍然保持自己的发展速度，是不是也会迎来自己的“滑铁卢”？企业如何使自己获得可持续性的发展，摆在了所有企业的面前。

基于可持续发展观的企业成长是既要考虑当前发展的需要，又要考虑未来发展的需要；不能以牺牲后期的利益为代价，来换取现在的发展，满足现在利益。同时也要面对不可预期的环境震荡，持续保持发展趋势的一种发展观。

作为一个崭新的企业管理发展模式，可持续发展观将带领企业跨越只重视经济增长和利润最大化的传统经营模式，虽然企业发展和盈利潜力对企业可持续发展极为重要，但同时企业亦需要追随社会目标，特别是跟可持续发展“三重底线”相关的目标——维持社会秩序和公益、环境保护以及经济发展。简单来说，企业可持续发展“三重底线”的三个主要元素包括社会、环境及经济，描述如下：

（1）社会。为员工提供一个清洁、安全及健康的工作环境；鼓励员工发展，就他们对公司所作出的贡献和生产力给予奖励。建立良好关系——企业应积极参与慈善筹款回馈社会，参与不同组织所举办的活动和为员工提供自愿性义务工作的机会。社区福利——通过作为一个良好的企业公民来得到客户和员工的诚信——否则不能为企业带来成功的商机。通过与员工沟通了解他们对企业可持续发展的期望——企业应与员工、管理阶层、客户、物业持有人、经营者及广泛社区互相交流意见。

（2）环境。企业应透过改善能源效益和使用环保新物料及科技来减低对环境造成的伤害。尽量减少使用天然资源，减少对环境排放污染物，如废气排放物、污水排放、噪声排放及废物处理。企业应有系统地正视及处理营运业务所带来的环境影响。当前，如何发展循环经济，建设一个节约型社会，已是全社会关注的重要话题。2009 年的哥本哈根大会，中国承诺减排 40% ~45%，节能减排，不再是一个政治任务、宣传口号，企业的未来发展，利益攸关于此。企业是创建节约型社会的主体，从企业的微观来看，如何提高资源生产率，提高能效，鼓励新能源的开发，创建节约型企业，将绿色环保成分放入企业发展当中是当今经济发展低碳战略的考虑重点。

（3）经济。尽可能在无需放弃企业可持续发展的另外两个元素的前提下，为股份持有者带来一个可接受的经济成果。企业应通过有效地利用资源（包括员工、物资及能源）来节省成本，通过了解及迎合社会与环境的市场需求来维持业务增长及竞争力。在盈利受到影响前，企业应迎接眼前的挑战及做出相应的预计来减低企业所需要承受的风险；减少依赖正面临短缺的资源，通过持续改进积极达到最佳表现；了解客户需要，发展新商业机会来迎合不同客户的利益和期望。企业在追求自我生存和永续发展的过程中，既要考虑企业经营目标的实现和提高企业市场地位，又要保持企业在已领先的竞争领域和未来扩张的经营环境中始终保持持续的盈利增长和能力的提高，保证企业在相当长的时间内长盛不衰。

9.4 大学生创业持续发展的方法

如果把企业看做是一个有机的生命体，那么持续发展要求构成企业有机体的各子系统以及各种机能，在追求生存目标和发展目标的过程中能够协调一致、高效运作，这对企业整体来说是一种巨大的挑战。通用电气原总裁韦尔奇曾说过，要通过努力实现短期成长不难，通过合理努力获得企业的长远成长也不难，难的是既能获得近期成长，又能获得企业的长期成长。企业的持续发展就是要在这两难中取得成功，概括来说，企业要在战略决策、市场拓展手段、经营机制、企业文化等方面付出巨大努力，方能达到企业持续发展的基本要求。

9.4.1 企业战略确立

9.4.1.1 制定企业战略对持续发展的意义

有人认为战略就是选择做什么的艺术，“做什么”与“不做什么”是战略讨论的主题，这是由于对于企业来说资源永远都是有限的，企业必须集中有限的资源组织更广范围的经营活动。对于新创企业的进一步发展来说，资金资源、人力资源、客户资源甚至市场资源都相对匮乏，这种资源上的匮乏使新创企业应该更加集中自己的力量。同时，新创企业在方向上更加不能犯错误，与 IBM、福特、丰田这样的大型企业相比，新创企业抵御方向性错误的能力更弱，大企业可以犯错失良机的失误，也可以有投资失利的错误，但是新创企业的任何一次方向性的错误都会导致企业生命的结束，从这点上讲，新创企业更需要明确的方向和清晰的目标引领前进的道路。

根据蒋东生的调查，我国成长型中小企业没有制定完整的战略规划的占83%，在领导人指示下进行战略实施的占21%，按规划有步骤实施的占68%。与大型企业的高层管理者相比，以大学生为创业主体的企业领导者的注意力往往更容易集中在客户、外部环境等战略要素方面，没有大型企业工作经验的学生创业者，常常由于缺乏必要的商业经验与技能，使他们不能迅速完成对企业整体经营的思考。在这种情况下，系统正规的战略思考过程对创业者的帮助是巨大的，创业者能够在不断与投资人、合作伙伴、客户等利益相关者探讨公司未来发展方向的过程中形成相对完整的思路。

在创业初期，直觉、天才、运气等具有神秘主义色彩的元素都可能会帮助创业者完成融资过程以及企业的初期创建，但企业的持续经营却必须依赖于企业完整清晰的经营策略。从某种意义上说，当我们的新创企业进入发展阶段，正是思考战略的开始。许多创业者因为始终没有形成完整的经营思路，要么将公司带向了毁灭，要么只能把公司的控制权拱手让人。著名的思科（Cisco）公司的创始人是两个相爱的斯坦福研究生，这对恋人创建了思科公司，并发明了该公司的主要产品，这项发明为公司的迅速成长带来了源源不断的订单，也为公司带来了投资和品牌，但却始终没有为这两位创始人带来如何有效经营公司的整体思路，最终两人失去了企业的控制权并离开了他们亲手创建的思科公司。

亚马逊书店的创始人贝索斯在企业进入一定规模之后，认识到自己所进入的是一个竞争非常激烈，并且毛利率空间非常小的行业，低成本战略成为亚马逊公司的基本战略选择，贝索斯将这种战略导向引入了日常的管理制度之中，并在整个企业中提倡节俭的文化支持企业的低成本战略。直到今天，公司所有的办公桌都是用再生木板做成的，电话号码簿被当做计算机显示器底座，塑料牛奶箱被用作文件箱。亚马逊公司最终招到的员工都是像普林斯顿、哈佛、斯坦福等这样顶尖学校的毕业生，但支付给员工的基本工资比市场平均水平略低，而且最基层员工的基本工资还具有一定的竞争性，但越往高走，工资就比市场竞争水平低的越多，公司没有短期激励计划，因此公司以现金形式支付的总报酬比市场水平略低，公司主要依靠长期激励及新员工股票期权的方式吸引高素质员工，这种做法与公司的整体战略思想（由于较低的毛利空间，通过不断地扩大市场份额，从而获得有利的竞争地位）相当一致。

9.4.1.2 大学生新创企业可能的战略选择

A 模仿战略

通过模仿竞争者提供的产品或服务，以学习模仿的形式来实施追随策略达到借力省力的目的。有的企业还进一步挖掘新兴市场中产品或服务存在的缺陷，以改进完善后的产品或服务来超越被模仿者。松下幸之助曾经说过，他成功的秘诀是六个字："只改进，不创新"。

作为大学生新创企业，在企业各种资源相对缺少，技术能力有限，可以直接模仿其他成功企业的技术、产品甚至营销手段等，经过一段时间发展，具备相当的研发能力之后，可以在原有产品的基础上选择新的目标市场或新的创新产品，通过创新，为这些市场提供附加价值，以稳固市场地位。

B　比附战略

依附其他名牌的聚集效应，通过各种方法与同行中的知名品牌建立一种内在联系，使产品和品牌迅速进入消费者的视野，借助知名企业扩大影响力。比如新创企业可以公开表明甘居第二，明确承认同类产品中，另有最负盛名的品牌，这样可以形成谦虚诚恳的公司形象，在某种意义上迎合了消费者同情弱者的心理，同时用已有品牌的名牌效应等无形价值来影响本企业的经营效果，树立在消费者心目中的品牌认同感。

2009 年新上市的国有汽车品牌吉利熊猫，其广告宣传语就是"小型车中的沃尔沃"，沃尔沃的声誉众所周知，吉利于经济危机之后欲收购瑞典沃尔沃母公司的消息已尘埃落定。吉利除了将接手这一国际汽车品牌，同时通过广告宣传手段将自己旗下新推出的汽车品牌与之产生某种联系，从而使集团新品牌迅速进入消费者视野，借助沃尔沃的知名度打开市场，扩大影响力。

蒙牛现在已是全国冷饮和乳品市场上与伊利、光明齐名的著名品牌。但在其刚创立的时候，伊利已经是内蒙古奶业的老大，而蒙牛却还处于两无状态：一无厂房和生产设备，二无销售市场。以这样的条件和伊利竞争是很艰难的事情，因此蒙牛并没有采用和伊利直接竞争的方式，而是利用伊利的知名度来不断提升自己在消费者心中的地位。比如，它的宣传册上是"千里草原腾起伊利集团、蒙牛乳业……我们为内蒙古喝彩"；冰激凌的包装上，打出了"为民族工业争气，向伊利学习"的字样；蒙牛的第一块广告牌写的是"做内蒙古的第二品牌"。同时，蒙牛还把自己和内蒙的乳业联系在一起，称这些乳业公司都是"为内蒙古喝彩，让内蒙古腾飞"。这种策略让消费者能够将蒙牛和伊利联系在一起，将蒙牛与内蒙古奶业联系在一起，提升蒙牛的市场认知程度。当然，如果单凭与伊利的各方面联系，蒙牛的成功可能只是昙花一现，蒙牛接下来还不断进行产品更新，根据人们口味不断变化及时调整产品。同时，蒙牛还适时实施销售渠道的创新，为进入上海市场，蒙牛借用电子商务网以及家庭饮用水配送系统建立了独特的销售网络，适应了当地牛奶消费者追求方便快捷的购买习惯，成功地在上海市场站住了脚。

C　差异化战略

针对那些供求平衡或者供大于求的产品或服务，可以从产品性能的某一方面或经营过程某一环节的深入开发出有别于竞争对手的稀缺产品或服务，从而建立差异化的竞争优势，获得超额利润。

上海罗氏制药有限公司生产力度伸 Vc 泡腾片，完全从“补充维生素”的角度推广预防感冒的观念。在罗氏进入感冒药市场之前，这个市场已经有很多知名厂商抢占了大量的市场份额，大多数消费者对感冒药的共识就是：预防就喝板蓝根，感冒后吃西药康泰克、泰诺、康必得等，但是，市场上的感冒药给大家的印象就是治疗，是药三分毒，所以消费者能不吃就不吃。力度伸就是了解到消费者普遍存在的这种观念，提倡感冒要以预防为主，通过增强人们自身的抵抗能力开预防感冒，这种产品改变了人们以往的认知和思考方式，成为市场的亮点，成为感冒药市场上的“一枝独秀”。

D 聚焦战略

从竞争态势和全局出发进行专一化，把有限的人力、财力、物力、领导的关注力、企业的潜在能力等聚焦在某一方面，力求从某一局面、某一专业、某一行业进行渗透和突破，形成和凸显企业自身优势，争取企业在竞争中的主动性和有利形势。它是一种避免全面出击，平均使用力量的发展战略，更是一种进行市场和产品的深度开发，促使企业获取超额利润的竞争战略。对于大学生新创企业，通过聚焦战略加强对独特的技术和产品的抢先与投入，能够在专门技术或服务领域获得控制地位，并保持这个地位，将有限的资源投入到收效最快的领域内，避免与资源雄厚的大型企业正面竞争，从而为稚嫩的新创企业组织创造相对宽松的发展环境。

美国 NIKE 的经营战略就是如此，大家都知道 NIKE 经营运动鞋和服饰，赚的钱不少，但公司人却不多。为什么呢，同样都是传统产品经营商，有的企业一大堆工厂一大堆人，而 NIKE 却不需要那么多场地和人，原因就是 NIKE 公司的发展战略是本部人员只负责产业研究开发和营销，只负责商业经营的两头，而把生产外包给厂商去做，企业成了“空壳”化的“虚拟”企业。那 NIKE 是不是不能自己做生产？他能，但却有意不做，因为他只做对他来说最重要和最关键的事，同时也是最核心和最擅长的事，将最好的资源聚焦于最有成效的领域。

当然，采取聚焦战略并想保持对聚焦领域的控制和领先地位，一定要在新行业、新客户、新市场或新趋势刚开始形成之际，同时要拥有独特且不易模仿的技术或服务，最关键的是企业必须不断创新不断超越自己，改进技术，保持领先和优势。

9.4.2 企业市场拓展

企业的持续发展，表现为企业活动若干要素的发展。从所有人的角度讲，企业应当持续盈利（或一段时期内总体盈利）；从雇员的角度讲，企业应当保持和扩大雇佣的规模；从供应商的角度讲，企业应当不断提出新的订单；从政府的角度讲，企业应当不断地纳税；而从顾客的角度讲，企业应当持续地供应符合市场数量需求和价格需求的产品与服务。在所有上述表现中，最为基本的，应当是企业源源不断地提供适应市场需要和变化的产品。

大多数大学生的创业型企业都开始于市场有缺口的地方，从需求没有被充分满足的地方入手，随着企业逐渐成熟，企业必须依靠不断创新，不断超越，不断发现新机遇才能发展进步。对于正在发展中的企业，扩大市场占有率成为主要驱动力。下面我们以市场扩展理论中著名的安索夫矩阵来介绍市场产品扩张的相关途径（表 9-1）。

表 9-1　安索夫矩阵

		产品/服务	
		现有的	新开发
市　场	原有的	一、市场渗透	三、产品开发
	新开发	二、市场开发	四、多元化战略

第一矩阵　市场渗透。企业主要分析现有市场对现有产品的需求是否得到了最大满足，有没有渗透机会。如果有，企业就需要采取相应的市场渗透策略，就是企业设法在现有市场上提高现有产品的市场份额。企业要首先确定市场领域，分析市场吸引力和企业在市场上的竞争优势，继而依据分析结论逐步实施市场渗透的内部扩张战略，主要有三种方法：一是尽力鼓励现有顾客多购买本企业的产品或服务；二是设法将购买竞争者产品的顾客吸引到购买自己产品或服务上来；三是说服没有用过本企业产品的人使用本企业的产品。这种策略的实施办法是变动价格或者促销，这种扩张战略适用于那些其产品处于生产周期的成长阶段或成熟阶段、市场份额较小的企业。

第二矩阵　市场开发。现有产品和新市场组合的市场开发战略，在这一矩阵中，主要考察在其他市场（新市场）是否存在对企业现有产品的需求。这里所说的新市场，是指包括其他消费群体、其他地理区域的市场在内的企业还未进入的所有市场，如果在其他市场上存在对企业现有产品的需求，这就是一种商业机会，企业就应该采取市场开发战略。

杨东平，四川泸州一个家政服务公司的总经理，是个善于动脑的年轻人，凭借诚实守信认真负责的经营态度，1999 年创业以后不久他的家政公司就在当地小有名气，但很快杨东平就发现仅仅从事家庭保洁，市场增值空间有限，他开始将目光投向了外面的天地。经过慎重考虑，他还是从自己最有把握的产品——保洁入手，凭借灵活的头脑加坚韧的性格，他将自己的产品推向了一个又一个更广阔的市场——昆明至广州航线 17 架航班的保洁、人民大会堂 16 个地方厅的保洁……甚至还搭着家庭保洁的顺风车，进入到广告行业——他将各商家的促销信息都汇总到一起，涵盖人们的衣食住行，做成促销汇总类的杂志，每一个选用杨东平家政服务的用户都可以免费得到这样一本杂志，而杨东平不用说除了在中间挣一笔广告费，还成了当地广告界举足轻重的人物。就这样，他的公司规模逐渐增大，在全国有了四十多个加盟店，仅在泸州当地，接受他公司家政服务的客户就有两万多家。正是对新市场开发所做的不懈努力，让他从一个普通的家政服务中心小老板发展为一个成功的企业领导者。

第三矩阵　产品开发。主要分析现有市场上是否有其他未被满足的需求存在，如果有，经过分析和评价，这种商业机会适合企业的目标与能力，企业就要开发出新产品满足这种需求，这种策略就是产品开发策略。比如某制伞企业，在满足大众的普通用伞需求之外，可以考虑上班族女性对方便携带型伞的性能要求给予产品改善，针对残障人士的具有导盲功能的伞具开发等等。

企业在开发新产品是可采取以下方式：独立研制、技术引进或者协作开发。作为大学生创业型企业，可利用自己的特殊优势，采用由企业、高等院校或科研机构协作进行新产品开发的方式，这种协作开发方式成本相对较低，但往往有较好的市场效果，并且有助于企业提高产品研发能力，是值得考虑的方式。

第四矩阵　多元化战略。主要分析新的市场中存在哪些未被满足的新需求，如果经过分析和评价后，发现这些大多属于企业原有经营范围之外，企业就应该采取相应的多元化战略。企业在实施多元化战略时候必须充分考虑内外部资源条件，多元化战略往往会引起企业定义的改变，对于处于扩张期的新创企业，采取多元化经营需要注意以下问题：

（1）多元化战略的实施时机。在企业规模较小而产品及市场都在不断增长的情况下，不宜采用多元化战略，而应集中资本扩大生产原有产品，在这个时机采取多元化战略是不明智的。

（2）多元化的方式。企业的领导者必须深入研究本企业在何种领域采取何种多元化战略，实施到何种程度才能最大限度地发挥企业潜力，并使资源达到充分利用。多元化程度低，管理相对简单；多元化程度高，管理难度加大，甚至可能超过现有管理水平。因此，不能盲目决策。

（3）处理好专业化与多元化的关系。企业应分析实施专业化战略或多元化战略后企业的竞争优势如何、市场竞争对手的反应如何，从中找出适合本企业实际情况的战略。

大学生新创企业往往市场细分程度较高，增长空间有限，一旦市场格局发生变化之后会有较大风险，容易产生“成长的烦恼”，面对“烦恼”，这些新创企业习惯性的冲动是多元化扩张，而且通常是什么赚钱做什么，快速把规模做大。这种多元化扩张涉足的主业通常与他们以前从事的主业没有关系，因为缺乏相关领域的经验，这种“非相关多元化”的扩张通常以失败告终。因此，处理好“专注”与“多元化”的发展阶段对创业者来说也具有战略意义。随着全球化分工的重新布局，中国正在涌现出越来越多的“隐性冠军”，其中大多数是中小企业。虽名不见经传于媒体，但却是在各自的领域里占有极高市场份额的企业。它们并不倾慕大企业的荣耀，却自得于自己的“小而强”，而把它作为自己更“强大”的必要前提和发展观。德国管理大师赫尔曼·西蒙将其赞誉为“隐形冠军”。亚洲最大的书写工具制造商贝发文具、世界最大的制伞企业天堂雨伞，这些并非家喻户晓的品牌却在某一个细分市场占据绝对的领导地位，它们获得市场领导地位的方法通常来源于专注、创新和差异化，往往集中全部资源，关注技术和产品的创新，“在小产品上做大文章”。

中央电视台《财富故事会》2009 年 1 月 7 日的节目曾播出这样一家作为“隐形冠军”存在的小企业。何永富，2008 中国中小企业十大成长之星，带领一个 300 多人的企业，年销售达到了 4 个多亿。作为一个生产有机硅胶的企业，何永富始终坚持专注于自己的领域，坚守自己的特色，面对科研伙伴拱手送来其他领域的发展良机，他不为所动，十五年的不断改进和完善使他的产品完全达到国际水准，他的有机硅密封胶开始和国际品牌同台竞争，一系列大型工程包括上海新虹桥机场招标玻璃幕墙等都采用了何永富的产品。的确，企业的规模究竟多大才算大？这一直是个没有定论的问题，但是，何永富立志做到有机硅行业的隐形冠军，靠的是什么？可以用两个字来形容：专注。通过专注与创新，创造更高的顾客价值，从而把产品卖得更贵，获取更高的利润。

9.4.3 企业机制完善

大学生新创企业进入持续发展阶段，其突出矛盾部分反映在生产资源的突然性增加，销售市场和销售额的爆炸性扩大，但同时企业的管理、组织、机构和制度仍然滞后于增长前水平，这时企业就如同一个儿童拥有一副成年人的身材，出现了极度的不适应。处于这种迅速成长的痛苦中的中小企业，要么战胜了这种困难迅速崛起并逐步成为大企业，要么昙花一现，在经历了最初的辉煌之后走向衰退并最终倒闭。在这个时候，企业要达到持续发展，自身组织就应该是个有机体，从制度化角度讲，这种有机体取决于动力机制的如何构建与保持。企业机制，可以理解为企业如何运作的制度安排，如组织管理、人力资源、产品研发等。

9.4.3.1 组织管理机制

一个企业选择不同的管理体制，决定其会设置不同的组织机构和运行规则，将会有不同的运行效果。确定现代化的管理体制是企业建立高效管理组织的基本条件。选择符合企业发展需要的管理体制，必须是在对企业从事的行业、行业地位、行业特点、主要产品结构及相关性、经营状况、资本结构、产权结构、组织结构、人员结构、战略规划、企业政策环境、内外部资源条件等进行详细调查分析，并系统归纳企业的优势与劣势和现有管理体制存在的问题，并在此基础上进行选择。

A 集权管理体制

集权管理体制是企业将人、财、物、产、供、销、运等管理权限全部进行统一管理。企业总部既是投资中心，又是利润中心，而其所属各部门仅是成本中心或费用中心，其组织结构形式往往采用“直线职能制”。这种体制适用于规模比较小，或是产品比较单一的、专业化组织生产的企业，由于其政令通畅，资源利用充分，因而是比较好的一种管理体制。但是对于规模比较大、产品构成多样、生产组织复杂的企业，如采用集权管理体制，不易发挥甚至束缚下级部门的积极性，影响工作效率的提高。

B 分权管理体制

分权管理体制是企业将人、财、物、产、供、销、运等管理权限中一部分权力，甚至某个方面的全部权力，授予下属业务部门，充分发挥两个或多个业务部门的积极性，同时对其保持必要的控制。企业的分权管理体制一般有总厂、分厂制，总公司、分公司制，母公司、子公司制等基本形式，还有总厂、分厂和分公司制，母公司、分公司和子公司制等混合形式。

C 矩阵结构管理体制

矩阵结构管理体制实质上是在同一个组织中按专业技术划分部门和按产品或工程项目划分部门相结合的组织形式。平时员工根据自己专业特点分别归到相应的专业部门进行日常的人事管理。当有任务的时候，先由总经理任命项目经理，再由项目经理根据任务从有关专业部门抽调合适的专业人员，共同组成项目部门来完成该项目。当该项目完成之后，所有的人员全部回到原来所在的专业部门，等待接受新的项目任务。这种管理体制已被广泛地用于主要从事研究开发、工程建设等领域的企业中。

前文我们把集权制与分权制独立开来分别进行了考察，其实，两者的独立性是相对的，绝对的集权制与分权制是不存在的，在企业发展到一定阶段，企业组织管理机制中的集权与分权界限会相对模糊，形成另外一种新型的组织管理模式。

湖北化工曾拥有30多个子公司，每一个子公司都有自己的财务会计，都独立设置账户，加之公司管理机制混乱，公司整体费用常年居高不下，利润都被庞大的分支机构稀释掉了，而总公司却没有获得太多利益，公司的整体效益不高。极端分权制成为企业发展的重大障碍。

与之相反的另一个例子是联想集团，联想长期以来所有的资金都是由总部管理，集权的结果是总部对全部资金的协同状况和运用方向都了如指掌。它使联想在发展初期获得了巨额利润，但是当其总资产达到以百亿为单位时，一笔买卖可能会动用几千万的资金需要量，下层由于没有适当的运营资金，需逐级上报申请，显然会影响业务的进展程度。这样看来，极端集权制同样会限制企业发展。

美国通用电气公司是超大型的跨国公司，它采取了较灵活的集权和分权相结合的“全球中心体制”。一方面，母公司在财务、人事和研究开发三大关键领域对子公司进行严密控制；另一方面，母公司又在营销决策、劳动关系、生产关系等方面赋予各子公司较大的自主权。事关企业命运的重大决策权集中在公司总部，而需要灵活反应的具体安排和经营业务分散在各子公司。这种管理模式使集中管理在协作中节约资源、提高效率，并通过分散经营充分发挥了子公司各级人员的积极性，提高了经营的灵活性，从而能获得良好的经济效益。

在实际的企业管理工作中，我们要根据企业实际情况对什么权该集、什么权该分做明确的界定，并切实地遵循，否则不仅不能获得效益，反而引起更大的混乱。

9.4.3.2 企业育人机制

企业是由其子系统（各部门）及其细胞（员工）所构成的。企业如何减少阻力从而加快发展速度？前任联想总裁柳传志做了一个生动形象的比喻，说人要跑得快，有两种办法：一是前面有堆金垛子，谁跑得快，谁就拿得多，这是动力（物质奖励、精神荣誉）；二是后面有老虎追，谁跑得慢，谁就会被老虎吃掉，这是压力（员工新陈代谢、精神惩罚），企业要动力与压力共同起作用才行。

一个企业，不管它的目标定得如何崇高与远大，毫无疑问，它首先是一个利益集合体，必须要用利益来驱动，利益驱动机制包括基层员工的层面，也包括高中层管理者的层面。从动力的维度来讲，绩效机制要给基层员工切实能带来利益，高中层管理者要给员工创造与维护一个公平、公正、合理的职场环境，这样员工才能有动力，信心百倍，干劲十足。从压力的维度来讲，企业中、长期发展方面，创业者必须了解、掌控外部大环境的走势，把握时机，要制定出企业的中长期发展战略，给出中长期发展战略目标，给企业高管以压力。企业短期（如年度）发展方面，领导者要制定一个切实可行的年度经营战略，给出年度战略目标，并把这个目标层层分解到部门落实到员工上。从自由行动力的维度来讲，高层管理者、中层部门领导，直至基层员工，必须具备一定的职业道德与专业技术技能，来实现既定的战略目标，为企业排忧解难。而职业道德与专业技术技能的具备及其维续，离不开企业的培训体系。

随着企业经营的稳定，企业进入规范化管理阶段。这一时期企业领导者不再直接从事人力资源管理的专业职能活动，人力资源管理应该开始有比较正式的政策和工作程序，人力资源管理制度开始健全，开始引进更先进的程序和系统。例如，更成熟的招聘和遴选方法，制定职业生涯管理计划、培训计划，组织发展和规范的报酬体系，建立完善的绩效管理体系，对基层进行有效地监督，以保证基层行为的规范性。在员工关系方面，优先工作是保持和睦相处的关系，保持员工工作的动机与职业道德。

在汽车行业，奇瑞是后起之秀，也是目前国内汽车开发人才最集中的企业之一，奇瑞的第一批开发人才主要来自国内汽车头号企业东风汽车公司。据说，奇瑞把东风汽车设计院的20多个人请到奇瑞参观，结果这20多人中除了带队的领导外，全部都跳槽到奇瑞公司。这些人离开东风时，东风没有人为之心痛，更没有人挽留，因为这些人在东风这家老国企中属于不得志者，也没有多大的业绩可言。但是就是这些不得志的技术人员，在奇瑞获得技术入股的待遇后，为奇瑞开发出几款新型产品，使奇瑞站稳了脚跟。人还是那些人，换一个环境，就迸发出无穷的热力，这就是机制的差别。

海尔有一个非常著名的观点，即“人人是人才，赛马不相马”。海尔认为现在缺的不是人才，而是出人才的机制。管理者的责任就是要通过搭建“赛马场”为每个员工营造创新的空间。赛马机制具体而言，包含三条原则：一是公平竞争，任人唯贤；二是职适其能，人尽其才；三是合理流动，动态管理。在用工制度上，实行一套优秀员工、合格员工、试用员工“三工并存，动态转换”的机制。在干部制度上，海尔对中层干部分类考核，每一位干部的职位都不是固定的，届满轮换。海尔人力资源开发和管理的要义是，充分发挥每个人的潜在能力，让每个人每天都能感到来自企业内部和市场的竞争压力，又能够将压力转换成竞争的动力，这就是企业持续发展的秘诀。

9.4.3.3 产品研发机制

企业技术创新是指企业把新技术创造性地应用于生产经营活动，并获得预期的经济效益和社会效益的过程。企业是技术创新的主体，也是推动技术进步和高新技术产业化的主力军。由于科学技术发展的日新月异，技术的生命周期也会越来越短，对于企业来说，就必须不断地用新技术代替老技术，否则，企业同样难以生存。因此技术的不断创新就成为了企业持续发展的核心。

企业的技术创新首先需要解决的是创新战略的选择，主要包括领先创新、模仿创新和合作创新战略的选择。它是解决技术创新的基本原则、主要目标、主要规划等一些带有全局性、长远性和方向性的问题。其中，领先创新战略的难度较大，要求企业有很强的研发能力和大量的研发投入，还需要有很强的市场营销能力与之相适应。对于一般企业来说，选择这样的战略比较困难。相比之下，模仿创新就显示出相对优势。模仿创新是对率先进入市场的产品进行再创新，也就是指企业通过学习和模仿创新者的创新思路和行为进行技术创新。其优势在于回避了探索的风险以及降低了市场开发的风险。然而，模仿最大的缺陷就是在技术上终将受制于人，难以在市场竞争中占据主动地位。因此合作创新模式也就成为技术创新发展的一种趋势。合作创新是建立一种技术联盟，是继技术协作、技术联合活动之后最高层次的一种技术合作活动。对中小企业而言，在技术创新的激烈竞争中如果不通过战略联盟的方式进行协同创新，那么企业将很容易失去竞争优势。

技术创新不能脱离市场需求而追求所谓的技术领先，而必须以市场需求为导向。技术创新涉及到从新创意到技术开发、产品研制、生产制造、市场营销以及服务的全过程，如果不以市场为导向，就会由于技术创新的失误而给企业带来巨大损失。因此，企业的技术创新在高效益的同时又潜藏着很大的风险。

曾经的世界 PC 巨头康柏公司（2006 年已被惠普收购）创始人计算机专家罗德凯宁在公司创办之初就致力于产品的高质量和可靠性，为了确保产品质量，主要元部件都是自产的，为了确保软硬件兼容，康柏公司在设计计算机时对当时已知的所有软件都会进行反复测试，并在出厂前对整机进行连续 96 小时运转的测试以保证产品质量。康柏的 PC 装箱后可以从 3 层楼上掉下来而不出问题，一开箱即可使用。康柏在设计制造计算机和工作终端时追求的是世界第一的技术性能，而不是生产效率与成本控制。只要是科研需要，即使十几万美元的仪器设备，科研人员也可以自主决定购买。康柏公司的不成文准则是："让财务人员下地狱见鬼去，我们要的是顶尖产品。"这种对产品与技术的疯狂很大程度上来源于创业者罗德凯宁的技术偏好与天分。在 20 世纪 80 年代，计算机仍然是一个复杂而又难以操作的机器，企业均是由科研人员或专业人士进行购买使用，所以康柏公司获得了长足的发展。而在计算机迅速发展不到十年之后，计算机制造技术日益成熟，行业价值链的竞争要素从研发逐渐转向生产和销售环节，正是用这种竞争要素的价值转移过程，戴尔公司成功崛起，而技术出身的康柏却不愿意相信计算机会变得像普通家电那样普及，也不相信"高技术、高价格"的高档电脑会没有足够的市场，固执地认为公司的亏损是由于世界经济的疲软导致计算机市场的萎缩，最终一个曾经傲视群雄的著名品牌因为无视市场需求、只偏执于自己的技术开发乐趣而不得不以被收购的结局收场。

王老吉作为凉茶大王，也被尊为凉茶的始祖。在经历了岁月的沧桑和无数次的沉浮之后，成为了最著名的老字号品牌之一。虽然只是小小一杯凉茶，但正是因为王氏家族对自身企业产品在市场适应性方面的不断追求，对产品种类的不断开发，才使得持续百年的产业得以延续至今。从最初的草药凉茶铺，到开发便携式袋装凉茶，同时由于消费形态不断发生变化，普通凉茶不再像以前般流行，企业领导者始终迎合社会和市场的需要，研制健康饮品列，推出各种灌装茶饮料，适合普通大众的"王老吉清凉茶"、"王老吉菊花茶"和适合小孩饮用的"王老吉盒仔甘和茶"，都颇受欢迎。后来新创制的产品还有"干笋竹蔗汁"、"川贝枇杷蜜”等产品填补药性茶饮料中的空白领域。王氏家族对企业产品以市场需求为导向不断创新，使这个老字号焕发出更加迷人的光彩。

9.4.4 企业文化的建设

企业文化的概念源自于欧美国家，是欧美国家在治理企业的过程中，超越管理体系和制度时运用的一种手段，其核心内容是一个企业在长期生产经营过程中形成的价值观念、经营理念、团体意识和行为规范的总和，是企业的整体价值观念或主流价值观念，这种观念的形成，决定了企业中大部分员工或经理认同什么，追求什么，从而容易产生一种“共同愿景”。面对全球经济一体化和市场竞争的日益激烈，很多企业决策者已经认识到：没有文化的企业尽管可以红极一时，但却逃不脱短命的下场。翻翻国内外那些“百年老店”和重量级大企业的历史，不难发现他们都具有自己独特的优秀企业文化。

真正的企业文化就是一种企业氛围，企业文化的口号、内容都不重要。好的企业，其内部氛围能让企业的每个员工都热爱企业，愿意为企业奉献，这就是好的企业文化。当一个企业处在高速成长期，员工感受到企业的发展，共享成功的硕果，对未来充满希望的时候，企业的员工都会由衷地表现出对企业的热爱。这个阶段，企业制度、企业文化对企业都不会显得那么的重要；而当企业进入成熟期，甚至出现危机的时候，除了企业拥有完善的管理体系、管理机制之外，企业文化往往会起着至关重要的作用。它使组织成员不仅仅注重自我利益，更考虑组织利益，有助于增强企业系统的稳定性，同时企业文化作为一种黏合剂，它通过为企业成员提供言行举止的标准，引导和塑造员工的态度和行为，而把整个组织聚合起来。

塑造企业文化，就是要总结提炼出自己的核心价值理念，明确自己企业的灵魂所在，最终用来指导企业做什么、怎么做，指导员工怎么做、怎么想，让这个灵魂发出“无声”的命令，发出心灵的呼唤，发挥无形的导向作用。通过加强企业文化的建设，培养员工对企业的深厚感情，培养员工对企业的认同感和忠诚度，提高员工的凝聚力、战斗力、创造力，使公司员工能够真正做到团结、合作，从而使生产部管理绩效在最短的时间内取得最大的提高。企业文化不仅影响人们之间相互交往的方式，还在人们日常的具体工作中影响着他们的思维方式和行为方式，影响员工生活的各个方面，也影响企业的运转。在企业文化的实施过程中，必须尽量使它能够看到效果，用自己的行动来证明文化的正确性及价值，可以用言辞创造文化，但更要用行为使其行之有效。可以参考如下做法：建立并积极宣传员工行为规范，使公司内部的沟通和协调更容易实现，增强企业内部的凝聚力，提高整个企业的工作效率及工作质量。成立各种业余活动协会并组织多种业余活动，例如登山协会、乒乓球协会、足球协会、篮球协会等业余活动组织，丰富员工的生活，加深大家的了解，增进大家的友谊及团队精神。举办各种技能比赛，真正关心下属等等。

“我认为，一个企业真正有价值、有魅力、能够流传下来的东西，不是产品，而是它的文化”。这是清华紫光总裁张本正关于企业文化的理解。他从一个教授到公司总裁，将清华紫光从20万发展到20个亿，从一个校办小企业经营到21个事业部、9家子公司、3个合资企业的高科技大集团，他认为企业文化就是经营者要办成一个什么样的公司的宣言，对外是公司的一面旗帜，对内是一种向心力。紫光的企业文化概括起来是四“大”：大事业的追求、大舞台的胸怀、大舰队的体制、大家庭的感受。“大事业的追求”即进紫光来的人必须有一个思想：我们要干的不是个人发财，满足于一点小事，而是要干一番大事业，也要与清华的发展相匹配。紫光能给你的是干一番事业的机会，开始创业阶段一定会很穷，但是泥饭碗也可以做大，做成金饭碗，所以只想混口饭吃的人绝对不适合呆在紫光。“大舞台的胸怀”是有针对性的。由于紫光创业之初是采取广泛撒网，重点培养以求“东方不亮西方亮”，这种“摸着石头过河”的策略在创业之初是有效的，但是随着公司的发展和壮大，这种不能集中优势兵力，统一规划，攥紧拳头的做法不适合公司的发展，所以我们倡导要有大舞台的胸怀，同时“大舞台的胸怀”对外倡导一种良性竞争，不搞恶意竞争，聪明的企业家应该把精力放在追求技术的不断更新，转向开发更专业化、尖端化、个性化的高档次产品上来，这也体现了清华校训：“自强不息，厚德载物”的包容性。“大舰队的体制”是由高科技行业特性所决定的。高科技产品要满足人们需求的多样化、个性化，经常更新换代，就需要不断调整产业结构。过去传统工业的“大船结构”显然不符合要求了。而“大舰队”的柔性结构则可以随时增加或剔除“小船”，每个“小船”好调头，这样就能保持活力，增加抗风险的能力。而“大家庭的感受”则是力求使每个“紫光人”都把企业当作自己的家。紫光始终认为人才是企业之本。那么，员工最需要什么，紫光就力求给他什么。比如：连续三次解决三批房子问题，甚至不惜贷款；有总裁签名的礼品总会在每个员工过生日、结婚的当日送到；每年都有、形成传统的“敬亲日”——以发信函的方式感谢家属对员工的支持……这些，都让员工真正感受到企业这个大家庭的温暖。张本正认为之所以这么强调企业文化，也就是希望企业文化能够起到抵御不良风气对企业肌体的侵蚀，通过这些把企业办得更长久，使企业有更强大的生命力。

思考题

9-1　进入持续发展阶段，大学生新创企业容易走进哪些误区？

9-2 简述模仿战略和比附战略的应用。

9-3 多元化战略与“隐形冠军”的适用层面有哪些不同?

9-4 对是否做好准备以求发展的评估问卷:

这份问卷的目的是帮助你对你是否已准备好发展企业进行评估。它有助于帮你确定你的企业实力何在以及哪些需要改进的地方。

尽可能诚实的回答问卷;也可以考虑请你的公司成员完成问卷。

完全不真实——————————→完全真实

1 2 3 4 5

(1) 我们已经找到很好的机会促进企业的发展	1 2 3 4 5
(2) 所需资金已经到位	1 2 3 4 5
(3) 核心企业健康而有成效,新的机遇不会与其偏离太多	1 2 3 4 5
(4) 有技术和资源来把握这次机遇	1 2 3 4 5
(5) 有充足的管理时间和人力资源把握这次机遇	1 2 3 4 5
(6) 本企业具备所必需的能力把握这次机遇	1 2 3 4 5
(7) 企业管理完善,信息系统完备	1 2 3 4 5
(8) 这次机遇很符合本企业发展重点和发展方向	1 2 3 4 5
(9) 能组建强有力的队伍去利用这次机遇	1 2 3 4 5
(10) 已经认识到并已作出计划去扫除成功路上的障碍	1 2 3 4 5

总分______ ×2 = ______%

如果你的得分是80%以上,那么你可能已经走在成功的路上了。

这是一个很难问答的问题,目的是为了让你想一想成功的企业家曾自问过的问题。得1分和2分的部分可能是需要考虑采取措施的领域,而得4分和5分则几乎可以肯定你在这一领域已具有相当的实力。

10 大学生创业与企业上市

上市是企业发展的助推器，上市后企业会有质的飞跃。企业上市后最先得到的实惠就是募集大量资金。创业型企业一般是高新技术企业和中小企业，普遍具有建立时间短、规模小、业绩不突出、高风险等特点，缺乏资金是该类企业发展最大的“瓶颈”。中国证监会于2009年3月底正式发布了《首次公开发行股票并在创业板上市管理暂行办法》，“十年磨一剑”的创业板在深圳落地上市。《管理办法》中明确规定，“促进自主创新企业及其他成长型创业企业的发展”是创业板设立的主旨。因此，创业板的推出，为广大创业企业创造了加速发展的良机。

10.1 上市的相关概念

10.1.1 什么是上市公司

根据我国《公司法》规定，上市公司是指所发行的股票经国务院或者国务院授权的证券管理部门批准在证券交易所上市交易的股份有限公司。

上市公司具有如下特征：（1）上市公司是股份有限公司，具有股份有限公司的全部法律特征：如股东人数广泛性，股份发行的公开性、自由性，股份的均等性，公司经营的公开性。（2）上市公司是符合法定上市条件的股份有限公司。我国公司法对上市条件有严格规定，只有符合条件的股份有限公司的股票才可以在证券交易所上市交易。（3）上市公司的股票在证券交易所上市交易。虽然股份有限公司符合上市条件，但其发行的股票并不必然进入证券交易所交易。只有依法经批准，所发行股票在证券交易所上市的股份有限公司才能被称之为上市公司。

目前，我国的证券交易所只有上海证券交易所和深圳证券交易所两家。上海证券交易所简称“沪市”，深圳证券交易所简称“深市”。

10.1.2 什么是主板、中小板、创业板上市

在我国上市交易市场可分为主板市场、中小板市场和创业板市场。目前，上海证券交易所就只有一个主板市场。深圳证券交易所除了主板市场外，在2000年，国务院打算在深圳证券交易所开设创业板市场，但在准备过程中发现时机不

成熟，于是就在2004年5月先开设了一个“中小企业板”，是中国建立创业板市场的前奏，于2009年正式开设了创业板市场。

10.1.2.1 主板市场（Main-Board Market）

主板市场也称为一板市场，指传统意义上的证券市场（通常指股票市场），是一个国家或地区证券发行、上市及交易的主要场所。主板市场是资本市场中最重要的组成部分，很大程度上能够反映经济发展状况，有“国民经济晴雨表”之称。主板市场对发行人的营业期限、股本大小、盈利水平、最低市值等方面的要求标准较高，上市企业多为大型成熟企业，具有较大的资本规模以及稳定的盈利能力。

一般而言，各国主要的证券交易所代表着国内主板主场。例如，美国全美证券交易所（AMEX）即为美国主板市场；我国的上交所和深交所即为我国的主板市场。

主板市场和二板市场的区分最主要是在上市公司的规模和融资额上。二板市场是一国证券主板市场之外的证券交易市场，它的明确定位是为具有高成长性的中小企业和高科技企业融资服务，是针对中小企业的资本市场。与主板市场相比，在二板市场上市的企业标准和上市条件相对较低。

10.1.2.2 中小板市场（Small and Medium-Sized Enterprise Market）

中小板是相对于主板市场而言的。其发行上市标准与主板相同，但发行规模相对较小，成长较快，针对的企业类型、募集及监管的条件也有所不同。中小板是在深圳证券交易所主板之内设立的一个独立的板块，是主业突出、收入增长快、盈利能力强、科技含量高的自主创新型中小型企业的聚集板块。中小企业板市场仍然是主板市场，但是建立创业板市场的第一步，是创业板市场的一种过渡，中小板块是流通盘1亿以下的创业板块。

10.1.2.3 创业板市场GEM（Growth Enterprises Market）

创业板市场即二板市场，是地位次于主板市场的第二证券交易市场，以NASDAQ市场为代表，在中国特指深圳创业板。创业板市场顾名思义，就是给创业型企业上市融资的证券市场。

由于创业型企业一般是高新技术企业和中小企业，普遍具有建立时间短、规模小、业绩不突出、高风险等特点，一般难以进入主板市场。为了促进高科技企业的发展，许多西方国家根据本国的实际情况，在主板市场之外专门建立了创业板市场。这个市场就像是创业企业强大的助推力，给企业提供融资支持，对许多高科技企业的发展起到了不可估量的推动作用。因此，有人将创业板市场誉为“科技企业成长的摇篮”。

上市公司科大讯飞总裁刘庆峰曾比喻说：“创业企业有两种，一种像边跑边吃草的兔子，另一种像储备了丰富养分的骆驼。创业板推出，就把企业从兔子变成骆驼。”通俗地说，由于创业板为创业企业提供了融资渠道，能带来企业发展所必需的上亿元左右的巨额资金，使企业在发展的关键起飞阶段储存够充足的资金，能促使企业更加迅猛地发展壮大。

因此，创业板定位于服务成长型创业企业，重点支持具有自主创新能力的企业。其功能是为中小型高成长企业、高科技企业和新兴公司的发展提供便利的融资途径，为创业资本建立了退出机制。中国证监会在“关于修改《中国证券监督管理委员会发行审核委员会办法》的说明”中指出：“拟在创业板上市的企业与主板上市公司相比，一般具有规模小、成长性强、业务模式新、业绩不确定性大、经营风险高等特点”。对投资者来说，创业板市场的风险要比主板市场高得多，当然回报可能也会大得多。

创业板企业的上市门槛比中小企业板要低，但监管更严格。除此之外，比较中小企业板块和创业板的定义，可以看出两者的上市对象和功能上也有所不同。两个板块的功能定位各有侧重，中小板主要服务于即将或已进入成熟期、盈利能力强，但规模较主板小的中小企业；而创业板主要服务于自主创新企业及其他成长型创业企业，这些企业的成长性特点突出，开始具备一定的规模和盈利能力，在技术创新、经营模式创新等方面非常活跃。

10.1.3 创业板、中小板和主板之间的区别

10.1.3.1 上市条件的区别

上市条件的区别见表10-1。

表10-1 上市条件的区别

类　别	创　业　板	主板、中小板
经营时间	持续经营3年以上	持续经营3年以上
财务要求	最近两年连续盈利，最近两年净利润累计超过1000万元，且持续增长或者最近一年盈利，且净利润不少于500万元，最近一年营业收入不少于5000万，最近两年营业收入增长率不低于30%	最近3个会计年度净利润均为正数且累计超过3000万元
		最近3个会计年度经营活动产生的现金流量净额累计超过5000万元，或者最近3个会计年度营业收入累计超过3亿元
	最近一期末不存在未弥补亏损	最近一期末不存在未弥补亏损
	最近一期末净资产不少于2000万元	最近一期末无形资产占净资产的比例不高于20%
		发行前股本总额不少于3000万元
股本要求	发行后的股本总额不少于3000万元	发行后的股本总额不少于5000万元
业务经营	应当主要经营一种业务	完整的业务体系，直接面向市场独立经营的能力

续表 10-1

类 别	创 业 板	主板、中小板
公司管理	最近两年主营业务、董事和高级管理人员没有重大变动，实际控制人没有变更	最近 3 年主营业务、董事和高级管理人员无重大变动，实际控制人没有变更
	具有完善的公司治理结构，依法建立健全股东大会、董事会、监事会以及独立董事、董事会秘书、审计委员会制度，相关机构和人员能够依法履行职责	董事会下设战略、审计、薪酬委员会，各委员会至少指定一名独立董事会成员担任委员
		至少三分之一的董事会成员为独立董事

10.1.3.2 监管制度的区别

监管制度的区别见表 10-2。

表 10-2 监管制度的区别

类 别	创 业 板	主板、中小板
发审委	专门设置创业板发行审核委员会，创业板发审委人数较主板发审委适当增加，并加大行业专家委员的比例。证监会将专设创业板发审委，委员不兼任主板发审	设主板发行审核委员会，25 人
保荐机构	创业板上市保荐人在发行人上市后三个会计年度内履行持续督导责任	持续督导的期间为证券上市当年剩余时间及其后 2 个完整会计年度；持续督导的期间自证券上市之日起计算
交易所监管	加强交易所监管职能，充分发挥一线监管作用	
募集资金用途	募集资金只能用于发展主营业务	应当有明确的使用方向，原则上用于主营业务
信息披露	创业板公司临时公告和定期报告全文只需要在中国证监会指定网站及公司网站上披露；定期报告摘要需要在证监会指定报刊披露	参考《首次公开发行股票并上市管理办法》相关规定
	业绩快报制度，规定：预计不能在会计年度结束之日起 2 个月内披露年度报告的公司，应当在会计年度结束后两个月内披露相关会计期间的业绩快报	
	临时报告实时披露，上市公司可以在中午休市期间或下午三点三十分后通过指定网站披露临时报告。特别是中午休市期间公布的临时报告，需要提请投资者及时予以关注	
	特别强调交易及其他重大事项的审议程序，要求购买或出售资产、对外担保、对外投资、关联交易等重大事项需严格履行董事会、股东大会审议程序并及时披露	
	持股 5% 以上的股东和实际控制人出售股份每达到总股份 1% 的，均需要及时披露	

续表 10-2

类别	创业板	主板、中小板
信息披露	创业板有针对性的、有区分的对上市后的相关股份提出了限售要求	参考《首次公开发行股票并上市管理办法》相关规定
	创业板特别强调公司应充分披露核心技术变化可能造成的影响及风险	
	创业板上市公司应在每年年度报告披露后一个月内举行年度报告说明会，向投资者真实、准确地介绍公司的发展战略、生产经营、新产品和新技术开发、财务状况和经营业绩、投资项目等各方面情况	
	预披露制度是一个月	预披露制度主板是两个月
退市	直接彻底退市，现有规定不能直接申请恢复上市。发行人需按照《首次公开发行股票并在创业板上市管理暂行办法》等规定重新申请股票发行及上市	主板市场退市，必须进入代办股份转让系统

10.1.3.3 上市公司的区别

上市公司的区别见表 10-3。

表 10-3 上市公司的区别

类别	创业板	主板、中小板
企业的成熟度	创业板市场：从成长阶段走向成熟期之间的中小企业，相比成熟企业，这些企业在经营的稳定性、规模的大小等方面都相对差一些	主板市场：经营相对稳定的大型成熟企业。 中小板市场：达到成熟阶段的中小企业
企业特点	1. 新商业模式、新型业务层出不穷；2. 非线性高增长；3. 固定资产比重低的"轻"公司较为普遍；4. 募集资金主要投向研发、市场开拓以及补充流动资金；5. 股权激励安排较为普遍；6. 知识产权"交叉许可"形成"专利池"	1. 模式成熟；2. 经营稳定，盈利能力强；3. 固定资产占比大；4. 募集资金主要投向规模的扩张以及补充流动资金
企业的主要风险	1. 技术商品化的能力；2. 技术失败的风险；3. 资金断链的风险；4. 核心人员流失的风险；5. 资本市场估值的风险；6. 股本小易于被操控	市场需求波动的风险

10.1.3.4 投资者的区别

投资者的区别见表 10-4。

表 10-4 投资者的区别

创业板	主板、中小板
参与创业板市场投资需要符合《创业板投资者适当性管理暂行规定》的要求，熟悉相关规定及规则，并按照规定办理参与创业板市场的相关手续，换句话说，即投资者需要熟悉相关的规章制度、具有成熟理性的投资者理念、科学系统的市场分析能力和较强的风险承受能力	无特殊要求

10.2 企业上市的意义

古希腊数学家阿基米德说过："给我一个支点，我可以撬动地球。"对中小企业来说，这个支点就是改制上市。通过股份制改造和发行上市，优秀中小企业能够借助资本市场的力量，迅速发展壮大，成为商界巨头和行业旗帜。

10.2.1 企业为什么要上市

往往上市的企业都是当地具有很强竞争力的企业，是当地盈利大户和创造就业机会的大户，很多企业也是行业内的细分龙头。随着企业的发展壮大，实现上市已经成为许多企业家的梦想，成功上市更突显了企业家的成就。上市是企业发展的助推器，上市后企业会有质的飞跃。美国 500 强企业 95% 都是上市公司。

2004 年 7 月 21 日，苏宁电器在深交所中小企业板上市，成为中国家电连锁企业首发上市第一股。苏宁电器完成首次公开发行股票后，先后于 2006 年、2008 年实施完成两次非公开发行股票，三次发行募集资金总额约 40 亿元，所募集资金全部用于企业连锁发展、物流、信息平台建设。2007 年苏宁电器总资产较上市前的 2003 年增长了 20.6 倍，主营业务收入增长了 5.7 倍，净利润增长了 14.7 倍。在市场占有率方面，苏宁电器连锁门店数量增长了 13.7 倍，品牌价值从 2004 年的 63.62 亿元增至 2007 年的 402.25 亿元。苏宁电器从一个区域性家电连锁企业迅速发展成为全国性家电连锁企业。苏宁电器总裁孙为民曾形象地比喻了上市对于苏宁的重大意义："如果说上市以前苏宁是一辆以汽油为燃料的传统赛车，那上市后它就换装成了核动力赛车!"苏宁电器的示范效应使得连锁经营企业看到了通过资本市场迅速扩张的效力，步步高、美邦服饰等企业相继在中小板上市。

企业发展到一定阶段，进入股票市场或许是众多企业的一种发展策略选择。上市融资是提升企业增长力、竞争能力和盈利能力的一个最佳途径。

10.2.2 企业上市的好处

上市融资仅仅是资本市场为企业服务的一个功能，除融资额度大外，企业上市还有示范效应、品牌效应、人才效应、财富效应、规范约束效应和创新激励效应等。上市对企业的意义体现在以下几个方面：

（1）上市能为企业建立直接融资的平台，有利于提高企业的自有资本的比例，完善企业的资本结构，提高企业自身抗风险的能力，增强企业的发展后劲。

发行上市可以使企业增加自有资本，改善资金结构，降低负债率，减轻财务负担，从而提高盈利水平。上市后股票价格的变动，形成对公司业绩的一种市场评价机制。那些业绩优良、成长性好的公司的股价一直保持在较高的水平上，使公司能以较低的成本筹集大量资本，进入资本快速、连续扩张的通道，不断扩大经营规模，进一步培育和发展公司的竞争优势和竞争实力，增强公司的发展潜力和发展后劲。

企业利用资本市场融资不是一次性的，上市后还可以通过增发股票、发行债券等多种形式再融资。和银行贷款相比，发行上市融资更具有优越性。银行贷款到期要归还，如果不能借新还旧，企业生产经营就要受到影响。而发行股票融资不需归还，企业可以从容规划使用。

（2）有利于建立现代企业制度，规范法人治理结构，提高企业管理水平，降低经营管理风险。在发行上市过程中，证券公司、会计师事务所和律师事务所要对企业进行尽职调查，诊断企业在公司设立、生产经营、财务管理、公司治理和内部控制等方面存在的问题，并对企业进行专业培训和辅导，帮助企业重组和改制，明确企业发展战略和募集资金投向。因此，发行上市可以推动企业建立完善、规范的经营管理机制，完成向现代企业制度的转变。由于公众的监督会进一步强化对上市企业经理人员的行为约束，使其最大限度地加强企业管理，提高经营效益。

（3）上市有利于企业树立品牌，提高社会知名度，更有效地开拓市场。企业上市后，公司的实力、资信、财务报表的可信度都大大增强，有利于上市公司进行投标、中标，未上市的公司是无法同台竞争的。有一位上市公司的老板总结说："上市前是企业围着银行转，上市后变成了银行围着企业转。"这说明，上市后企业向银行贷款也变得容易了。

同时，上市后，电视、网络、报纸会等各种媒介会不断向社会发布公司证券交易等信息，还有证券分析师对公司的分析研究和评析，这些都是为公司做的免费广告，而至少中国1亿股民是广告受众。明显的广告效果，扩大了公司的社会知名度，提高了公司的市场地位和社会影响力，有利于公司树立品牌形象，扩大市场销售量，提高公司的业务扩张能力。

苏宁的总裁孙为民曾这样形容上市产生的品牌效应："上市不仅为我们募集了资金，还有很重要的一点，就是为我们带来了起码需要上亿广告费才能达到的宣传效果。正如一辆优质的赛车换上了'法拉利'徽标所能得到的关注一样！"

（4）有利于建立和完善激励机制，吸引和留住人才。上市公司的股票认购权或配送，对员工具有极大的吸引力。上市可以为股东创造财富，公司设立时，一般是每股1元，而上市后，每股价格就可能变成数元、甚至几十元，持有公司股份的员工往往一夜暴富。员工股份有了价值，不但吸纳和留住优秀人才，更可以激发员工的工作热情，工作更积极。

（5）有利于企业进行资产并购与重组等资本运作。上市公司有更多的融资渠道，有更多的资金，也就有更多的行业整合的机会。公司上市后，企业获得了巨大的发展和扩张能力，有了兼并其他企业的能力。现在的企业并购，已经很少采用现金收购，往往是以股权置换的方式进行。这种能力就是利用股市资金的作用而形成的。

2007年5月23日，内地女鞋生产商百丽鞋业在港上市，募集资金上亿港币。“百丽一上市，我第一个感觉就是，它现在想买谁就买谁。”同行红蜻蜓的董事长钱金波说。中国最大的制鞋业民营企业奥康集团的总裁王振韬在百丽上市后即带队取经，王振韬感慨说：现在已经不是“大鱼吃小鱼”、“快鱼吃慢鱼”的时代了，而是“狮子吃老虎”的时代！果真不假，上市后的百丽即开始大举并购、扩张，江苏森达很快被纳入旗下。如此行动的确让同行感到压力。因为谁不上市，谁就有可能成为被上市“狮子”吃掉的“老虎”。

（6）建立长期在股市上融资的条件。只要公司运作规范，经营业绩理想，达到证监会规定的再融资条件，上市公司可以通过证券市场持续地再融资。典型的例子如万科，1988年在深交所上市后，通过增发、配股、发可转债等方式，再融资的金额超过50亿，成为股市上持续融资的典范。

凡事有利就有弊，上市也有一定弊端。上市以后企业不再是私人公司，上市公司比私人企业需要履行更多义务、承担更多责任，管理层也将受到更大的压力，同时也带来一些法律风险。但上市之利远远大于弊，否则不会有千千万万企业趋之若鹜，把上市作为奋斗目标。著名企业家马云说过：商人最大的理想就是将自己的企业上市。

10.3　创业板——创业企业上市的最佳途径

众所周知，证券市场是企业融资的平台，目前我国有主板市场、中小板市场和创业板市场，不同的市场服务的企业是不同的。主板市场服务的是比较成熟、在国民经济中有一定主导地位的企业；中小板市场服务的是发展成熟的中小企业；创业板则主要服务于成长型的、处于创业阶段的企业，特别是那些具有自主创新能力的企业。从服务对象上看，中小板市场和创业板市场服务的对象相近，都是中小企业，但中小板的上市条件与主板相同，创业板上市条件相对较低，更适合处于成长期和创业期的企业。

中国证监会发布的《首次公开发行股票并在创业板上市管理暂行办法》中明确规定，“促进自主创新企业及其他成长型创业企业的发展”是创业板设立的主旨。因此，国内创业板的推出，为广大创业企业创造了加速发展的良机。

目前适合我国创业企业上市的市场主要有美国纳斯达克、香港创业板和深圳创业板。国内创业企业在深圳创业板上市具有一定的优势：（1）国内创业板的资源丰富，前景广阔，并且中国民间蕴藏着巨大的投资能量，将对中国创业板市场形成有力的支撑。（2）内地创业企业到香港上市或到美国上市成本较高，手续繁杂。按照国际惯例，在纳斯达克和香港上市的股票要获得投资者的认同，首先要经过当地多个著名股票分析师的推荐，然后在有影响力基金的追捧下，才有可能获得较高的发行价和较多的发行数量。这些对于内地创业企业是很难的，成功者甚少。（3）内地上市更有利于企业发展。国内创业企业所生产的产品在近几年主要是面对国内市场，从募集资金的难易程度来考虑，知名度高和品牌好的优秀企业，在国内市场上较易成为行业龙头，引起广大投资者的注目，不仅首发价格会较高，而且后续再筹资也相对容易。

10.3.1 创业板上市的条件

我国《首次公开发行股票并在创业板上市管理暂行办法》中，对首次公开发行股票并在创业板上市的行为做了具体规定，具体可概括为以下几方面：

10.3.1.1 对企业存续时间和盈利能力要求

发行人申请首次公开发行股票应当符合下列条件：

（1）发行人是依法设立且持续经营三年以上的股份有限公司。有限责任公司按原账面净资产值折股整体变更为股份有限公司的，持续经营时间可以从有限责任公司成立之日起计算。

（2）最近两年连续盈利，最近两年净利润累计不少于1000万元，且持续增长；或者最近一年盈利，且净利润不少于500万元，最近一年营业收入不少于5000万元，最近两年营业收入增长率均不低于30%；

（3）发行前净资产不少于2000万元，发行后的股本总额不少于3000万元。

10.3.1.2 对主体条件和主营业务要求

（1）发行人的注册资本已足额缴纳，发起人或者股东用作出资的资产的财产权转移手续已办理完毕。发行人的主要资产不存在重大权属纠纷。

（2）发行人最近两年内主营业务和董事、高级管理人员均没有发生重大变化，实际控制人没有发生变更。

（3）发行人依法纳税，享受的各项税收优惠符合相关法律法规的规定。发行人的经营成果对税收优惠不存在严重依赖。

（4）发行人不存在重大偿债风险，不存在影响持续经营的担保、诉讼以及仲裁等重大事项。

（5）发行人应当主要经营一种业务，其生产经营活动符合法律、行政法规和公司章程的规定，符合国家产业政策及环境保护政策。

10.3.1.3 企业持续盈利能力的要求

发行人应当具有持续盈利能力，不存在下列情形：

（1）发行人的经营模式、产品或服务的品种结构已经或者将发生重大变化，并对发行人的持续盈利能力构成重大不利影响；

（2）发行人的行业地位或发行人所处行业的经营环境已经或者将发生重大变化，并对发行人的持续盈利能力构成重大不利影响；

（3）发行人在商标、专利、专有技术、特许经营权等重要资产或者技术的取得或者使用存在重大不利变化的风险；

（4）发行人最近一年的营业收入或净利润对关联方或者有重大不确定性的客户存在重大依赖；

（5）发行人最近一年的净利润主要来自合并财务报表范围以外的投资收益；

（6）其他可能对发行人持续盈利能力构成重大不利影响的情形。

10.3.1.4 企业运行规范性要求

（1）发行人会计基础工作规范，财务报表的编制符合企业会计准则和相关会计制度的规定，在所有重大方面公允地反映发行人的财务状况、经营成果和现金流量，并由注册会计师出具无保留意见的审计报告。

（2）发行人内部控制制度健全且被有效执行，能够合理保证公司财务报告的可靠性、生产经营的合法性、营运的效率与效果，并由注册会计师出具无保留结论的内部控制鉴证报告。

（3）发行人具有严格的资金管理制度，不存在资金被控股股东、实际控制人及其控制的其他企业以借款、代偿债务、代垫款项或者其他方式占用的情形。

（4）发行人的公司章程已明确对外担保的审批权限和审议程序，不存在为控股股东、实际控制人及其控制的其他企业进行违规担保的情形。

（5）发行人的股权清晰，控股股东和受控股股东、实际控制人支配的股东所持发行人的股份不存在重大权属纠纷。

（6）发行人资产完整，业务及人员、财务、机构独立，具有完整的业务体系和直接面向市场独立经营的能力。与控股股东、实际控制人及其控制的其他企业间不存在同业竞争，以及严重影响公司独立性或者显失公允的关联交易。

（7）发行人具有完善的公司治理结构，依法建立健全股东大会、董事会、监事会以及独立董事、董事会秘书、审计委员会制度，相关机构和人员能够依法履行职责。

（8）发行人及其控股股东、实际控制人最近三年内不存在损害投资者合法权益和社会公共利益的重大违法行为。

10.3.1.5 对管理人员的要求

（1）发行人的董事、监事和高级管理人员了解股票发行上市相关法律法规，知悉上市公司及其董事、监事和高级管理人员的法定义务和责任。

（2）发行人的董事、监事和高级管理人员应当忠实、勤勉，具备法律、行政法规和规章规定的资格，且不存在下列情形：被中国证监会采取证券市场禁入措施尚在禁入期的；最近三年内受到中国证监会行政处罚，或者最近一年内受到证券交易所公开谴责的；因涉嫌犯罪被司法机关立案侦查或者涉嫌违法违规被中国证监会立案调查，尚未有明确结论意见的。

10.3.1.6 对募集资金运用的要求

（1）发行人募集资金应当用于主营业务，并有明确的用途。募集资金数额和投资项目应当与发行人现有生产经营规模、财务状况、技术水平和管理能力等相适应。

（2）发行人应当建立募集资金专项存储制度，募集资金应当存放于董事会决定的专项账户。

10.3.2 受创业板青睐的企业

10.3.2.1 “两高六新”的企业将受到创业板青睐

2008年1月16日，深交所副总经理陈鸿桥曾在一次会议上称，高成长、高科技与新经济、新服务、新农村、新能源、新材料、新商业模式的“两高六新”的企业将受到创业板青睐。我国创业板初步定位为创业创新的“助推器”，从首批上市创业板的公司来看，这些企业主要集中在新能源、新材料、电子信息、生物医药、环保节能、现代服务等六大行业。

A 高成长性

高成长企业，是指在较长时期内，企业发展速度快，能带来高效益，具有高增值能力，能引起当代生产领域的变革并处于当代经济前沿的企业。《首次公开发行并在创业板上市管理暂行办法》第三十二条规定，保荐人保荐发行人发行股票并在创业板上市，应当对发行人的成长性进行尽职调查和审慎判断并出具专项意见。发行人为自主创新企业的，还应当在专项意见中说明发行人的自主创新能力。对拟上市企业的“成长性”和“自主创新能力”做了特别强调。企业应重视自主创新和研发，这不但是上市的要求，更是企业持续发展的动力。

B 高科技

高科技是一种人才密集、知识密集、技术密集、资金密集、风险密集、信息密集、产业密集、竞争性和渗透性强，对人类社会的发展和进步具有重大影响的前沿科学技术。高科技企业一般都具有较强的竞争优势，能够提供别人不能提供的新产品、新服务，能够获取超出一般利润率的超额利润。2008 年 4 月科技部、财政部、国家税务总局联合颁布了《高新技术企业认定管理办法》，规定高新技术企业的产品（服务）属于《国家重点支持的高新技术领域》规定的范围，同时对研究开发费用、高新技术产品（服务）收入、科技人员比例等做了具体规定。获得高新技术认证的企业在上市时具有显著的优势。

C 新经济

“新经济”一词最早源于美国，是指以高科技、信息、网络、知识为其重要构成部分和主要增长动力的经济。在我国，新经济可以认为是由高新技术的发展而产生的新的生产经营方式，主要包括以电子计算机技术、信息技术、生物技术等高技术为基础的新兴产业或行业，新经济受到创业板的欢迎。

D 新服务

新服务即现代服务。“现代服务业”的内涵是：伴随着信息技术和知识经济的发展产生，用现代化的新技术、新业态和新服务方式改造传统服务业，创造需求，引导消费，向社会提供高附加值、高层次、知识型的生产服务和生活服务的服务业。2000 年中央经济工作会议提出：“既要改造和提高传统服务业，又要发展旅游、信息、会计、咨询、法律服务等新兴服务业。”现代服务业的发展本质上来自于社会进步、经济发展、社会分工的专业化等需求。具有智力要素密集度高、产出附加值高、资源消耗少、环境污染少等特点。现代服务业既包括新兴服务业，也包括对传统服务业的技术改造和升级，其本质是实现服务业的现代化。

E 新农业

新农业也就是常说的现代农业，是创业板支持的又一个重点。现代农业应具备四个特征：注重科学技术的应用；注重现代工业化的生产流水线，标准化生产方法的应用；注重现代服务业的品牌管理；注重不可复制性。现代农业的实质是把简单的、粗放的农业化生产，变成一种融合现代工业化和现代服务业的产业链条，提高附加值。

F 新能源

新能源又称非常规能源，是指传统能源之外的各种能源形式，一般指刚开始开发利用或正在积极研究、有待推广的能源，如太阳能、地热能、风能、海洋能、生物质能和核聚变能等。新能源类企业往往也需要尖端技术作为支撑，并且这类企业的成长性非常好，市场空间巨大。

G 新材料

新材料是指适应各个高新技术领域发展的需要，而新近研制成功或正在研制中的，具有特殊优异性能和功能的先进材料。高技术新型材料具有高质量、高价值、知识密集和技术密集的特点。新材料技术则是创造出能满足各种需要的新型材料的技术，这类企业一般都是某一个领域的独创性企业，技术优势明显，发展潜力巨大。

H　新商业模式

新商业模式也是创业板需要的创新企业。新商业模式的创新贯穿于中国制造、中国创造、中国文化、现代农业之中。商业模式的创新，本质上讲就是营利模式的创新。

10.3.2.2　我国首批创业板上市公司案例

（1）中国创业板第一家上市公司青岛特锐德电气股份有限公司（以下简称特锐德）是高成长企业的典范。作为2004年成立的“年轻”企业，特锐德一直处于高速发展阶段。2006年、2007年、2008年、2009年1~6月特锐德分别实现营业收入6961.45万元、12345.66万元、27097.84万元、17802.85万元，分别比上年同期增长77.34%、119.49%、134.30%，平均增长率110.38%；分别实现净利润为1391.00万元、1842.44万元、6119.22万元、3886.43万元，分别比上年同期增长32.45%、232.12%、155.64%，平均增长率140.07%；资产总额分别为4862.96万元、9499.16万元、16473.59万元、28000.64万元，分别比上期末增长95.34%、73.42%、69.97%，平均增长率79.58%；员工数量分别为127人、172人、293人、473人，平均增长率52.65%。特锐德的产品主要应用于铁路、电力、煤炭行业，具体包括铁路行业的高速客运专线、城际铁路与铁路电气化改造、电力行业的城乡电网改造与智能电网建设及煤炭行业的新建项目与原有煤矿双电源改造。特锐德的快速成长与这些行业市场容量的增长密不可分。以铁路为例，根据铁道部2006~2008年的《铁道统计公报》，2006~2008年我国完成铁路固定资产投资2088亿元、2521亿元、4168亿元，分别比上年增长69.34%、20.73%、65.33%。2008年金融危机后，铁路投资增速由年初的30%快速增加到年末的70%，2009年预计投资规模约7000亿元。由于铁路、电力、煤炭行业均系国家基础建设行业，与国民经济发展息息相关，这些行业在可预见的未来几年内将会保持高于国民经济发展速度的投资增速，尤其是高速铁路客运专线、城际铁路与铁路电气化改造、城乡电网与智能电网建设、煤矿的双电源改造将成为投资重点，因此，未来几年特锐德的产品的市场容量成长也是可期的。

（2）创业板上市公司沈阳新松机器人自动化股份有限公司是高科技的典型代表。该公司是以“中国机器人之父”蒋新松院士的名字命名的。截至2009年6月30日，公司合计拥有29项专利和10项软件著作权，其中发明专利4项，实用新型专利25项；已向国家知识产权局申报28项专利，其中发明专利25项，实用新型专利3项，并已接到专利申请受理通知书。2008年7月，公司入围科技部、国务院国有资产监督管理委员会和中华全国总工会选定列入首批91家“创新型企业”名单。公司2006年获得“2006中国创新品牌”荣誉称号；2007年9月，“新松”牌工业机器人被国家质量监督检验检疫总局授予中国名牌产品，是工业机器人领域内唯一获授单位。公司的技术先进性得到国家有关部门的认定，公司作为中国工业机器人领域的国家工程研究中心，国家高技术研究发展计划成果产业化基地，承担了多项“八五”、“九五”、“十五”、“十一五”的工业机器人与自动化成套装备的大型项目以及“863”计划项目，制定和起草了多项国家标准。公司设计开发的点焊、弧焊机器人等产品获得了国务院、商务部、工商行政管理总局等部委颁发的多项奖项。其中工业机器人研究开发和工程应用获国务院颁发的国家科学技术进步二等奖；RD120-A点焊机器人获国家五部委联合颁发的重点新产品证书；RH6-A6kg弧焊机器人获国家经贸委颁发的国家重点新产品证书；机器人焊接生产线获得AI卓越产品奖；SIA-AGV-0T800全方位运输型AGV获得了国家六部委联合颁发重点新产品证书。公司拥有一支以中国工程院院士王天然和博士生导师曲道奎为代表的技术创新团队，公司现有工程技术人员382人，专业涉及自动控制技术、人工智能技术、电子技术、网络技术、通讯技术、计算机技术、机械设计与制造技术等，学科门类齐全，人才储备雄厚，梯队建设合理，是国内一流的具有国际水准的机器人研发队伍，代表着我国机器人研发的最高水平。

10.4 创业板上市的准备

企业上市是一项繁琐庞杂的工作，涉及方方面面的环节，不是一蹴而就的，需要耗费较长的时间。对于准备上市的企业而言，能否成功上市取决于上市前的准备工作是否有效进行。

10.4.1 组建项目团队

上市是一项专业性、技术性很强的工作，需要在涉及证券、法律、财务、税务等方面进行一系列安排和运作，同时受到市场变化等因素影响，历时可能较长，如苏宁电器（002024）就曾为上市准备了4年时间。企业有上市意识，则应尽早储备相关专业人才，对相关问题深入研究，或结合企业自身情况向证券专业人士进行咨询。企业一旦计划上市，应组建“证券部”，或“上市筹备小组”。专门的项目团队将更有利于推进上市工作进程。在上市过程中，需要有专门的人员协调企业内部各部门的工作，配合上市计划，代表企业与管理层和中介机构进行沟通，收集和提供企业自成立起来的工商注册登记资料、发起人协议，以及对外重大合同及诉讼仲裁等申请发行上市必需的材料。

10.4.2 聘请中介机构

按照《公司法》、《证券法》等有关法律的规定，企业在公开发行股票并上市的过程中，必须聘请具有保荐资格的证券公司（又称保荐机构或券商）、具有证券从业资格的会计师事务所、律师事务所及资产评估师事务所等中介机构提供专业服务，出具相关意见，并作为发行上市申报材料的主要组成部分。企业上市是个系统工程，是一项充满挑战、高度智力化与专业化的工作，需要政府部门的有力支持及其他证券从业中介机构人员为此项目出谋划策，靠单枪匹马是难以过关的。

发行上市涉及的主要中介机构及主要服务项目如下：

（1）保荐机构：保荐机构要协助企业拟定改制重组方案，在企业首次公开发行股票中对其他中介机构起组织协调作用。按照中国证监会和上海、深圳证券交易所的有关规定，保荐机构负责推荐、辅导拟首次公开发行股票的企业，负责证券发行的主承销工作，依法对公开发行募集文件进行核查，向中国证监会出具保荐意见，在企业股票发行上市后负责持续督导企业规范运行、履行承诺、披露信息等业务。

（2）会计师事务所：会计师事务所在企业发行上市过程中承担审计工作，但并不是所有的会计师事务所都能担任企业上市的审计机构，只有具有“证券从业资格”的会计师事务所才能承担企业上市的审计工作。会计师在企业上市过程中主要负责财务报表审计、资本验证、盈利预测报告审核、企业内部控制鉴证等企业账目的检查与审验，并出具审计、验资、内控评估、财务预测等报告，同时为企业提供相关的财务咨询和会计服务。

（3）律师事务所：律师事务所在企业发行股票上市过程中，依法对企业的股份制改造提出意见，对发行上市有关的各种法律文件合法性和合规性进行判断，出具法律意见书和律师工作报告——这是中国证监会报送的必备材料。

（4）资产评估事务所：资产评估事务所在企业发行上市的过程中对企业进行资产评估，出具评估报告等。

企业上市能否成功，上市进程快慢，与所选择中介机构的专业能力和服务态度、重视程度等密切相关。选择中介机构是上市准备工作的关键，企业一定要十分重视中介机构的选择，应根据发行上市的法律、政策规定并结合已发行上市企业的成功经验，尽可能按照科学规范的原则，采取招、评标方式来进行，以保证企业上市的进度和成功率。

10.4.3 进行企业改制

很多企业的组织形式是有限责任公司，因此有必要将它进行股份制改造，使之变更为股份有限公司。变更为股份有限公司前可以对企业相关资源进行重组，如股权重组、财务重组、业务重组、资产重组、公司治理结构重组和人员重组。

改制重组应当始终围绕有关法律和证监会规定的上市的条件和上市公司的治理要求而展开。为了能连续计算业绩（自股份公司成立后，持续经营时间应当在三年以上，有限责任公司按净资产折股整体变更的，从有限责任公司成立之日起计算），公司实际控制人不能发生变更，管理层及主营业务也不能发生重大变化。

企业经过改制重组，应具有完整的业务体系，形成明确的业务发展战略目标，突出主营业务，形成核心竞争能力和可持续发展的能力，避免同业竞争，减少和规范关联交易。申请上市的某通信公司，具备核心竞争力，经营业绩也非常好，但公司改制不太彻底，股东未将核心技术注入公司，公司与关联方还存在重大知识产权类关联交易以及其他关联交易，因此未能通过证监会的审核。

10.4.4 准备投资项目

企业要想上市并保持持续高速发展，就必须有良好的投资项目。公司的发展前景及业绩增长主要依赖于募集资金投资项目的顺利实施，法律法规对募集资金的使用有严格的规定，企业应根据预计的融资金额合理安排投资项目。在选取投资项目时，需要注意以下几个问题：一是项目投资要符合国家的产业政策，企业应了解当前国家重点鼓励发展的产业、产品和技术，所在行业的发展导向；二是项目资金投向应为企业的主营业务，要符合企业的发展目标，不能与大股东产生同业竞争；三是项目实施应具备较高的可行性，如是否有足够市场消化新增的产能，有关的技术能否产业化，是否有足够的技术人员及业务人员来实施项目；四是项目实施准备要充分，即募集资金到位以后项目能否顺利实施，如配套的土地及房屋是否取得使用权，对某些行业的产品是否得到认证或审批，项目是否符合环保要求，是否取得环保部门的环保批文等。

10.5 企业上市必经流程

企业公开发行股票并上市一般经过六大步骤：

第一步，改制设立股份有限公司。企业改制解决的是企业的组织形态必须是股份有限公司。改制前是有限责任公司的企业要变更为股份有限公司，新发起设立的企业应该是股份有限责任公司。企业改制后，涉及到经营业绩连续计算的问题，一般来说，改制后的企业只要资产、人员、业务与股东等没有什么大的变化，业绩是可以连续计算的，不会影响企业发行股票与上市，否则，要么影响业绩连续计算，要么影响上市的时间。

第二步，保荐机构进行尽职调查和上市辅导。尽职调查主要是对企业的历史沿革、组织架构、管理制度、劳动人事、环境保护、税务、物业、知识产权、资产负债等方面进行全面调查、问题诊断，然后对存在的问题依照发行上市的条件进行整改。企业发行股票前还要接受其股票发行主承销商的上市辅导，辅导期为三个月。辅导的目的是要保证公开发行股票的企业按照《公司法》与《证券法》等法律法规建立规范的法人治理结构和完善的运行机制，提高企业上市的质量。

第三步，提出股票发行与上市申请。企业在辅导期满后，如果达到发行股票与上市的条件，就可以向证监会提出发行股票的申请。企业和中介机构要按照证监会的要求制作申请文件，主要包括招股说明书与发行公告，发行人关于本次发行的申请及授权文件，保荐人、会计师、发行人律师关于本次发行的文件，发行人的设立文件，与财务会计资料相关的其他文件，产权和特许经营权证书等材料。主承销商将申请材料汇总并出具推荐函。

第四步，中国证监会初审、反馈，招股说明书预披露。主承销商完成内核后将申报材料报送中国证监会审核。中国证监会收到申请文件后在5个工作日内作出是否受理的决定。未按规定要求制作申请文件的，不予受理。同意受理的，根据国家有关规定收取审核费人民币3万元。中国证监会受理申请文件后，对申请文件进行初审，在30日内将初审意见函告发行人及其主承销商。主承销商自收到初审意见之日10日内将补充完善的申请文件报至中国证监会。在初审结束后，发行审核委员会审核前，发行人将招股说明书（申报稿）在中国证监会网站进行预披露。

第五步，发行审核委员会审核与中国证监会核准。中国证监会发行审核委员会（以下简称发审委）分为主板市场发行审核委员会、创业板市场发行审核委员会和上市公司并购重组审核委员会。企业到创业板上市需要经过创业板发审委的审核，到中小板上市需经过主板发审委的审核。依据发审委的审核意见，中国证监会在3个月内对发行人的发行申请作出核准或不予核准的决定。

第六步，股票发行与上市。企业在获得中国证监会同意公开发行股票的核准意见后，进行刊登招股说明书，路演巡回推介，按照核准的发行方案发行股票。企业公开发行股票后，可提出上市申请，证券交易所在接到企业经中国证监会核准后的上市申请后，在6个月内安排企业股票上市。

思考题

10-1 论述我国新颁布的《首次公开发行股票并在创业板上市管理暂行办法》中，作为发行人申请首次公开发行股票应当符合哪些条件？

10-2 论述企业公开上市的利与弊。

10-3 为什么说创业板是创业企业的最佳上市场所？

10-4 拟在创业板上市的企业需要做哪些准备工作？

10-5 简述企业上市流程。

参考文献

[1] 李东．大学生创业教育[M]．济南：泰山出版社，2008.
[2] [美] 拉里·法雷尔．创业时代[M]．李政，杨晓非译，北京：清华大学出版社，2006.
[3] 林嵩．创业学：原理与实践[M]．上海：上海财经大学出版社，2008.
[4] 李肖鸣，朱建新，郑捷．大学生创业基础[M]．北京：清华大学出版社，2009.
[5] 张宏杰．挑战盖茨神话——中国大学生创业潮[M]．沈阳：辽宁出版集团，2002.
[6] [美] 谢洛德．企业家不是天生的[M]．北京：清华大学出版社，2005.
[7] 吴晓波．激荡三十年（上、下）[M]．北京：中信出版社，2008.
[8] [英] 哈耶克．自由秩序原理（上、下）[M]．邓正来译，北京：三联书店，1997.
[9] 陶莉．创业企业组织设计和人力资源管理[M]．北京：清华大学出版社，2005.
[10] [美] 弗朗西斯·麦古金．小企业创业实务[M]．杨莉等译，深圳：海天出版社，2007.
[11] 李蔚，牛永革．创业市场营销[M]．北京：清华大学出版社，2005.
[12] 马凤岭，夏卫东．科技企业孵化器理论与务实[M]．北京：科学技术文献出版社，2008.
[13] 安妮·莎莉文．海伦·凯勒的教育[M]．北京：中国城市出版社，2008.
[14] 刘革学．财富素质：成就你一生的创业资本[M]．北京：金城出版社，2005.
[15] 赵延忱．创业资金解决之道[M]．北京：企业管理出版社，2008.
[16] 王铁军，胡坚．中国中小企业融资 28 种模式成功案例[M]．北京：中国金融出版社，2006.
[17] 秦艳梅．中小企业融资选择和策略[M]．北京：经济科学出版社，2005.
[18] 谢德．融资实务与案例[M]．北京：九州出版社，2002.
[19] 赵淑敏．创业融资[M]．北京：清华大学出版社，2009.
[20] 宋克勤．创业成功学[M]．北京：经济管理出版社，2001.
[21] 陈德智．创业管理[M]．北京：清华大学出版社，2001.
[22] 刘光明．企业文化[M]．北京：经济管理出版社，2002.
[23] 邢会强．抢滩资本——中国创业板与主板上市通俗读本[M]．北京：中国法制出版社，2009.
[24] 圆方，李国英，谢洛德．鹰必须飞得足够高[J]．中外企业家，2006，11.
[25] 刘献君，房保俊．近代中国高等教育理念的变迁及启示[J]．中国高等教育，2009，9.
[26] 王革，曹胜利，刘乔斐．深化高等教育改革大力推动创新创业教育的发展——全国高校创新创业教育高峰论坛综述[J]．中国高等教育，2009，6.
[27] 章小朝．制约大学生思想政治教育时效性的结构性矛盾探析[J]．中国高等教育，2009，6.
[28] [美] 谢洛德．构筑创业梦想的六个台阶[J]．中外书摘，2007，2.
[29] 苗向东．牛顿的苹果，王博豪的灯泡[J]．意林原创版·讲述，2010，7.
[30] 黄仲景．张扬个性来创业[J]．私人理财，2005，1.
[31] 邢艳．留美海归龚晓思：年轻的创业形象大使[N]．人民日报·海外版，2010-5-31.
[32] 国务院办公厅．关于加强普通高等学校毕业生就业工作的通知[N]．人民日报，2009-2-16.

后　　记

《大学生创业教程》是山东高校德育研究基地——大学生创业教育研究基地的又一成果，是青岛理工大学2009年获批教育部质量工程项目“‘六纵十横’体验式创业教育（人才培养）模式创新实验区”项目的理论研究成果之一，是以杨向荣教授为负责人的课题组根据创业教育实验区项目实践建设及理论研究的成果而编著的。

全书由杨向荣、沈文青、徐明文设计总体框架，拟定编写纲目；由沈文青、徐明文、纪玉超、董兰国担任编写组织和编辑修改工作；由杨向荣、沈文青、徐明文、纪玉超、董兰国负责统稿工作；最后由杨向荣审定。

本书编著人员（按编著章节顺序）：绪言，徐明文、纪玉超；第1章，刘海英；第2章，吕鹏；第3章，孙锐；第4章，卢新明；第5章，董兰国；第6章，于洋；第7章，宁利红；第8章，张忠臣；第9章，王媛；第10章，柳超。

本书的编著立足于中国高校创业教育发展，着眼于新创企业的创立成长，旨在将青岛理工大学创业教育的理论研究及实践经验进行总结，为高校的创业教育提供新的理论成果及经验借鉴，为创业者们及准备创业的大学生们提供理论参考和行动指南。

本书的编著得到了青岛理工大学各位领导、老师及同学的大力支持和协助，在此一并表示诚挚的谢意。

本书编著过程中难免有疏漏之处，敬请广大读者批评指正。

编著者

2010年11月